天下文化

BELIEVE IN READING

教你擺脫六大錯覺的操縱

# 為什麼你沒看見大猩猩？

# The Invisible Gorilla

## How Our Intuitions Deceive Us

心理學搞笑諾貝爾獎得主
克里斯・查布利斯 Christopher Chabris ＋ 丹尼爾・西蒙斯 Daniel Simons 著
楊玉齡 譯

# 目錄

推薦序

# 平常心、平常眼

李國偉

「視若未睹」

「見樹不見林」

「明察秋毫，不見輿薪」

這些都是日常會用到的詞語，而生活裡該注意卻沒注意到的事也隨處可見。譬如丈夫下班回家，最怕過一會兒太座怒氣沖沖的興師問罪：「你瞎了眼嗎？怎麼我換了個髮型，你都沒看出來啊！」但是為什麼「看不見大猩猩」這個實驗會那麼受到媒體的關愛，甚至變成世界各國廣為使用的心理學教材？也許是因為大猩猩的露臉，使得原本正兒八經的實驗沾上了滑稽色彩，因而瓦解了科學實驗的刻板印象，讓人感覺效果更形鮮活。其實這個實驗之所以暴得大名，本身好像也印證了「看不見大猩猩」之效應。

「理盲」是近日台灣輿論裡常出現的字眼，二〇〇九年錢致榕教授針對八八水災救災工作首先提出這個說法時，意指因為缺乏客觀科學知識，致使過分依據感性或情緒判斷事情。之後套用「理盲」的範圍逐漸擴散，於是各種社會紛擾現象都可與「理盲」沾到邊。

本書警示讀者有關心智的「日常錯覺」，包括注意力、記憶、自信、知識、因果、潛能六大類，在陷入「理盲」的場合中，似乎也都能發現蹤影。從書中報導的實驗或統計資料看來，美國民眾陷入「理盲」的程度也好不到哪裡去。只不過台灣地狹人稠，在不分晝夜的電視新聞推波助瀾下，讓那些有的沒的訊息跑得特別快。這就像是在臉盆裡攪水，隨意拍打便搞得水花四濺。在人口眾多、文化多元的美國，不少「理盲」的實例有如泥牛入海不見蹤跡，引不起太多的討論。

第三章珍妮佛．湯普森的案例就很值得我們警惕，因為湯普森犯了自信心錯覺，堅持自己牢記了性侵者的面貌，致使無辜的柯頓坐了十一年的冤獄。台灣有若干引起社會極大爭議的司法案件，涉及現行法條是否周延，檢察官證據蒐集是否完備，法官判決是否符應常情等問題。每個有可能造成糾紛的環節，幾乎都難以排除「日常錯覺」發生的機會。如果大家對這些心智上的錯覺多點認識與警覺，應該有利於更加冷靜剖析與斟酌事情的各個面向，減少社會的衝突。

作者在書中也說了，「日常錯覺」並不是天生就是壞事。錯覺是因心智的局限產生，而這些局限卻常有互補的好處。會產生錯覺的那些心智操作，其實是極其漫長演化歷程裡發展出來解決問題的良法。只因為我們頭腦裡的神經元數量有限，不得不精簡的選擇重點來使用。有了這種平衡的認識，對於所謂「平常心」也會有新的體認。平常心讓我們避免固執於預設的觀念架構，從而用平常眼明察實際的世界。所以「平常心」並不平常，是要自覺的用心鍛鍊才能保持的境界，而本書正是一本極佳的導引。

（本文作者為中央研究院數學所退休研究員）

推薦序

# 被「視而不見」的「視而不見」發現

謝伯讓

一九七五年，美國的認知心理學家奈瑟（Ulric Neisser）發表了一篇關於「視而不見」的注意力研究論文。二十多年後，這篇文章影響本書作者查布利斯與西蒙斯，並讓「看不見的大猩猩」成為史上最有名的心理學實驗之一。但諷刺的是，奈瑟這篇論文在七〇年代，卻曾經是科學界「視而不見」的對象。

## 認知心理學之父奈瑟

奈瑟是何許人也？奈瑟的名聲以及影響力，其實在更早之前就已確立。早在一九六七年，他就出版了《認知心理學》（*Cognitive Psychology*）。這本《認知心理學》挑戰了當時的行為主義，他認為科學不應當只研究人類的外顯行為，內在的知覺、認知、記憶和注意力等心理現象，應該也要被納入科學研究的範疇才對。

此書讓奈瑟一戰成名，成為當代認知心理學之父。

到了一九七六年，奈瑟又出版了另一本書《認知與現實》（*Cognition and Reality*），在這本書中，他提出了更多顛覆傳統想法的主張，例如他主張認知心理學的實驗不應該只局限在實驗室中，而應當在真實的世界中進行。此外，他還主張記憶並不是大腦對當下所有事件的如實儲存，而是一種可能會出錯的事後重新建構。

就在這樣的「認知主義」以及「現實世界中進行實驗」的理念下，奈瑟在七〇年代進行了幾項人類的注意力研究，這些研究影響並促成了後續的大猩猩實驗。

## 「視而不見」的研究

奈瑟當時的研究很簡單，他拍攝了一段影片，其中有兩支隊伍各自在傳球，一支隊伍身著白衣，另一支隊伍身著黑衣。傳球過程中，有一名黑衣女子從中央撐傘經過。結果發現，當受試者被要求去數白衣隊伍傳球次數時，很多人根本就沒看到撐傘的黑衣女子。

這項發現，雖然和我們現在所熟知的大猩猩實驗結果幾乎一模一樣，但在當時卻沒有激起科學界的巨大迴響。這項關於「視而不見」的研究，竟然諷刺地成為了當時科學界「視而不見」的對象。

## 遭到「視而不見」的「視而不見」研究

為什麼同樣的實驗結果，在一九九〇年代引起怦然迴響，但是在一九七〇年代卻乏人問津？這或許是因為奈瑟的這項研究結果在七〇年代出版時，並不符合當時的心理學主流理論的預期。當時關於視覺記憶的主流理論認為，視覺記憶就是大腦對周遭環境刺激的如實捕捉，這樣的記憶理論認為，任何出現在眼前的事物，應該都會被如實儲存才對。奈瑟的實驗結果，成了格格不入的異例，也因此被許多人「視而不見」地擱置在一旁。

這個情境一直到了九〇年代才出現轉變。一九九八年，美國心理學家梅克（Arien Mack）和洛可（Irvin Rock）出版了《不注意視盲》（*Inattentional Blindness*）一書，在這本書中，他們透過一系列實驗顯示，人類在缺乏注意力時，會看不見某些視覺刺激。

這些發現引起了本書作者、當時在哈佛大學的西蒙斯及查布利斯的注意。從學生時代起就深受奈瑟影響的西蒙斯，自然想起了奈瑟在七〇年代的研究，因此就模仿了奈瑟的影片，以更寫實的手法拍攝了各種版本，其中一個版本，就是大家現在所熟知的「看不見的大猩猩」影片。

## 別再「視而不見」

相似的實驗，得到同樣的結果，但這次卻出現在一個認知理論架構已經全然不同的九〇年代。這一回，認知科學家對於注意力對意識和記憶的影響已經不再陌生，在媒體的快速傳播之下，「看不見的大猩猩」成為了史上最知名的心理學實驗之一！

如果你想要知道這個知名實驗的最新相關研究，以及我們周遭各種「視而不見」的生活實例，那我們就一同拾起這本書好好閱讀，別再對它「視而不見」了！

（本文作者為國立台灣大學心理系教授）

導讀

# 「活在當下」的大腦vs.「意識之外」的大猩猩

陳建中

一九九七年五月，佛羅里達的勞德岱堡（Ft. Lauderdale）一如往常，又是個晴朗炎熱的上午。通過會議中心旁那個好像永遠在塞車的橋，順著車龍隨波逐流，好不容易才排著隊，進到停車場，停好車。急忙走過天橋，進入會議中心，三步併兩步跨上電扶梯，直上三樓，匆匆走進會議廳挑了一個右後方的座位坐下。晚了一、兩分鐘，不過沒錯過太多。其實，當時也不知道這麼的趕到會場能有什麼收穫。「自然影像中的物體表徵」（Object representation in nature scenes）對現在是個再普通不過的題目，但在二十世紀末的視覺與眼科學會（Association for Research in Vision and Ophthalmology）年會中，卻頗為新奇。看看摘要，這個議程好像是關於某種新的錯覺。

做為一個視覺研究者，最大的好處之一，就是每年可以在各個學術會議中親身體驗數十個新發現的錯覺。不過，大部分的錯覺，只在會議中曇花一現，最多在期刊中留下一紙紀錄，就慢慢的為世人所遺忘；有一些，在人們的記憶逐漸淡去之後，又會被某個年輕的學者再度發現（當然，在會中被老教授嗆：「你這東西在三十年前就有人報告過了」的也大有人在）；只有少數的錯覺，會持續受人矚目，衍生出大量的研究，且有助於我們對視覺系統與大腦運作的了解；每一、兩年，則會有一些極受歡迎的錯覺，如北岡明佳的「旋轉之蛇」❶、阿德爾森（Edward Adelson）的「棋盤上的陰影」❷、古格里（Richard Gregory）的「旋轉的窗戶」（廣受討論的是藝術家茅原伸幸的改良版：「旋轉的舞者」❸），在網路上如野火般四處流傳。

在那兩小時的座談會裡，我看到的，就是一幕幕令人目瞪口呆的現象。影片中，飛機龐大的引擎不見了，而所有觀眾竟渾然不覺；問路的時候，問路的人換了，即使身高差了一截，被問路的人卻不覺有異。這是什麼回事？我們的大腦真的只是「活在當下」，前一秒鐘發生的事情都不算數？帶著滿腹疑問，中午在海灘旁的餐廳，和友人一起午餐時，本想要好好討論一番，卻發現他們都錯過了那個座談會，只能聽我轉述。

沒多久，那場座談會的內容陸續刊登在各個科學期刊中。會中描述的現象，就是本書第二章討論的「改變盲」。這個現象後來成了顯學，啟發了無數研究——甚至當年錯過座談會的兩位朋友也投身其中。座談會中的四位講者之一，即本書作者之一，在兩年後進行了「看不見的大猩猩」實驗。這個實驗，在本書第一章有詳細論述，可能是心理學史上最常被引用的研究之一。至於我這樣不厭其煩描述一個十四年前的記憶有何意義，請參考本書第二章。

## 忙碌的大腦

神經系統的主要功能，是接受外在環境訊息，加以解釋，然後做出適當反應。在日常生活中，多數的狀況下，我們的神經系統不會讓我們失望。因此，我們往往忽略了要發揮這樣的功能有多困難。

首先，是環境中龐大的訊息量。讓我們以街上行走這個情境為例。在街上，我們的周圍環繞著上千個物體，每個物體都代表著不同的意義，需要用不同的方式應對：招牌上的文字是抽象符號，要靠語言系統解讀；路上的障礙物要靠運動系統避開；路邊商店的物品則要由報酬系統與情緒系統決定是否有吸引力。而進行這些認知作業之前，則需要仰賴我們的視覺系統，把輸入大腦的影像中，數以億計的光點、色塊、線條、灰階，整理出上千件的物體。而使這個作業更複雜的是，隨時有數十個以不同速度朝不同方相移動的物體（如人、車、蟲、鼠、鳥等）出沒在四周。這樣的工作，我們的神經系統無時無刻不在進行。短短的時間內，大腦所處理的訊息量就足以癱瘓最強力的電腦。

---

❶ http://www.ritsumei.ac.jp/~akitaoka/index-e.html

❷ http://persci.mit.edu/gallery/checkershadow

❸ http://en.wikipedia.org/wiki/The_Spinning_Dancer

此外，環境中的訊息往往是渾沌不清、模稜兩可，甚至是互相牴觸的。舉個最簡單的例子，假設我們的眼睛看到一個白色方形中間有一個黑色方形。即使像這樣只有兩個物體的影像也至少可以有許多不同的解釋：黑方形和白方形在同一平面，就像我們在白紙上畫一個黑方形；一個黑色方形物體擋在白色平面前面；一個白色平面上挖了一個方形的洞，露出在後面的黑色平面。有創造力的讀者應該不難再想出數十種可能性。然而，我們的神經系統卻能夠很快決定要採取哪種解釋，並採取相應的行動。（當然，這個解釋不一定是對的，要不然，就沒有本書的內容了。）

## 眼見便為真？

我們的神經系統是如何面對環境中大量而又渾沌不清的訊息呢？一個相當有影響力的想法是「可能性」（likelihood）假說。透過百萬年的演化，或是透過後天的學習，我們的神經系統儲存著一個「世界觀」，讓我們能夠預期哪些物體、哪些事件在當下的情境中容易出現，而哪些不容易出現；亦即，在特定情境中，我們會做出特定假設，有哪些物體或事件在當下最有可能出現。當感覺訊息開始進入知覺系統之後，我們對環境的解釋，便來自於符合當下感覺訊息最有可能出現的物體或事件。這樣的運作方式，當然會比將所有環境訊息都拿來仔細分析要來得有效率。在絕大多數狀況下，效果也不錯，否則，如書中所述，我們會隨時生活在危險之中。

然而，這樣的運作，也不是沒有問題的。首先，當提供感覺訊息的外在環境和神經系統所儲存的「最大可能性」物體或事件不一致時，我們會產生誤判。這種誤判，自一九六〇年代古格里提出相關理論以來，被認為是視錯覺的主要成因之一。在以往，這些錯覺通常被認為是實驗室的產物。畢竟，在實驗室中，我們所能接受的訊息是被實驗者嚴格控制的。在訊息不足的情況下，自然容易產生誤判。而在日常生活中，我們的環境充滿各種訊息，同時要符合「由眾多感覺訊息所代表的最可能事件」以及「與環境本身實際狀況相違背」這兩個條件的機率微乎其微。因此，以往學者並不認為在日常生活中會產生穩定的錯覺。

本書作者在學術上最大的貢獻，就在於他們證明了人們對環境的錯覺，事實上是穩定存在於日常生活中。在球場上不會有黑猩猩，所以我們就對它視而不見；問路的人中途不會跑掉，所以換了人我們也渾然不覺；在公路上，一般不會有人亂跑，因而很多車禍導因於駕駛太晚察覺異狀；在同一時空前後發生的事情通常有因果關係，所以兩個時空上接近的事件，就會被認為一則為因、一則為果（轟動一時的江國慶冤案，就是因為軍法官做出了錯誤的因果聯結）。科學家雖然到晚近才能穩定測得在日常生活中發生的錯覺；然則，魔術師穩定展示這個現象卻已有幾千年的歷史。

此外，我們的神經系統不光是利用當下最有可能出現的物件來對環境提出一個解釋，它也把不符合這個解釋的資訊排除在意識之外，以免浪費有限的神經資源並造成混亂。這樣的結果導致我們未能意識到對環境做出了誤判。也因此，我們也因為不知道自己有所誤判而過度自信。台灣最近的流行語「自我感覺良好」，很大一部分是指涉這個現象。而這也是本書第三章的主題之一。

過去二、三十年裡，心理學界對日常生活中錯覺現象的了解，有了長足的進步。本書作者對這方面的研究有著突破性的貢獻。因此，由他們來討論這個問題，自是精采可期。我相信，各位讀者在閱讀本書後，會對眼中所見這個世界的萬象，有很不一樣的看法。❹

（本文作者為國立台灣大學心理系教授）

❹ "Any editorial error and typo in this book is due to inattentional blindness and thus a demonstration to the content of this book."（本書中的任何編輯或是打字錯誤乃出於「不注意視盲」，乃書中所談及內容之佐證。）

# 各界讚譽

克里斯和丹尼爾兩位心理學家教授的大猩猩實驗已經成為經典教材，而它的影響力更擴及於心理學之外，讓我們對人類意識與理性有不同的認識。在哈佛大學講課時，我總是一直向學生提到他們的這項大猩猩研究，我絕不會錯過此書，我也相信它絕對不會讓人失望。

——哈佛大學心理學教授，《語言本能》作者，平克（Steven Pinker）

從審判庭、寢室到會議桌，這本讓人驚奇連連的書道出心理錯覺如何影響日常生活的各個層面——包括群體與個人。欲了解人類心智運作者不可不讀！

——哈佛大學心理學教授、《快樂為什麼不幸福》作者，吉伯特（Daniel Gilbert）

本書探討日常生活中經常遇見，卻渾然不察的種種錯覺。這些「大猩猩」潛伏在生活中的每一個角落，潛藏在我們自以為可靠的記憶（往往並不正確）、自以為能預測的未來，還有自以為一定存在的因果關係之中。內容扎實權威、有條有理，又適度提出質疑，探討在當今的世界，這些錯覺不但不易根除，反而還不斷增加的原因，也告訴我們該如何避免被錯覺所誤。

——《馬路學》（*Traffic*）作者，范德比爾特（Tom Vanderbilt）

在人類思考的領域，直覺的錯覺是最重要、最驚人，也最不為人所知的缺陷。這本深入淺出的好書就要仔仔細細說給你聽。

——《黑天鵝效應》作者，塔雷伯（Nassim N. Taleb）

一趟驚奇連連，收穫滿滿的旅程，帶你看遍足以影響生活中每一刻的錯覺。

——《怪咖心理學》作者，韋斯曼（Richard Wiseman）

本書會改變你對世界，還有對自己的看法。兩位作者引用生動活潑的範例，以及日常生活的經驗，證明我們確實會被大腦愚弄。更重要的是，大腦天生就會阻礙我們發現自身的盲點，這可就危險了……想看一本能讓你欲罷不能的社會科學書，選這本就對了。

——哈佛大學醫學院教授，克利斯塔吉斯（Nicholas A. Christakis）

本書應該是我們刑法制度的每一位法官、陪審團團員必讀的聖經，也是戰場指揮官、企業執行長、國會議員，還有你我不能錯過的錦囊……

——《科學人》月刊專欄作家，薛默（Michael Shermer）

精采又親切……從書中可以學到謙虛、同理與寬容。

——《紐約時報》

說理清晰，是一門精采學問的最佳入門書……熟讀此書的讀者，也許能把這世界看得更清楚。

——《華爾街日報》

如果本書讓你今天質疑自己十遍，那作者就達到目的了。

——《現代心理學》

前言

# 日常的錯覺

世間有三樣東西其堅（難）無比：鋼鐵、鑽石，以及自知之明。❶

——富蘭克林（Benjamin Franklin），摘自《窮理查年鑑》（*Poor Richard's Almanack*，一七五〇年）

大約二十年前，我們在哈佛大學教心理學時，對班上學生做了一個簡單的心理學實驗。沒想到，這個實驗日後竟然成為心理學領域最有名的實驗之一。它登上了教科書，成為全世界心理學導論課程的教材。許多媒體都做了專題報導，包括知名雜誌《新聞週刊》、《紐約客》，以及ＮＢＣ的「日線」節目（*Dateline NBC*）。它甚至以展覽的形式，在舊金山以及其他博物館展示。這個實驗之所以這麼受歡迎，是因為它用一種幽默的手法，深入揭穿了出人意料的結果——關於我們如何看這個世界，以及我們所沒有看到的。

❶ 英文原句：There are three things extremely hard: steel, a diamond, and to know one's self.

你會在本書第一章讀到這個實驗。經過這些年來的思考沉澱，我們終於明白，它所闡釋的，其實是一個更廣泛的原理，一個有關人類心智如何運作的原理。我們總是相信自己能夠看清眼前的事物、正確記得過去發生的大事、了解自己的知識限度，並且能準確判斷因果。然而，這些直覺信念常常都是錯誤的，而這些錯誤信念也遮掩蒙蔽人類認知能力中的諸多重大局限。

我們需要被提醒不要被外表蒙騙，因為我們傾向於「以貌取物」，把外觀表象視為內在品質的確實呈現。我們需要被告誡：省一毛錢就等於多賺一毛錢，因為我們會差別看待「賺進來的錢」與「已經擁有的錢」。這些警世格言都是為了幫助我們避開直覺造成的錯誤。同樣的，富蘭克林所說的世間最堅硬、困難的東西，也暗示了對於「我們很了解自己」這樣的直覺信念，應該加以質疑。在行經人生之路上，我們好像非常了解自己的心智運作與行為背後的成因。但事實上，很多時候我們根本毫無頭緒。

這本書要講的是，深深影響我們日常生活的六大錯覺：有關注意力、記憶、自信、知識、因果以及潛能的錯覺。對於自己的心智功能，我們抱持了這些扭曲的信念，它們不只是錯的，而且錯的方式還很危險。我們將探討何時以及為何這些錯覺會影響我們、對人類生活所造成的影響，以及我們如何克服或是減輕它們的衝擊。

我們刻意採用「錯覺」這個字眼，是想要類比於「視錯覺」現象，好比藝術家艾雪（M. C. Escher, 1898-1972）利用立體圖形壓縮至平面所造成的視覺矛盾現象，以及視知覺的局限，創造出名作裡頭那些「爬不完的樓梯」——即便你知道他的整體結構違反常理，你還是會覺得每個樓梯看起來都是正常的。日常錯覺便是如此頑強：就算我們知道自己的信念和直覺有缺陷，它們依舊無可避免。我們將之稱為「日常」錯覺，正是因為它們天天都在影響我們的所作所為。當我們一邊開車一邊講手機，卻認為自己的注意力足以應付路上交通時，我們即被其中一種錯覺所影響；當我們認定某人要是記錯了過去的事，必定是在扯謊，我們也上了某種錯覺的當；當我們因某人看起來最具自信而選其擔任領袖，我們又被另一種錯覺所影響；當我們展開一項新計畫前，自認可以準確評估完成計畫的時程，我們還是受到某個錯覺擺布。事實上，沒有一種人類行為可以跳脫日常錯覺的魔掌。

身為心理學教授，在藉由設計與執行心理學實驗維生的同時，我們發現對人類心智研究得愈多，便看到愈多錯覺對生活的影響力。你可以發展出一套類似X光的洞察力，看透自己的腦袋在玩什麼花樣。等你讀完本書，你對於那位隱身幕後的藏鏡人以及諸多統治你思想與信念的道具，將會多了解一些。一旦你了解什麼是日常錯覺，就能以不同的眼光來看世界，而且你對它的想法將更為清晰。你將能看出錯覺如何影響你的思維與行動，就如同影響周遭其他人一樣。也因此，如果再有新聞記者、經理人、廣告專家以及政客——不論是有意或無意，利用你的錯覺來混淆視聽或是說服你時，你馬上就能識破。了解日常錯覺，能引導你重新校正自己的生活模式，除了可以幫助你因應大腦運作的局限，也可利用這個優勢；甚至有可能藉由這些洞察力來創造娛樂或財富。最重要的是，揭開那層扭曲我們認知的面紗之後，將讓我們與現實接軌，重新認識自己與世界的原本面貌。

# 01 「我想我應該會看見。」

一九九五年一月二十五日，天氣陰冷，大約凌晨兩點鐘，在波士頓 Grove Hall 區，一夥四名黑人男子匆匆離開一家漢堡店槍擊現場。他們駕著一輛金色凌志轎車離去，警方無線電誤稱該槍擊案受害者是一名警察，一時之間，四面八方各區的警力都趕往這裡，投入這場十英里遠的飛車追逐戰。在為時十五到二十分鐘的混亂追逐過程，有一輛警車還打滑撞上停靠路邊的小貨車。最後凌志轎車終於衝進一條死巷，動彈不得。凶嫌跳下車，四散逃逸。其中一名叫做布朗的二十四歲嫌犯，身穿黑皮衣，一鑽出後座，就衝往死巷邊的鐵絲網柵欄。最先趕到現場的是一輛車身沒有標示的警車，停在凌志的左邊。車上是得過勳章的反黑小組警官考斯（Michael Cox），他從小就住這附近，下車後立刻跑去追布朗。考斯也是黑人，而且當天晚上身著便服；他穿的是牛仔褲，黑色連帽上衣，以及一件厚外套。

考斯只比布朗晚一步跑到柵欄前。布朗在翻越柵欄頂端時，夾克被鐵絲網鉤住了。考斯追上去，想把他拉下來，但布朗還是拚命翻到另一邊去了，於是考斯也準備翻過柵欄繼續追。然而就在他開始攀爬時，後腦突然被不明鈍器敲了一記，可能是警棍或手電筒之類的，而後他便不支倒地。原來有一名員警誤把他當成嫌犯，然後好幾名員警開始圍毆他，對著他的頭、臉以及後背猛踢。好一會兒之後，才有人喊道：「住手，住手，他是警察！」所有警員一哄而散，留下昏迷不醒的考斯躺在地上，滿臉傷痕，頭部腦震盪，腎臟也受創。

值此同時，更多員警陸續加入追捕凶嫌。迅速趕到現場的是來自波士頓南區，身材高大健壯的康里（Kenny Conley），他四年前才進入警界，當時高中剛畢業沒多久。康里在追到距離金色凌志四十英尺的地方停下腳步。康里看到布朗爬上柵欄，翻到另一邊，然後往前跑。康里跟著布朗越過柵欄，徒步追了他一英里之遠，終於在河岸街的停車場逮到布朗，把他銬回警局。康里並沒有參與圍毆考斯，但他是在考斯被拉下柵欄痛毆之際開始追布朗的，而且他翻越柵欄的地方就緊鄰考斯被毆打的地點。

雖然幾名凶嫌一一落網，槍擊案算是解決了，但是考斯警員被毆打的案子卻始終沒有頭緒。接下來兩年期間，警方內部的調查人員以及一個大陪審團，一直試圖還原案發當天巷子裡頭的真相。到底是哪些警察毆打了考斯？他們為什麼要打他？他們真的只是誤把黑人同事當成嫌犯嗎？如果真是這樣，他們事後為何要逃走而不通知醫療人員來協助？案子一直沒什麼進展，於是在一九九七年，地方檢察官將案件遞交給聯邦當局，讓他們來調查其中是否有侵犯公民權的嫌疑。

考斯指認出三名當天晚上圍毆他的員警，但是這三人全都否認，表示對這件事完全不知情。警方最初的報告甚至指稱，考斯是因為踩到一片冰，不慎滑倒在一輛警車的車尾，才會受傷。雖說那天晚上現場將近六十名警員當中，必定有許多人都親眼目睹考斯事件的經過，但卻沒有任何人承認知情。

以下就是逮捕布朗歸案的康里，在立誓之後，回答調查人員的內容：

問：所以你的證詞是，你在看見他翻過柵欄後幾秒鐘，你就已經爬上柵欄？

答：是的。

問：而你當時並沒有看到任何身著黑色便服的員警在追他？

答：沒有，我沒看見。

問：根據你的證詞，事實上根本沒有黑衣便服員警在追他？

答：我沒看見。

問：如果有員警在追捕嫌犯，你應該會看到？

答：我應該會。

問：而追捕的員警如果拉住爬到柵欄頂的嫌犯，你應該會看到，是吧？

答：應該會。

當康里被直接問道，在那種情況下，他是否應該會看見考斯正在設法把布朗扯下來時，康里答道：「我想我應該會看見。」康里這些簡短之至的回答，暗示這名證人心懷抗拒且聽從律師的建議，只回答「是」或「否」，不主動透露其他資訊。既然他是真正去追捕嫌犯的警察，他所在的位置，照理有助於釐清真相。但是因為他始終不承認當時有看到考斯，使得聯邦檢察官無法控告圍毆警員，最後這起攻擊案無法起訴任何人。

整起案件中唯一遭到起訴的人，反而是康里自己。他在一九九七年被控犯下偽證罪以及妨礙司法罪。檢察官相信康里確實是在「作偽證」——在發誓說真話的情況下，竟然出乎常理的宣稱沒看到發生在眼前的事。根據這個說法，康里和其他宣稱對圍毆事件不知情的員警一樣，都是出自於不願意出賣同事。事實上，就在康里被起訴後不久，波士頓地區知名記者萊爾（Dick Lehr）便寫道，「考斯案顯現了一條波士頓警方的沉默守則……一個關係緊密的警察圈子，用虛假的故事來包庇自己人。」[1]

康里還是不肯更動說辭，於是他的案子被送上法庭。布朗指認逮捕他的警察是康里。他還說，在他翻過柵欄後，曾經回頭，看到一名高大的白人警察就站在圍毆現場的旁邊。另一名警員也作證說康里在現場。陪審員全都覺得不可思議，康里在衝向柵欄追捕布朗的當兒，怎麼可能沒注意到圍毆場面，或是甚至沒看到考斯。審訊結束後，有一名陪審員說道：「即便當時一團混亂，我還是很難相信他竟然什麼都沒看見。」陪審員尼可斯則說，有一個陪審員跟他說，他的父親和叔叔都是警察，而警察都曾學習去「觀察所有的事」，因為他們是「受過專業訓練者」。

康里的證詞無法吻合陪審團（以及康里本人）的預期看法，於是陪審團判他有罪。在作偽證和妨礙司法兩項罪名，康里都被判有罪，需要服刑三十四個月。二〇〇〇年，當最高法院駁回他的案件後，他就被波士頓警局開除了。康里的律師重新上訴，讓他暫時免於牢獄之災，而他則轉行當起木匠。

前面提到那位報導考斯案件與發表〈沉默藍牆〉一文的記者萊爾，之前從沒見過康里本人，直到二〇〇一年夏天在訪問過他之後，萊爾開始懷疑，康里對於他在追捕布朗過程時所看到的以及經歷到的描述，會不會是真話呢。於是，萊爾帶著這位前警員來到哈佛大學，拜訪丹尼爾的實驗室。

## 大猩猩就在你身邊

本書兩位作者相識於十年前，當時克里斯．查布利斯是哈佛大學心理系的研究生，丹尼爾．西蒙斯則是剛剛上任的助理教授。克里斯的辦公室和丹尼爾的實驗室在同一條走廊上，我們兩人很快就發現，彼此都對人類如何認知、記憶以及思考自己的視覺世界感到興趣。當康里案鬧得滿城風雨之際，丹尼爾正在大學部講授一門研究方法的課，而助教就是克里斯。班上學生會幫忙執行一些心理學實驗做為他們的課業之一，其中一個實驗後來變得非常有名。該實驗是以認知心理學先驅奈瑟（Ulric Neisser）在一九七〇年代一系列研究為基礎，該系列研究與視覺注意力和意識有關，極富巧思。奈瑟轉往康乃爾大學任教時，丹尼爾剛好在該校念研究所，兩人的交談給了丹尼爾一些靈感：以奈瑟早年一項突破性的研究為根基設計新研究。[2]

我們向心理系館借來一大片暫時無人使用的樓層，讓學生擔任演員，拍攝一支短片，內容是兩隊籃球員在場中傳球。一隊球員穿白色衣服，另一隊穿黑色衣服。丹尼爾擔任攝影和導演，克里斯負責協調大家的動作與記錄拍攝場景。我們把它剪接成一段短片，並複製成許多份錄影帶，交由學生們帶到哈佛校園裡各個角落進行實驗。❶

他們要求志願者一邊觀看短片，一邊在心中默數白衣球員傳球的次數，但不要理會黑衣球員的傳球數。整部短片歷時不到一分鐘。讀到這裡，如果你也想親身感受，請暫時停止閱讀，到本書的網站上去實際做做看這個實驗❷，那兒有好幾個我們的實驗的連結，包括這支傳籃球的短片。請仔細觀看這段影片，記得空中傳球和地板傳球都要計算。

影帶一播完，執行實驗的學生會要求受測者回報他們計算到的傳球數目。在完整影帶中，正確答案應該是三十四或三十五次。坦白說，這個數字根本不重要。計算傳球次數這項任務，目的只是為了將受測者的注意力全副集中在螢幕裡的動作上；然而，我們真正感興趣的其實不是計算傳球數目的能力，而是別的東西——影帶進行到一半時，有一名女學生穿著全套連身的大猩猩服，走進場景中央，面向鏡頭，做出大猩猩捶胸的動作，然後走出鏡頭，全程歷時九秒鐘。在受測者回答了傳球數目後，我們開始詢問更重要的問題：

問：你在計算傳球數目時，有沒有注意到什麼不尋常的事？

答：沒有。

問：你有注意到除了球員以外的事物嗎？

答：嗯，背後有幾台電梯，還有牆上漆了幾個「S」。我不曉得漆那幾個S是什麼意思。

問：你有注意到球員以外還有其他人嗎？

答：沒有。

問：你有看到一隻大猩猩嗎？

答：一隻什麼?!

不可思議的是，在我們的實驗裡，竟然有大約一半的受測者沒有注意到大猩猩！從那以後，同樣的實驗重複了好多次，在不同的情境下，針對各式各樣的觀眾群，而且在好幾個國家，然而，實驗結果都一致：約半數的人沒能看到大猩猩。怎麼可能有人沒看見大猩猩走到螢幕前，正對著他們搥胸，然後走開？是什麼東西讓大猩猩彷彿隱形了？這種感知上的錯誤是源自於

---

❶ 大猩猩研究首先發表於《知覺》期刊：D. J. Simons and C. F. Chabris, "Gorillas in Our Midst: Sustained Inattentional Blindness for Dynamic Events," *Perception* 28 (1999): 1059–1074.

❷ 本書網頁：www.theinvisiblegorilla.com/videos.html

「對某個意料之外的物體缺乏注意力」所造成的，因此它在科學上的專有名稱為「不注意視盲」（inattentional blindness）。❸這個名稱將它與視覺系統受損所造成的視盲區隔開來；在這種情況，人沒有看到大猩猩並不是因為眼睛有毛病，而是由於把全副注意力都擺在視覺世界的某個特定區域或物件上，以致沒有注意到預期之外的事物，即便該事物外觀搶眼、有可能是重要的，而且就出現在他們的視線內。換句話說，實驗裡的受測者因為太注意計算傳球次數，而導致「看不見」就站在眼前的大猩猩。

不過，我們想寫這本書，不是為了要介紹不注意視盲現象，或是大猩猩這個研究。人會漏看東西這點固然重要，但是更讓我們印象深刻的是，當他們知道自己漏看了什麼東西時所表現出來的驚訝。後來重看一次錄影帶而不需計算傳球數時，大家都看到大猩猩了，而這一點讓他們深深震撼。有些人立刻說：「我怎麼可能會沒看到它?!」或是「不可能！騙人的吧！」後來，NBC「日線」節目製作人在報導這項研究時，找人來接受測試，有一個受測者說：「我知道第一次播放那段影片時，裡面沒有那隻大猩猩。」有一些受測者甚至指控我們趁著他們不注意的時候，把錄影帶掉包了。

這項大猩猩研究，或許比其他研究更戲劇性的展現了「注意力錯覺」（illusion of attention）的強大影響力：我們所經驗到的視覺世界遠小於我們自以為能意識到的。如果能充分了解注意力的局限，這種錯覺就會消失。在撰寫本書期間，我們聘請民調公司 SurveyUSA，幫我們針對具有代表性的美國成年人樣本展開問卷調查，詢問他們認為頭腦、心智如何運作等一系列的問題。結果發現，超過七五%的美國人都認為，即使他們專注於其他事情上，應該還是會注意到這類出乎意料的事件。（稍後我們將會陸續討論有關這次民調的其他結果。）

沒錯，我們活生生經驗到發生在世界裡的某些層面，尤其是我們密切關注的事物。但是不可避免的，這樣豐富的視覺經驗會誤導我們，令我們深信自己經歷了周遭所有的資訊細節。基本上，我們知道我們所看到的某些事物是多麼鮮活，但是完全沒有察覺那些當時位在我們焦點外的事物。我們那鮮活的視覺經驗，遮蔽了一項非常顯著的「心理盲」（mental blindness）——我們以為，在視覺上很醒目或是不尋常的東西一定能吸引我們的注意力，但事實上，我們往往完全都沒注意到它們。[4]

自從我們的實驗以「大猩猩就在你身邊」（Gorillas in Our Midst）為題，於一九九九年登上《知覺》（*Perception*）期刊後，它便成為心理學領域被證明和討論得最廣泛的研究之一，並贏得二〇〇四年的搞笑諾貝爾獎（Ig Noble Prize，該獎項頒給「乍看讓人捧腹大笑，但隨後發人深省的研究成果」），而且曾被某一集「ＣＳＩ犯罪現場」拿來討論。[5]另外，我們已經數不清有多少次被問到，有沒有看過那支籃球員與大猩猩的短片。

❸「不注意視盲」（inattentional blindness）這個名稱最早出現於梅克（Arien Mack）與洛可（Irvin Rock）兩位心理學家的共同著作 *Inattentional Blindness* 一書中。[3]

## 康里沒看見的大猩猩

萊爾把康里帶到丹尼爾的實驗室，因為他聽說了我們的大猩猩實驗，想看看康里的表現如何。康里體形魁梧，但個性堅忍沉默；那天幾乎都是萊爾在發言。丹尼爾把他們帶到一個沒有窗戶的小房間，要康里觀看大猩猩影帶，並要他計算白衣球員的傳球次數。實驗進行之前，他們完全沒有辦法預知康里是否會注意到意外現身的大猩猩——約有半數觀看者會看見大猩猩。此外，不論康里是否能注意到大猩猩，都無法告訴我們，六年前他是否注意到考斯被圍毆。（這些都是很重要的觀點，稍後我們會回頭來討論。）但是丹尼爾還是非常好奇，不知康里在聽到這些科學研究時，會有什麼反應。

康里計算的傳球數目很正確，而且他也看見大猩猩了。和其他看見大猩猩的受測者一樣，康里似乎真的很驚訝，竟然會有人沒看見。即便丹尼爾解釋說，當人專心做某些事時，常常會沒有注意到出乎意料的事物，康里還是很難接受竟然有人沒看見對他來說如此明顯的物體。

我們對注意力的錯覺印象是如此根深柢固和盛行，以致所有參與康里案件的執法者，對於人類心智的運作，都抱持一個錯誤的信念：我們以為自己可以注意到身旁許多事物，且既然注意到，自然也會加以留意並記住。但事實上，我們真正記得的周遭事物，其實遠少於我們注意到的。康里本人也作證指出，如果他真的經過事發地點旁，他應該會看見那場殘暴的圍毆。上訴時，康里的律師試圖證明他當時沒有經過圍毆地點，關於他在案發地點旁的指證是錯誤的，其他警察的描述也不正確。然而，這些論點都奠基於一個假設：除非康里沒有辦法看到圍毆發生地點，那麼他的說辭才可能是真的。但是，有沒有可能康里那天就是身處在一個真實版的大猩猩實驗情境下呢？那麼，他可能就在考斯被圍毆的地點旁邊，甚至該景象就發生在眼前，但他卻沒有真正看見它。

由於當時康里擔憂布朗就要翻過柵欄逃跑了，據他描述，由於一心一意在追捕嫌犯而產生所謂的「視覺窄化」（tunnel vision）現象。檢察官對這個說法嗤之以鼻，指稱康里之所以看不見圍毆，才不是因為「視覺窄化」，而是因為「畫面剪接」——故意把考斯從場景中剪掉。[6]

但如果康里全神貫注在追布朗，就像大猩猩實驗受測者計算傳球數一樣，很有可能他雖經過案發地點，卻沒看見圍毆。若為如此，康里證詞中唯一不正確的地方，就在於他認為自己「應該能夠看見考斯」。這個案子最引人側目之處在於，康里本人的證詞是證明他在案發地點附近的主要證據，而這項證據加上對人類心智運作的誤解，以及其他員警所砌成的沉默藍牆，導致檢方以偽證罪和妨礙司法罪來起訴康里。檢方和陪審團都認定他有罪，認為他這麼做是為了掩護同事。

康里的罪名後來在二〇〇五年七月的上訴中被推翻。但是他最終贏得官司，並不是因為檢方或陪審團相信他的證詞；波士頓的那場上訴庭是以「未能受到公平審理」為由，推翻他先前的定罪，因為檢方沒有告知他的律師一份聯邦調查局的備忘錄，而那份備忘錄裡頭含有不利於某位檢方證人可信度的資料。[7]當美國政府於二〇〇五年九月決定不重審他的案件時，康里的官司風波才總算平息。二〇〇六年五月十九日，也就是案發後超過十一年，波士頓警局准許康里復職

——但是要他在三十七歲高齡重新接受一次菜鳥警員才需要的學科訓練。他領到六十四萬七千美元，補償他離開警局這段期間的薪資損失，而且還在二〇〇七年升為警探。

本書將舉出許多案例和奇聞軼事，康里的故事就是其一，來證明日常錯覺對我們的生活能造成多深遠的影響。然而，有兩件很重要的事務必要記得。第一，正如波西格（Robert Pirsig）在大作《萬里任禪遊》（*Zen and the Art of Motorcycle Maintenance*）中曾寫道：「科學方法真正的用途，在於確保大自然不會誤導你，讓你以為你知道某些其實你不知道的。」[8]但科學也只能做到這樣，雖然它能大致告訴我們銀河是怎樣形成的、ＤＮＡ如何轉譯成蛋白質，以及頭腦如何感知與記憶世界，然而，科學沒辦法用來全盤解釋某個單一事件或是某個個案。日常錯覺的特性不能當作呈堂證據，來證明某個事件完全是因為一種特定的心智功能缺失所引起。我們無法判斷，康里是否真的因為不注意視盲現象而沒看見圍毆，還是他真的沒看見（有可能他其實看見了，卻一直說謊）。除非針對康里當時的處境（在黑夜裡追著某個翻越柵欄的人，身處追捕殺人嫌犯的危險之中，不熟悉的地緣環境，以及一群人在毆打某人等等），來做一個條件限制完全符合的注意力研究，否則我們無法評估如康里所自稱，沒看見發生在眼前事件的機率有多高。

不過，我們可以說，那些判定他有罪的人太離譜了。可以確定的是，警方調查人員、檢方、陪審員，乃至於康里本人，全都被注意力錯覺給蒙騙了，而沒能去考慮另一種可能性——我們認為是很高的可能性，亦即，康里所陳述的「自己當時的所在位置」以及「沒有看見圍毆」，兩者都是真話。

第二個務必記得的重點是：我們藉由這些奇聞軼事來傳達我們的論點，因為用說故事的方式比較能引發共鳴、引人入勝，容易記，也容易理解。但是，人習慣相信看似具有說服力的，能用來解釋某件事為何發生的回溯性故事，即使根本沒有決定性的證據來證明因果性。也因此，對於本書所舉的每個案例，我們都會提出最高標準的科學研究做為後盾，這些研究的出處以及更詳盡的資料，以尾注方式列在書後。

我們的目標是想告訴你，日常錯覺如何操縱我們的思維、決策以及行動，同時我們也希望能說服你相信：這些錯覺深深影響著你我的生活。我們相信，一旦考量過這些論點和證據，你將會對自己的心智與行為產生截然不同的看法。而我們也希望你的行為能根據這些來調節應變。因此，希望你能採用較為批判的態度閱讀本書，並敞開胸懷接受你的頭腦運作方式很可能和你所想像的大異其趣。

## 核子潛艇怎麼會撞上漁船？

你還記得小布希總統上任後，美國發生的第一樁重大國際事件嗎？這件事發生在二〇〇一年二月九日，小布希上任還不滿一個月的時候。那天下午一點四十分，航經夏威夷附近的美國核子潛艇格林維爾號（USS Greeneville）艦長瓦德中校，下令進行所謂的「緊急下潛」（emergency deep）突擊演習，將潛艇突然潛入水中。但緊接著，他又發出「主壓載艙爆裂緊急應變行動」（emergency main ballast tank blow），這個措施是因為高壓氣體逼出主壓載艙裡的水，迫使潛艇必須以最快速度浮出水面。這種操作曾經出現在電影「獵殺紅色十月」裡，當時潛艇的頭是以垂直角度衝出水面。然而正當格林維爾號快速衝向水面之際，船員和乘客突然聽見一聲巨響，整艘潛艇劇烈晃動。「老天爺！」瓦德說道，「那是什麼鬼東西？」

原來潛艇高速衝出水面的位置，正好在一艘日本漁船愛媛號（Ehime Maru）下方。格林維爾號為了要切開北極浮冰而經過強化的方向舵，將愛媛號船體硬生生劈為兩半。船上的柴油開始外漏，而愛媛號也開始進水。不出幾分鐘，船尾就下沉了，因為船上的人都跑向船頭。許多人順利登上三艘救生艇而獲救，但仍然有三名船員及六名乘客不幸罹難。格林維爾號只輕微受損，也沒有人員傷亡。

這場意外到底是怎麼發生的？一艘現代化高科技潛艇，具備最先進的聲納系統和經驗老道的船員，怎麼可能偵查不到距離這麼近的一艘將近兩百英尺長的漁船？為了解釋這件意外，美國國家運輸安全委員會交出一份長達五十九頁的報告，巨細靡遺的記錄了所有艦上人員該遵守而沒遵守的程序、因為接待一個民間訪問團而分心、過程裡犯下的所有錯誤，以及因為溝通不良而沒能精確掌握愛媛號的位置。報告裡指出，沒有證據顯示船上組員的行為受到酒精、藥物、精神疾病、疲勞或是其他個人衝突影響。然而，這份報告最有趣之處在於，它完全沒有試圖解開最關鍵的一項議題：艦長瓦德以及甲板上的軍官在透過潛望鏡觀察海面時，為什麼沒有看見愛媛號。

潛艇在實施緊急下潛演習之前，會先回到潛望鏡深度，讓艦長確定附近沒有其他船隻。照理說，愛媛號應該在潛望鏡的視界內，而瓦德艦長應該會直接看向它，但卻依然視而不見。怎麼會這樣？美國國家運輸安全委員會的報告強調，潛望鏡掃描的時間很簡短，就像ＮＢＣ「日線」節目的特派員菲利普斯所說的：「如果瓦德在潛望鏡前停留久一點，或是把它升高一點，他可能就會看見愛媛號。瓦德也說自己當時正看往那個方向。」然而，這些報告都沒有將一項因素考慮進去：船隻就出現在眼前，但瓦德沒能看見——這項失誤，連瓦德自己都覺得驚訝。但是大猩猩實驗結果告訴我們，身為格林維爾號潛艇的指揮官，縱使擁有豐富的經驗與高超的技術，依然有可能直視著某艘船，但卻視而未見。關鍵就在於，瓦德認為如果有東西出現在眼前，他必定會看到。就像他後來所說的：「我當時沒有試圖去找尋它，也沒有預料到它會存在。」

畢竟很少有潛艇會在浮出水面時，剛好撞上其他船隻，所以各位也無須在搭船前緊張得睡不著覺。但是這類「視而不見」的意外事故，在陸地交通上倒是很常見。或許你就有過這樣的經驗：當你從停車位置轉出來，或是從小路轉進大路時，突然間必須緊急煞車，以免撞上一輛先前沒有看到的車子。意外發生後，駕駛通常會說：「我剛剛就在看那個方向，他們不知打哪兒冒出來……我完全沒看到他們。」這種情況尤其麻煩，因為它不符合我們對頭腦注意力與認知的直覺看法。我們直覺以為，自己應該能夠看見眼前的事物，但事實上，任何時刻，我們都只會察覺到我們視界裡的一小部分事物。我們可能會「有看沒有到」，由於這個想法和我們對自我心智的了解並不吻合，很可能因為這方面的誤解偏差，導致我們做出魯莽或是過度自信的決定。

本章在提及「看到」或是「視而不見」時，我們指的並非抽象或是隱喻性的說法。我們指的是用眼睛真正看向某件事物。我們想要指出，即使眼光直視某件事物，也不保證就能「看見」它。有人或許會懷疑，無論是大猩猩實驗裡的受測者，或是追捕嫌犯的警員，或是指揮潛艇浮出水面的艦長，眼光是否真的直接看向意外出現的物件。然而，當他們在執行上述各項任務時（計算傳球，追嫌犯或是掃描鄰近海域），他們一定得望向那些意外出現的物件。後來發現，事實上真的有辦法測量人的眼光落在何方，至少在實驗室裡能辦到（用科技方法表達「他們在看哪裡」）。這項科技採用一種叫做「眼動儀」（eye tracker）的裝置，能持續追蹤受測者在任何時段目光落於何處，以及停留多久——譬如說凝視錄影帶中的大猩猩多久。海德堡大學的運動科學專家梅莫特（Daniel Memmert），就採用他的眼動儀，重做一遍我們的大猩猩實驗，結果發現那些沒有注意到大猩猩的人，平均花了一整秒的時間在注視牠；而有注意到大猩猩的人，平均凝視大猩猩的時間竟然是相同的！[9]

## 明星四分衛最慘烈的攔截

二〇〇六年二月，年方二十三歲，加入職業美式足球才兩年的羅斯里斯柏格（Ben Roethlisberger），成為美式足球聯盟史上贏得超級盃最年輕的四分衛。那年球季結束後，在六月十二日這天，他騎著黑色鈴木重型機車，從匹茲堡市中心的第二大道往城外騎。當他快要來到第十街的十字路口時，迎面車道上，一輛由弗萊許曼（Martha Fleishman）所駕駛的克萊斯勒轎車，也逐漸逼近該路口。這時雖然兩輛車都是綠燈，但弗萊許曼左轉進入第十街時，剛好擋到羅斯里斯柏格的摩托車。根據目擊者描述，羅斯里斯柏格被撞得騰空飛出去，先是擊中克萊斯勒的擋風玻璃，接著又翻過轎車頂和後車箱，然後才終於落地。他的下巴和鼻骨都碎裂了，好幾枚牙齒也撞掉了，後腦勺還有一道很大的撕裂傷，再加上一些其他的小傷。事後醫生為他實行長達七小時的緊急外科手術，他當時並沒有戴安全帽，竟然還能保住一命，實在很幸運。弗萊許曼的駕駛紀錄近乎完美，唯一汙點就只有九年前的一張超速罰單。

羅斯里斯柏格被傳訊，原因是未戴安全帽以及未持適當駕照駕駛；弗萊許曼則因未讓主幹道車輛先行而被傳訊並罰鍰。羅斯里斯柏格最後總算完全康復，趕在九月球季開始的時候，重回球場擔任先發四分衛。

不幸的是，像這樣的意外事故經常發生。摩托車意外有一半以上都是與汽車相撞。而這類意外有將近六五%的發生經過，都類似羅斯里斯柏格的遭遇——汽車侵犯了摩托車的路權，在摩托車騎士正前方左轉（如果是靠左行的國家，則是右轉）。[10]在某些案例中，汽車是由幹道轉進小路。另外一些情況，則是汽車由小路轉進幹道。發生這類型意外事件，汽車駕駛最普遍的說法大概是這樣：「我打了左轉燈，等到沒有車的時候才左轉。接著卻有東西撞上我的車，然後我才看到摩托車，但那個傢伙已經躺平了。先前我根本就沒看見他！」摩托車騎士的說法則是：「這輛車突然就開到我面前，車內駕駛正盯著我看。」這種經驗常常令摩托車騎士以為該車駕駛故意侵犯他的路權——他們明明看到摩托車騎士，卻還照轉不誤。

汽車駕駛為何會在摩托車騎士面前轉彎？我們比較支持的解釋與注意力錯覺有關，至少在某些案例是如此。開車的人沒有看見摩托車騎士，是因為他們沒有預期會看見摩托車騎士。如果你在交通繁忙的路上企圖左轉，大部分擋住你的車輛都是汽車，而非摩托車（或是腳踏車、行人、人力車……）。因此，就某個程度而言，摩托車等同於意外出現的物體。就像我們的大猩猩實驗一樣，汽車駕駛往往沒有注意到意外出現的事物，即便是非常重要的事物。因此，關鍵就在於，他們以為自己會注意到——他們以為只要看對方向，所有意外出現的事物，都能吸引他們的注意力。

我們該如何改進這種狀況？倡導摩托車安全的人士提出了幾項解決方案，但我們覺得大部分都注定會失敗。立一個標語牌，要大家「注意摩托車」，可能可以令汽車駕駛調整對摩托車的預期，而比較會注意到在標語牌過後不久所出現的摩托車。但是幾分鐘之後，如果還是沒有看到摩托車，他們的視覺期待就會回復原狀，再度變成期待看見最常出現的物體——也就是汽車。像這樣的廣告式宣導，是假定我們的注意力機制是可以滲透的，我們的注意力與思想是很容易被影響的。然而，大腦中有關視覺預期的神經連結幾乎完全不受意識管轄。我們將在第四章，更進一步討論大腦如何自動偵測各種視覺型態，以及我們開車時所產生的經驗模式：多數為汽車，只有少數幾部摩托車。換句話說，標語本身也無法扭轉注意力錯覺的強大影響力。

假設在某一天早晨，我們告訴你要隨時留意有沒有大猩猩出現。然後在一週之後，你參加我們的大猩猩實驗。你認為我們先前給你的提醒有沒有用？應該是沒有。因為在接受警告與實驗進行的期間，你平常時候根本不會看到大猩猩，也不認為牠會出現。除非是在你看錄影帶之前提醒你，才能發揮作用。

除非人不時搜尋並預期看到摩托車，他們才會去注意摩托車。事實上，有一份報告詳盡分析了六十二樁牽涉到摩托車和汽車的交通意外，發現其中沒有一位汽車駕駛曾經騎過摩托車。[11]騎乘摩托車的經驗或許能減輕汽車駕駛對摩托車的不注意視盲。又或者，換個方式來說，若曾有過「自己身為意外物體」的經驗，會讓你對類似的意外物體產生警覺。

在增進摩托車安全的建議中，還有一項常被提起，那就是建議騎士穿著色彩鮮豔的衣服，而不是一般騎士常穿的皮夾克、深色長褲和靴子。這項直覺乍看之下還滿正確的：亮黃色的連身服裝應該可以讓騎士更搶眼，因此更容易被注意到。但是正如前面提到的，「看到」不等於「看見」。你可能目光直視著大猩猩，或是一輛摩托車，但是卻沒有看見牠（或它）。如果大猩猩或摩托車在視覺上很難察覺，那還算有道理——你如果漏看了一隻融合在背景環境中的大猩猩，沒有人會感到驚訝。但是，不注意視盲的證據之所以重要，且有違一般人的直覺，就在於大猩猩非常明顯，一旦你知道牠存在的話。所以，看是看見的必要條件——如果你根本沒有朝它的方向看去，就不可能看到它。但是看了也不一定就能看見——看向某個物體，不能保證你一定看見，並且注意到了那個物體。穿著鮮明的服裝，騎一輛色彩亮麗的摩托車，的確可以增加你的能見度，讓「正在搜尋你的存在」的人比較容易看見你。然而，這些亮麗服裝，並不能保證你一定會被注意到。

我們之前也沒能體會到這點。記得頭一次設計大猩猩實驗時，我們以為只要讓「大猩猩」更搶眼一點，就會讓偵測到牠的人變多——人怎麼可能會沒注意到一隻鮮紅色的大猩猩！但是因為鮮紅色的大猩猩服裝太少見了，我們與另兩位同事，莫斯特（Steve Most，當時是丹尼爾實驗室裡的研究生，現任德拉瓦大學教授）和蕭爾（Brian Scholl，當時是心理學系博士後研究員，現任耶魯大學教授），製作了一個電腦版的大猩猩影帶，影片中，球員換成字母，大猩猩換成的紅色十字（＋）會出乎意料的出現並橫越螢幕。[12]受測者被要求計算白色字母碰觸到顯示窗邊緣的次數，但是忽略穿插其間的黑色字母。

即使是對這個實驗熟得不能再熟的研究人員，例如我們，這個版本的大猩猩實驗結果還是令我們大吃一驚：三〇％受測者沒有看見紅色十字，即便它是螢幕上唯一的十字，唯一彩色的物體，以及唯一以直線行經螢幕的物體。我們原本以為大猩猩之所以沒被看見，至少部分原因在於牠還不夠醒目：牠的顏色太暗了，就像黑衣組的球員。我們相信如果是比較顯眼的物體，應該會「跳脫出來」，打破我們所定義出的不注意視盲現象。然而這個「紅色大猩猩」實驗證明，當某件非預期之內的物體意外出現時，即使它在視覺上很顯眼，也不能保證會被注意到。

反光服裝確實能提升摩托車騎士的能見度，但是卻無法大幅超越我們的預期。摩托車騎士就好比實驗裡的紅色十字。沒有見到紅色十字，不只因為他們比路上其他車輛來得小或是不明顯；

而沒有看見摩托車，正是因為它們跟汽車不一樣。穿上高能見度的衣服，勝過穿著不顯眼的衣服（減低視覺上的辨識困難度），但是增加騎士在視覺上的辨識度，無助於提升汽車駕駛對他們的注意力。有趣的是，真正有助於提升摩托車受汽車駕駛注意的辦法是：設法讓它們看起來更像汽車。譬如說，幫摩托車安裝兩個間距愈遠愈好的車頭燈，類似汽車車燈的寬度，就可以大大增加它們被注意到的程度。

不過，還有一個辦法經證明可以消除不注意視盲：讓意外出現的物體或事件，變得比較常出現。腳踏車及行人會發生交通意外，和摩托車意外一樣，汽車駕駛之所以會撞到腳踏車或行人，常常是因為沒有看見對方。加州公共衛生顧問雅各布森（Peter Jacobsen）檢視了美國加州以及歐洲國家諸多大城市裡頭，汽車與行人或是腳踏車相撞的交通意外比率。[13]他蒐集了這些城市在二〇〇〇年行人或腳踏車每行駛百萬公里所發生的交通傷亡人數。結果顯示出一個非常清楚且令人意外的模式：在行人或腳踏車愈多的城市裡，步行或騎腳踏車的危險性愈低；反之，在行人或腳踏車愈少出現的城市裡，行人或騎腳踏車者愈容易發生危險。

為什麼在步行的人或騎腳踏車的人愈多之處，汽車駕駛愈少撞到行人或腳踏車騎士？因為他們最習慣看見行人與腳踏車騎士。我們不妨這樣想：假設有兩個場景，一個是擠滿行人的倫敦街頭，那兒的汽車駕駛早已習慣看到車邊蜂擁的人群；另一個是洛杉磯市郊寬廣的大道，這裡的駕駛比較不習慣行人突然冒出來在車子前頭。請問，你是走在倫敦街頭，還是洛杉磯市郊比較安全？雅各布森的數據證明，你如果搬進一座行人倍增的都市，你在街上行走時，被汽車撞倒的機

會將減少三分之一。❹

為「預期心理」的強大力量，做出最驚人的證明的，是由前述紅色大猩猩研究的主持人莫斯特，和他在哈佛奧林神經精神科學研究中心（Olin Neuropsychiatry Research Center）的同事亞斯圖（Robert Astur）共同主導，利用駕駛模擬器為工具來進行的一項實驗。[14]受測者利用模擬器模擬駕駛，每碰到一個十字路口，都要先搜尋一個藍色箭頭，指示他們應該往哪個方向轉彎，但是他們不需理會黃色箭頭。就在受測者進入其中某個十字路口時，一輛摩托車會意外駛入他們的車道並停下來。當摩托車為藍色時，也就是與他們必須留意的指示箭頭同色時，幾乎所有駕駛都會注意到它。然而當摩托車為黃色，與不需理會的箭頭同色時，三六％的受測者會撞到摩托車，而且其中有兩個人完全沒有踩煞車！決定你看見什麼或是漏看什麼的關鍵，並不在於視覺效果的明顯度，而是在於你當下的預期心理。

當然，並非每一樁汽車與摩托車相撞事故都是汽車駕駛的錯。以羅斯里斯柏格這樁車禍來說，汽車與摩托車都是綠燈，但是羅斯里斯柏格是直行，擁有路權。一名目擊者引述汽車駕駛弗萊許曼事後所說：「我當時看到他逼近，但是他完全沒有往我這裡看。」[15]羅斯里斯柏格可能根本沒有看到她的車，雖然說那輛車就出現在他眼前。如果他當時有注意到來車，或許就能避免一場意外。

## 飛機著陸的失事分析

美國太空總署科學家海恩斯（Richard Haines）的職業生涯，大都在北加州的航太智庫艾姆斯研究中心（Ames Research Center）度過。他最出名的是熱中於記錄幽浮事件。但是在一九八〇年代初，他和同事費雪（Edith Fischer）及普萊斯（Toni Price），利用飛行模擬器，對機師與資訊顯示技術進行了一項創新研究。[16]他們的實驗很重要，因為在諸多「有看沒有見」的證明當中，它是最戲劇化的實驗之一。受測對象是合格的波音七二七民航機駕駛員，這型飛機是當時最常見的民航機種之一。民航機駕駛員通常是最有經驗也最優秀的飛行員，很多都有多年駕駛軍機的經驗，而且只有最頂尖的機師才能駕駛大型民航機，因為每一趟飛行任務都有數百條人命託付給他們。在這個實驗中，接受測驗的正副駕駛都擁有超過一千小時七二七民航機飛行經驗。

實驗過程中，這些機師接受大量訓練，學習使用抬頭顯示器（head-up display）。這種在當時還算滿新的科技，其實就是把許多操縱七二七模擬機必備的重要儀表——像是高度、方位、速度、燃油狀態等等，以投射方式，直接顯示在駕駛前方的擋風玻璃上，而非傳統駕駛艙顯示在機師的視線下方或四周。經過一系列訓練，機師完成了許多趟模擬著陸，包括在各種天候狀態，使

❹ 相關研究：D. L. Robinson, "Safety in Numbers in Australia: More Walkers and Bicyclists, Safer Walking and Bicycling," *Health Promotion Journal of Australia 16*, no. 1 (2005): 47–51.

用或者不使用抬頭顯示器。然後，海恩斯會趁他們在練習模擬飛行器時，找機會替他們的著陸試驗添加一則意外插曲。當機師穿過雲層，看到下方的機場跑道，就會開始準備著陸，一切按照先前做過許多次的試驗，他們會檢查儀表板和天氣狀況，然後決定是否要中止著陸。然而，這一次，某些機師根本沒看見一架大型噴射客機轉進了他們預定降落的跑道，就這樣大剌剌的擋在他們面前。

像這樣的「跑道入侵」，飛機誤入不該進入的跑道，算是比較常見的飛行意外事故原因，一半以上的跑道入侵都是因為機師的人為疏失——駕駛員把飛機滑進其他飛機的跑道。然而，就像格林維爾號非常不可能在浮出水面時剛好撞上另一艘船，大部分跑道入侵造成相撞的機會都很低。就二〇〇七會計年度而言，美國聯邦航空安全總署登記有案的美國機場跑道入侵意外共有三七〇件，只有二十四件比較可能釀成飛機相撞，而其中有八件與民航機有關。從二〇〇四到二〇〇七的四年間，美國機場總共有一三五三件跑道入侵意外，其中一一二件被歸入嚴重等級，而其中只有一件是真正相撞。不過，話說回來，飛航史上最慘烈的單一意外事故，就是跑道入侵造成的。一九七七年在加那利群島，一架荷蘭航空班次四八〇五客機剛從跑道起飛，就以全速撞上汎美航空班次一七三六客機，後者在同一條跑道上迎面滑行而來。這兩架波音七四七總共造成五百八十三人罹難。

雖說跑道入侵與其他飛行意外相比，算是比較常見的，但是飛機相撞事件畢竟還是極為罕見的。在二〇〇七年，超過二五〇〇萬架次的飛行當中，只發生了八次嚴重的跑道入侵，這樣的機率相當於：如果每天搭一次民航機往返，必須連續三千年才會碰上一次嚴重的跑道入侵意外。然而這類型意外相對而言卻還算較常見的，關鍵字就在於「相對而言」。它們還是很罕見——也因此，乃意料之外的事件。[17]

海恩斯的模擬機實驗裡頭最讓人驚訝的是，抬頭顯示器照理應該（或至少就直覺來看）能讓機師的注意力停留在正前方，也就是即將出現另一架飛機的位置。他們的視線可以留在跑道上，因為不用轉移視線去看儀表。但是若非實驗及時中止，還是有兩名採用抬頭顯示器的機師幾乎撞上迎面而來的飛機。事實上，機師在穿出雲層後幾秒鐘就可以明顯看到那架入侵跑道的飛機，他們有超過七秒鐘的時間能安全中止降落程序。此外，採用抬頭顯示的機師反應比較慢，而且當他們想要「取消進場」時（也就是把飛機拉高，重新執行降落程序），手腳也比較慢。至於那兩名沒有試圖及時中止降落程序的機師，他們的模擬飛行成績都是優等或特優。模擬飛行結束後，海恩斯問他們是否看到什麼東西，他們都回答沒有。等到實驗結束後，海恩斯播放影帶給他們看，顯示有一架飛機停在他們正要降落的跑道上，兩人都顯得很吃驚，而且想不透自己怎麼會沒看見這麼明顯的物體。其中一人說道：「如果我沒看（這捲帶子），我絕對不會相信。我是真的沒看見跑道上有東西。」[18]跑道上那架飛機，正是他們看不見的大猩猩——他們沒料到會有飛機出現在那裡，也就沒看見它。

現在，我們知道看到不等於看見，而且也能明白，為何我們直覺以為「抬頭顯示能夠提升偵測跑道異物的能力」，其實是錯誤的。就某些層面，抬頭顯示器確實有助益：讓駕駛員能夠比較快速讀取重要的儀表資料，減短搜尋資料所需要的時間。事實上，飛行表現確實能因設計良好的抬頭顯示而更為理想一些。利用所謂的構型顯示（conformational display），也就是在擋風玻璃上的跑道位置上疊加圖像，來凸顯跑道，可以讓機師飛行得更為精準。[19]然而，抬頭顯示雖然能幫助機師提升他們努力完成的任務（像是降落一架飛機），但是卻沒有辦法幫助他們看見預料之外的物體，甚至會減低他們注意周遭重要事物的能力。

怎麼可能「花愈多時間來注視周遭世界，看見眼前事物的能力反而愈低」？答案似乎源自我們對注意力運作的錯誤信念。

雖然跑道上的飛機就在機師眼前，完全在視線內，但機師當時的注意力全都放在著陸的任務，而非放在跑道上可能出現的物體。除非機師特意去檢查跑道上是否有障礙物。他們不太可能去搜尋不該出現在那兒的物體，例如另一架滑入降落跑道的飛機。畢竟那是塔台應該要負責杜絕的狀況。然而，如果「未檢查跑道」是唯一的因素，那麼使用抬頭顯示器的機師，應該不會表現得比需要轉頭或低頭看儀表的機師還糟。畢竟在這兩種狀況下，機師忽略跑道的時間一樣長：他們要不是忙著看擋風玻璃上的數據，就是忙著看儀表板上的數據。但是海恩斯的研究顯示，機師在使用抬頭顯示器時，注意到意外事物的速度更慢。因此，注意力有限應該不是問題——如果只是因為注意力有限，那麼數據是否顯示在擋風玻璃上或周邊儀表板上，應該沒有差別。更大的問題出在我們對注意力的錯誤信念。

## 使用免持聽筒可避免車禍事故？

想像一下，你正開著車從公司回家，滿腦袋想著回到家之後要做什麼，以及辦公室裡哪些工作還沒做完。正當你準備左轉穿越一條交通繁忙的車道時，一個小男孩追著一顆皮球，突然出現在你的車子面前。你會注意到他嗎？可能不會，因為你現在應該是滿腹心事。但是你如果沒有在想事情，而是在講手機呢？你會注意到嗎？大部分人都相信，只要他們把視線放在路上，雙手放在方向盤上，他們就會看見，而且有能力應對意外事件。然而，廣泛的研究掌握了許多資料，證明一邊開車一邊講電話有多危險。實驗性研究與流行病學研究雙雙顯示，因為講手機所造成的駕駛行為能力降低，約與法律上的酒醉駕車相當。[20]駕駛在講手機時，對於紅燈的反應比較慢，準備閃避所需要的反應時間比較長，而且對周遭環境的意識也會普遍降低。通常無論是酒醉駕車或是邊開車邊講手機，都不會導致意外事故，部分原因在於大多數人開車都會遵守交通規則，即使你的表現沒有達到滿分，其他駕駛也會試著閃避你。不過，一旦意外發生，如果因駕駛行為能力降低造成重大傷亡，通常需要緊急應變來面對突發狀況，煞車稍有遲疑，原本可以及時停在小男孩前面，卻可能將他輾過。

一般說來，大家至少都曉得邊開車邊講手機很危險。我們都看過駕駛因為分心而闖紅燈，或是偏離車道，或是在速限四十五英里的路段以三十英里速度行駛。正如專欄作家古德曼（Ellen Goodman）所寫：「那些開車用手機的人……正是深信手機不應該讓那些白痴使用的人。」[21]

由於體會到（其他）人不能一邊講手機一邊安全開車，引發了一場運動，限制駕駛在開車時使用手持行動電話。紐約州是美國第一批通過這類立法的州之一。禁止駕駛開車時使用手持行動電話的法案，是根據一般人的直覺：開車講電話之所以危險，就是因為手離開方向盤去握電話。事實上，紐約州甚至立法規定，因為使用手持行動電話而收到罰單的駕駛，只要隨後補買一隻使用耳機的行動電話，就可以註銷原先的罰單。AT&T無線公司有一張廣告單上還宣稱：「開車時如果使用無線電話，你的雙手都可以放在方向盤上了。」諾基亞公司也推出了類似的宣傳手冊，把「盡可能使用無須手持的設備」定為十大安全建議中的第二項。這類信念與說法背後的假設，與大部分「分心駕駛」（distracted driving）法律的假設一樣：只要你的眼光盯著路面，你就會注意到意外出現的事物——都是一種注意力錯覺。既然現在你已經知道大猩猩實驗，你大概也猜到了我們接下來要說什麼。

問題並不是出在我們的眼睛或雙手。要我們單手操縱方向盤來開車，不是那麼困難的事，而我們在手持電話機的當兒，眼睛也還是可以看著路面。其實，一隻手握電話，一隻手轉方向盤，這個動作並不會耗用我們太多的認知能力。像開車這類的動作控制流程幾乎都是全自動，而且是下意識的；對於經驗老道的駕駛人來說，想都不必想，就知道應該怎樣移動手臂好讓車子左轉，或是讓電話保持在耳邊的位置。所以問題並不在於肢體動作調控的局限，而在於我們的注意力與意識的局限。事實上，手持電話和耳機電話所造成的分心效果，沒有什麼差別，而且程度相仿。[22]一邊開車一邊講手機，即便訓練有素且看起來都是不費力的工作，兩者仍然需要耗費頭腦裡有限的注意力資源。它們需要「多工處理」（multitasking），信不信由你，當你的腦袋所處理的費力工作愈多，每一件工作的表現都會愈差。

在我們的大猩猩實驗第二部分，我們藉由讓受測者的任務（計算傳球數量）更困難，來測試注意力的極限。在這個部分，我們要求受測者不能只計算白衣球員的傳球總數，還得分開計算地板傳球與空中傳球的數目（不過仍然只需計算白衣球員）。結果不出所料，沒看見大猩猩的人數比例又增加了二〇%。增加工作難度，就必須投入更多注意力，因此更不容易注意到大猩猩。由於注意力資源有限，因此當我們使用得愈多，就愈不可能注意到意外事物。問題出在消耗有限的認知資源，而不在於用手持話機。最重要的是，就像大猩猩實驗受測者那種事後不敢置信的反應所證明的，大部分的人無法察覺到自己的意識是有限的。不同的實驗一再證明，免持聽筒並沒有比手持聽筒的手機來得安全。事實上，立法禁止手持電話，甚至有可能導致反效果，讓人更自信，以為邊開車邊講電話很安全。

有人或許會說，我們的大猩猩實驗不能和邊開車邊講手機相提並論。也就是說，我們要求受測者計算不同類型傳球數目所增加的困難度，可能超過講電話的負擔。不過，還有一個簡單的方法，可以查明是否有這種可能：做個實驗吧！為了探討講電話對分散注意力的直接影響，蕭爾帶著耶魯大學學生，進行先前提過的紅色大猩猩電腦版實驗，但是他們讓其中一組受測者一邊講電話一邊執行任務。[23]結果專心工作的受測者大約三〇%沒看見意外物件。但是，邊講電話邊工作的受測者，卻有高達九〇%沒看見意外物件！只不過講一個電話，就讓他們漏看意外物件的機率增加了三倍。

這個令人警覺的發現，證明講電話會大大降低我們的意識以及視覺感知力。像這樣的能力減損，是因為我們的注意力有限，而不是因為電話的存在與否；即使兩項工作看起來都不費力，但卻同時在消耗我們的注意力。有趣的是，講手機並不會降低受測者執行追蹤任務的能力；它只會減低注意意外發生之事物的能力。這項發現或許能解釋，人為何會認為講手機不會影響他們駕車：我們自認邊講手機邊開車沒有問題，是因為我們還是能妥善執行主要任務（讓車子保持在路中央）。但問題在於，對於罕見的、意外的、可能釀成慘劇的突發事件，注意到的可能性就大大減低了，而我們平常的駕駛經驗也無法讓我們對於這類意外事件及時反應。

在聽過這些關於缺乏注意力、手機、駕駛等的討論後，你可能會和許多人一樣好奇，為什麼邊開車邊講電話的危險，會強過邊開車邊與鄰座乘客聊天，因為後者似乎從來沒有引發過爭議。（除非你極力贊成我們的說法而準備發起立法，禁止邊開車邊談天——無論是和誰談天都不行。）如果告訴你說，和同車乘客聊天，對駕駛的干擾遠不及透過手機聊天，你恐怕會很吃驚。事實上，大部分證據都顯示，與同車乘客聊天對駕駛能力的影響極小，甚至完全沒有影響。[24]

和同車乘客聊天不會造成太大問題的原因有幾項。首先，我們比較容易聽清楚並了解就坐在你身邊的人所說的話，勝過電話另一端的人所說的話，所以你不需要費太大力氣來接續對話。第二，坐在你身邊的人等於多提供了一雙眼睛——同車乘客有可能幫你注意到路面上意外出現的物體而提醒你，而手機談話沒有辦法提供這項服務。最後，「與乘客交談」和「與人透過手機交談」最有趣的一大差別在於：兩者所需要的社交禮儀不同。當你和車內同伴聊天時，他們很清楚你當時所處的環境。也因此，當你開車遇到麻煩而停止說話時，你的同伴很快就知道你為什麼突然靜下來。這時你並不需要基於社交禮貌而繼續說話，因為車內所有人都會因應交通狀況來調整當時的人際互動。然而在講手機時，你會感覺到不論當時交通狀況如何，基於禮貌，都必須繼續交談，因為對方沒有理由知道你為什麼突然停頓，然後又突然開口。以上三個因素加總起來，有助於解釋為何一邊開車一邊講手機特別危險，遠超過其他種類的分神。

## 地鐵站的理想演奏曲目

到目前為止，我們所舉的都是人對眼前事物視而不見的案例：潛艇艦長沒看見漁船，汽車駕駛沒看見摩托車，機師沒看見跑道中央的障礙物，以及波士頓警員沒看見一場圍毆。然而對某些事物缺乏意識與注意力錯覺的現象，不只限於視覺感官。人也同樣可能會經歷到「不注意耳聾」現象（inattentional deafness）。[25]

二〇〇八年，普立茲專題報導獎頒給了《華盛頓郵報》的溫加騰（Gene Weingarten），得獎作品描述的是一段他親身經歷的「社會」實驗，一段由小提琴演奏家約夏·貝爾（Joshua Bell）協助完成的社會實驗。四歲時，住在印第安納州的小貝爾就已經會用橡皮圈彈奏出他聽過的歌曲，令身為心理學家的父母大大驚訝。經過諸多音樂老師的指點，貝爾到了十七歲的時候，已經能在卡內基音樂廳演奏了。他屢屢登上古典音樂排行榜冠軍，獲頒無數小提琴演奏獎項，甚至還受邀上過電視節目「芝麻街」。他的官網自傳是這樣開頭的：「約夏．貝爾是最受社會大眾矚目的當代古典小提琴家。」

話說星期五這天，交通尖峰時段，貝爾帶著他花費不只三百萬美元買來的史特拉第瓦里名琴，來到華盛頓特區的朗方廣場地鐵站。他在某個地鐵出口與一座電扶梯之間，選好一個位置，打開他的琴盒，用來裝盛捐款，自己先放了幾張鈔票做為種子基金，然後就開始拉奏好幾首複雜的古典曲目。在他全程四十三分鐘的演奏期間，從他面前幾英尺內走過的行人超過一千名，但是真正停下腳步聆聽的人只有七位。而且如果扣掉一位認出他的人所捐的二十美元，貝爾這場街頭秀只募得三十二．一七美元。

溫加騰的文章哀嘆現代社會不懂得欣賞美與藝術。字裡行間，幾乎可以感受到，當他站在一旁觀看行人匆匆經過貝爾身邊，心裡有多難受與失望：

隱藏式錄影機將整個過程都拍攝下來。不論你只觀看一次，或是看過十五次，感覺都一樣難受。試試看快轉播放，它變得好像一次大戰時期那些動作突兀滑稽的新聞默片。人以滑稽的快步走過，咖啡在手，手機在耳，識別證在肚皮前晃盪，好一首冷漠、遲鈍、灰黯的現代死亡之舞。

《華盛頓郵報》的人事先期待的場面可不是這樣。根據溫加騰的報導，他們原本還擔心會引起騷動：

就華盛頓特區的人口結構和知識水平來看，一般想法是必定會有不少人認出貝爾。這個想法引發了一陣緊張的揣測，「萬一」這樣，「萬一」那樣，該如何是好。萬一圍觀的人群招引來更多看熱鬧的人怎麼辦？消息很快就會傳開。照相機會開始閃個不停。這只會招來更多群眾；國家警衛隊應聲趕到；發射催淚瓦斯、塑膠子彈等等。

表演結束後，溫加騰要求著名的國家交響樂團指揮史拉特金（Leonard Slatkin）預測，一名職業演奏家客串街頭藝人會有什麼結果。史拉特金深信會招來一群人圍觀：「約七十五到一百人會停下來聆聽一陣子。」實際上，駐足者還不到他預測的十分之一，哪需要動員國家警衛隊出馬。

溫加騰、他的編輯、史拉特金，或許還包括普立茲獎的評審，全都上了注意力錯覺的當。甚至貝爾本人在觀看自己的表演錄影帶時也表示：「很驚訝怎麼會有這麼多人完全沒注意到，好像我是隱形人。因為你知道嗎？我當時發出的聲音可大著呢！」現在，既然各位讀者都已經讀過視而不見的大猩猩，被忽略的漁船，以及看不見的摩托車，對於貝爾為何沒被認出是當代大音樂家，應該可以猜出其中一個原因了。因為沒有人預料會在地鐵站撞見（或聽見）知名小提琴家。他們正準備去上班。真正了解貝爾沒能引發重大反應的受訪者是蘇莎（Edna Souza），她在附近擦皮鞋，覺得街頭藝人很煩人。她對那些人逕自來去，聽都不聽，一點也不驚訝：「大家踏上電扶梯後，就直直盯著前面。他們只顧自己，只看前方。」

在溫加騰所設置的這個情境中，通勤族早已投入一樁主要任務，那就是趕去上班，他們很難分心注意到貝爾，更不可能認出他不是一般街頭藝人。這正是關鍵所在，溫加騰所選擇的獻藝時間與地點，幾乎可以保證沒有人會注意到貝爾的演奏水準。溫加騰擔心，「要是我們沒法從日常生活中抽離片刻，聆聽地表上最頂尖的音樂家，演奏音樂史上最好的作品；如果現代生活的巨浪將我們完全擊倒，令我們連這般美好的事物都聽不到、看不見——那麼我們到底還錯過了多少好東西？」可能不少，但是這場獻藝並不足以證明人不懂得欣賞美。比較合理的解釋為：當人集中注意力（視覺與聽覺）在某件任務上，好比趕去上班，通常不太可能留意到意料之外的事物，譬如說途中遇到頂尖音樂家。

如果真的要設計一個實驗，來測量華盛頓特區的居民是否願意駐足欣賞藝術，我們應該先選擇一般水準的街頭藝人，一個可以吸引到中等數量聽眾的時間與地點。然後，再隨機安排一般藝人或約夏．貝爾在不同的日子去那兒表演，看誰賺的比較多。換句話說，要證明人不懂得欣賞美好音樂，首先你得證明起碼有一些人真的在聽，然後再證明他們捐給音樂家的錢，沒有超過捐給一般街頭藝人的錢。要是溫加騰當初幫貝爾安排的獻藝地點旁邊有人在使用電鑽，他就拿不到普立茲獎了。因為在那種情況下，沒有人會驚訝於音樂家被當成透明人，因為震耳欲聾的噪音會將小提琴聲淹沒。然而，把貝爾安排到交通尖峰時段的地鐵電扶梯旁邊獻藝，其實具有同樣的效果，只是理由不同。儘管聽得到貝爾的琴音，但是由於注意力被晨間通勤任務給占據了，而導致不注意耳聾。

此外，還有幾個因素也同樣對貝爾不利，他當時演奏的是大眾比較不熟悉的古典曲目，而非大部分通勤族都耳熟能詳的曲子。如果貝爾那天拉奏像《四季》那般通俗的古典音樂，結果可能會好一些。演奏的曲目如果通俗些，即使是才華遠遜於他的音樂家都可以賺到比他多錢。當丹尼爾還住在波士頓時，偶爾會從市中心逛到北角去吃義大利餐。他起碼有六、七次經過某個手風琴賣藝人身邊，這個人總是盤踞在一條橫越高速公路的封閉式路橋的某端——地點實在太完美了，可以吸引到一些正要步行去用餐的人，他們通常都有一點閒暇，反正到了餐廳恐怕也得等位子。街頭藝人就像房仲業者一樣，對他們來說，地點決定一切。這名手風琴師每次都是興高采烈的演奏著，一副真心喜愛自己的樂器和曲子的模樣。然而，丹尼爾只聽他演奏過一首曲子：電影「教父」的主題曲。每次丹尼爾走向餐廳，或是從餐廳走回來，只要丹尼爾出現，他就演奏這首曲子。有可能他是在遠遠看見丹尼爾朝他走來，但還聽不見琴音時，馬上改奏這首曲子，可能是某個老玩笑或是警告（不過丹尼爾從來沒有一覺醒來發現被窩裡有顆鮮血淋漓的馬頭），又或者他只是為了迎合聽眾而拉奏最通俗的音樂。我們都打賭他在街頭一定混得很不錯。如果貝爾是在某個星期六下午獻藝，很可能會吸引到更多聽眾。如果他當時是在地鐵月台上拉奏短一點的曲子，而非在地鐵出口的電扶梯旁邊拉奏長曲，也可能會吸引更多正在候車的旅客來聆聽。如果他那三百多歲高齡的名琴，當時拉奏的是「教父」主題曲，結果又不知會怎樣呢。

## 大猩猩測驗究竟測出了什麼？

克里斯曾經在課堂上，向學生展示過大猩猩實驗。其中一個學生隔週告訴他，她回家放錄影帶給家人看，結果父母都沒有看見大猩猩，但是她姊姊看見了。這下子不得了，她姊姊可得意了，自認在這場「發現大猩猩」的競賽中勝出，還聲稱這證明她有多聰明。其實丹尼爾常常接到陌生人寄來的電子郵件，問他為何他們看不見大猩猩，但是他們的孩子卻看見了，或是問他女孩是否總是會注意到，但男孩卻看不見。一名避險基金經理人在得知我們的研究後，要她辦公室裡的人做這項測驗。然後她透過熟人找上克里斯，想要了解「注意到大猩猩的人」與「沒注意到大猩猩的人」之間有何差異。

很多做過大猩猩實驗的人都把它看成某種智力測驗或是能力測驗。它的效果是這麼驚人，而且注意到與沒注意到的人數如此勢均力敵——讓人以為某些重要的性格特徵決定了是否會注意到大猩猩。當丹尼爾在ＮＢＣ「日線」節目上證明這項實驗時，該節目的製作人曾經推測，如果你的職業必須注意細節，你應該比較有可能注意到大猩猩，因此他們詢問每一個受測者的職業。他們以為受測者的表現取決於當事人屬於哪種類型的人：是「注意者」（noticer）還是「忽略者」（misser）。而這便成了「個別差異」的問題。如果我們能夠弄清楚是否某些人在這類實驗中，總是會注意到大猩猩以及其他意外出現的事物，那麼我們就能弄清楚這些人是否比較不容易受不注意視盲的影響，進而幫助我們把「不注意者」訓練成「注意者」。

然而，即使人直覺喜歡把大猩猩影帶當成可以區分個性類型的一面羅塞塔石，但事實上，幾乎完全沒有證據顯示，個人在注意力或其他能力上的差異，會影響到不注意視盲。理論上，每個人的注意力資源可能會有差異，而那些注意力資源較充沛的人（或許就是那些智商較高的人），在投注心力於主要工作之後，可能還有足夠的注意力，供他們偵測意外出現的事物。不過，有一項論點卻與這個推測不符：大猩猩實驗不論在哪裡進行，始終得到一致的模式。我們在哈佛大學的大學部——堪稱精英學府，進行最原始版本的大猩猩實驗，但是針對比較差的學校以及非學生受測者，該實驗得到的結果還是一樣。在所有的樣本當中，差不多都有一半的受測者看見大猩猩，另一半沒看見。根據諾基亞公司所進行的一項調查，大約有六〇%的女性以及男性都同樣認為：女性比較擅長同時處理多件任務。如果你同意這一點，那麼你可能也會認為女性應該更可能注意到大猩猩。然而，並沒有什麼實驗證據能佐證這項關於多工作業的多數人看法，我們更完全沒發現任何證據顯示，男性比女性更容易漏看大猩猩。事實上，有關多工處理的諸多研究所得出的主要結論是，沒有人真正擅長同時處理多項任務：一般說來，一次從事一項作業，是比較有效率的做法。[26]

當然我們還是有可能，甚至有理由去懷疑每個人對主要任務的專注能力具有差異性，但是這項能力卻與一般的智力或教育程度無關。如果專注能力的個別差異會導致「注意到意外事物能力」有所差異，那麼能夠比較輕鬆執行計算任務的人，應該比較可能注意到大猩猩——因為他們花在計算任務上的資源較少，剩下的注意力資源理所當然就較多。

丹尼爾和研究生簡森（Melinda Jensen）最近針對這個假說做了一項實驗。他們先計算受測者進行電腦版本的一項追蹤測試的成績，該測試類似我們之前做的「紅色大猩猩」實驗，然後他們再分析那些電腦追蹤測驗表現較好的人是否比較容易注意到意外事物——結果發現並沒有。這顯示出：能否注意到意外事物，並非取決於你的專注能力。此外，丹尼爾和運動科學家梅默特（Daniel Memmert，曾做過孩童觀看大猩猩影帶時的眼球移動研究）也發現，是否注意到意外事物，與多項注意力基本能力測驗的結果都無關。這些發現意謂著：訓練人改善注意力，也許根本無法幫助他們偵測到意外出現事物的能力。出乎預期的意外事件，大家根本不會去注意，不論他們的專注能力有多好（或多差）。

就我們所知，根本沒有所謂「注意者」與「忽略者」——至少，沒有人在各種不同的測驗與情境下，總是一致注意或是忽略意外出現的事物。不過，我們還是有一個方法能預測一個人注意到意外事物的可能性有多高。但並不是根據個人的單一特質或意外事物的本質；而是「個人的某項特點」與「該情境的某項特點」之加總配對。那天在朗方地鐵站門口，一千多名行人當中，只有七人曾駐足聆聽貝爾的演奏。其中一人三週前才聽過貝爾的演奏會。剩下的六人當中，有兩人本身就是音樂家。他們的音樂素養使得他們能在一片吵雜聲中，一下子就認出貝爾的高超技巧以及他所演奏的曲目。其中一人叫做亭德理（George Tindley），在附近餐廳工作，「一聽就知道這傢伙很厲害，他顯然是專家。」他對溫加騰這麼說道。另一位音樂家皮卡雷洛（John Picarello）則說：「這是一名超級小提琴家。我從沒聽過這麼高水準的。他的技巧嫻熟，樂句劃分得極好。而且他的琴也是一流的，琴音飽滿豐富。」

眾多實驗也支持這項觀察。經驗豐富的籃球員通常比不常打籃球的人更容易注意到原始版籃球傳球影帶中的大猩猩。相對來說，手球員並沒有比一般人更容易注意到籃球場上的大猩猩，雖說他們也是團隊運動好手，而且手球所需要的專注度並不亞於籃球。[27]專業訓練確實有助於注意到意外出現的事物，但是該意外事物必須是在你的專業範疇內。把專家放進一個與他們專業技巧無關的環境，他們就會像一般人一樣，注意力都花在執行主要任務上。而且不論處在哪種情境下，專家都無法倖免於錯覺的信念：誤以為人可以注意到超過實際注意到的事物。溫加騰這樣描述皮卡雷洛在觀賞貝爾拉琴時的模樣：「從錄影帶，你可以看出皮卡雷洛不時左顧右盼，幾乎是大惑不解。『啊，其他人都聽不懂。完全沒人理我……怎麼會這樣！』」

## 需要幾名醫生才夠……

即便是在自己的專業領域內，專家也無法避免不注意視盲或是注意力錯覺。放射科醫生的責任是判讀X光片、電腦斷層掃描、磁振造影以及其他醫學檢驗影像，以便找出並診斷腫瘤和其他生理異常症狀。放射科醫生每天都在可掌控的條件下執行這種視覺偵測任務。在美國，有志學醫的人從大學畢業後，必須先接受四年醫學院訓練，然後到教學醫院接受五年住院醫師訓練。如果想專攻身體某特定部位，則必須再接受一或兩年的次專科訓練。加總起來，他們大學畢業後通常得再接受超過十年的專業訓練，而且出師後不斷累積實務經驗，每天都要判讀幾十張片子。然而，縱使經過這般緊密的訓練，放射科醫生在「判讀」醫學影像時，還是有可能漏看一些細微的問題。

我們不妨參考羅徹斯特大學醫學院茨維莫（Frank Zwemer）等人描述的案例。[28]話說這天有一名四十幾歲的婦女，因為陰道大出血被救護車送到急診室。醫生想幫她從周邊靜脈插一根靜脈導管，但是沒有成功，於是改插中央靜脈導管，透過一根導管由股靜脈插入，後者是人體鼠蹊部最大的靜脈。但是要把導管擺到正確位置，還必須插入導引線（guidewire），等到導管定位後再將導引線移除。

這次插管非常成功，但是由於一時的疏忽，事後醫生忘了移除導引線。為了補充失血，病人接受輸血，但是她後來卻因為肺水腫（肺部發生腫脹或是液體堆積）而呼吸困難。於是她接受插管幫助呼吸，並照了一張X光片，一方面為了證實這項診斷，另一方面也是為了確保呼吸插管的位置沒有錯。急診室醫生以及放射科醫生都同意這項診斷，但是兩人都沒注意到那根尚未移除的導引線。病人被送進加護病房觀察了好幾天，等到病情改善之後，才轉入普通病房。但是她的呼吸又變得局促起來，罪魁禍首是肺動脈栓塞，也就是她肺裡有血塊。這回醫生幫她照了兩張X光片，還做了一次心臟超音波檢查以及一次電腦斷層掃描。直到她住院第五天之後，才終於有一名醫生在處理她的肺動脈栓塞時，碰巧注意到那根導引線，把它移除。然後病人就完全康復了。

（事後大家認為那根導引線應該不會造成栓塞，因為那是由非血栓源材料特製成的，目的就是為了防止血液凝結。）

事後，他們檢查過程中拍攝的那些醫學片子，發現在三張X光片以及電腦斷層片子上，都可以清楚的看見導引線，然而這麼多位醫生參與其中，竟然沒有一個人注意到導引線的存在。他們沒能看出不該出現在那裡的導引線，再次彰顯不注意視盲所能導致的危險性。放射科醫生以及其他參與的醫生，都曾經非常仔細的看過那些胸腔透視片，但是都沒看見導引線，因為他們沒有預期會看見它。

放射科醫生任務艱巨。他們常常得同時判讀許多張片子，多半是要找出某個特定問題，像是斷裂的骨骼，或是異常的腫瘤。他們沒有辦法同時處理整張片子的所有資料，所以會把注意力集中在最重要的項目上，就像大猩猩實驗裡的受測者專心計算某隊球員的傳球數目。由於注意力有其局限，放射科醫生不太可能會去注意不應該出現在片子上的東西（例如一根導引線）。但是大家卻認為放射科醫生應該要注意到醫學造影上所有的問題，不論那些問題是否在意料之中；如果沒有做到這一點，必定就是醫生的疏失。放射科醫生經常因為沒看到小腫瘤或其他毛病，而吃上官司。[29]這些控訴通常都是導因於注意力錯覺——放射科醫生被認為理應注意到影像上所有異常之處，然而在現實生活中，他們其實和你我一樣，只對於他們正在尋找的東西，看得最清楚。如果你事先請放射科醫生在一張胸腔X光片上找出導引線，他們會有所預期而去注意到它。但是如果你請他們去找出一個肺動脈栓塞，他們就很可能不會注意到那根導引線。（他們也很可能因為

在搜尋導引線而漏看了肺動脈栓塞。）同樣的情況，一個意料之外的腫瘤在第一次判讀片子時被漏看，事後回頭檢查時卻顯而易見。

很不幸，大家常常搞混「預期中所容易被注意到的」與「預期之外而應被注意到的」兩種事物。不只如此，現階段大部分醫院採用的放射片檢驗流程，都深受注意力錯覺影響；連醫生本身都自以為在判讀片子時會去注意到不在預期之中的問題，即使原本要找的是其他問題。想減低不注意視盲的影響，我們可以再檢視一次片子，刻意尋找意料之外的問題。在我們的實驗裡，一旦受測者知道意外事物即將出現，他們都一致看見了大猩猩——因為意料之外的事物成為他們集中注意力的目標。然而，把注意力集中在意料外的事物，並不是好的對策。我們的注意力資源有限，一旦把某些注意力轉移到意料外的事物上，意味著我們處理主要任務的注意力將會降低。換言之，要求放射科醫生將原本用來尋找預期問題（「醫生，請鑑定這個病人是不是有肺動脈栓塞，好讓我們開始治療？」）的時間與注意力，改為尋找一些極少發生的問題（「醫生，請你看看我們有沒有把什麼東西留在這個病人體內？」），並非明智的做法。較有效率的做法應該是徵詢第二名放射科醫生的意見，這名醫生最好不熟悉該病例及其可能的診斷結果，由他來檢查片子，尋找第一輪看片時可能被遺漏的其他問題。

所以說，即使是受過十年專科醫生訓練的專家，還是可能漏看專業領域內的某些意外事物。雖說放射科醫生比一般人更擅長看出放射影像中的異常之處，但是他們和一般人一樣，注意力有限。他們的專業不在於擁有較廣的注意力，而在於他們擁有專業的經驗與訓練，能準確觀察到醫學影像中的重要徵狀。經驗會引導他們去找出常見的問題，而非罕見的異常狀況——就大部分案例來說，這都是明智的做法。

## 如何對付注意力錯覺？

如果注意力錯覺是這般普及，人類如何存活到現在，並有餘力討論這種現象？我們的老祖宗怎麼沒被眼前「視而不見」的猛獸吃光光？部分原因是，不注意視盲以及隨之而來的注意力錯覺都是現代化社會造成的結果。雖說老祖宗的意識也有類似的局限，但是身處於一個比較不複雜的世界裡，需要察覺意識的事物也相對較少，需要急切注意的事物也較少。相反的，科技進步所帶給我們的機械設備卻往往需要極高的注意力，而且通常前置期也跟著縮減。我們的視覺以及注意力神經迴路是按照步行的移動速度建構出來的，而不是按照開車的速度。當你在走路時，如果有個幾秒鐘沒注意到意外出現的物體，通常並不打緊。然而，如果你在開車，一時之間沒有注意到意外出現的物體，哪怕只是遲疑了十分之一秒，都可能害死你（或別人）。在高速中，注意力不足的效果會被放大，因為任何延誤都是處於高速行進。

此外，任何分散我們注意力的設備與活動，還會將注意力不足的效果更進一步放大。在還沒有黑莓機、iPhone、GPS的年代，這類型的設備與活動相當罕見，但在現代卻是日益普遍。幸好意外仍然很少見，因為大多數時候不常出現意外事物。然而，一旦罕見的意外事物出現，事情就大條了。人之所以自認有辦法邊開車邊講電話，正是因為他們幾乎從沒遇到任何證據顯示他們沒有能力這麼做。這裡所謂的「證據」，指的可不是新聞報導裡的意外事故比率，或是安全協會發出的最新報告，甚至不是親朋好友因為一時閃神差點撞上某個物體的經驗。我們指的證據是，親身經歷到類似撞車或是幾乎要撞車的情況，而且原因明確出在自己的注意力不足，無法怪罪對方（說到找理由，我們可是最擅長不過了，就如同我們擅長高估自己的注意力）。但是，我們幾乎不太能意識到自己較細微的分神。出錯的駕駛通常也不會注意到那些錯誤；畢竟，他們當時心有旁騖。

問題就在於：我們缺乏證據來支持我們缺乏注意力。這就是注意力錯覺的根基。我們只能意識到我們注意到的意外事物，而無法意識到那些我們沒注意到的。也因此，所有我們能掌握的證據，都是對周遭世界的良好感知。我們需要親身經歷像是漏看那個拍打胸脯的大猩猩，一個無法解釋（而且我們也比較不會拚命想要辯解）的經驗，來證明我們對於周遭世界裡的事物真的有可能漏看了不少。

如果注意力機制是無法看透的，那要怎樣才能消除不注意視盲，進而確保我們可以看見大猩猩？答案並不簡單。要消除不注意視盲，必須先有效消除集中性注意力（focused attention）。我們如果不必集中心力來計算傳球數，或是觀看覺得有趣的部分，就可以看見大猩猩了。換言之，在觀看錄影帶時，必須完全不帶任何期望與目標。然而，對人類心智來說，期望與目標和大部分最基本的感知過程緊緊交纏、密不可分，不是輕易就能消除的。我們的期望是以先前的經驗為基礎，而我們的感知又是構築在經驗上的。經驗與期望幫助我們了解我們看見的東西，沒有它們，視覺世界只不過是一大片雜亂無章的光線，就像心理學家詹姆斯（William James）的經典用語——「一股喧囂嘈雜的困惑感」。[30]

對於人腦，注意力基本上屬於一種「零和遊戲」：你對某件事物愈是專注，你對其他事物的注意力勢必降低。也因此，不注意視盲乃正常行使注意力與感知能力的一種不幸但必要的副產品。如果不注意視盲是人類視覺注意力的天生局限，那麼我們或許根本不可能減低或是消除它。基本上，試圖消除不注意視盲，就好比要求人快速拍動雙臂來看看能不能飛起來一樣。人體結構無法讓我們飛行，就像人類心智結構無法讓我們有意識的感知周遭所有事物一般。

如何將有限的注意力做最好的分配，與一項更廣泛的注意力原理有關。大多數時候，不注意視盲都不會造成問題。事實上，它是注意力集中所造成的；它是我們那超級有用的超級專注能力所必須付出的代價。集中性注意力可以避免分心，並有效利用有限的注意力，因此我們不會被周遭所有事物分心。大部分駕駛人都會遵守交通規則，大部分醫生都不會把導引線留在病人體內，大部分漁船不會剛好浮在潛艇正上方，大部分的飛機不會被引導降落在其他飛機的頭上，大部分警察不會惡意毆打嫌犯，大部分世界級小提琴家也不會在地鐵站演奏。而大部分大猩猩更是不會在籃球場中漫步！意外出現的事物之所以令人意外，都是有理由的：它們非常罕見。[31]更重要的是，在大部分情況下，沒有注意到意外事物並不會造成重大影響。

## 無所不在的注意力錯覺

注意力錯覺不只會影響我們的日常生活，有時甚至會危及生命安全——它真的是日常可見的錯覺，其影響層面從交通意外、飛機駕駛艙內的顯示方式，到手機、醫藥甚至地鐵賣藝。隨著大猩猩實驗的知名度愈來愈高，愈來愈多人以它為例來解釋無數沒能意識到的案例，不論具體或抽象，領域也是五花八門，且不只限於視覺注意力，也同樣適用於我們所有的感官，乃至於周遭世界裡更廣泛的模式。大猩猩實驗這麼具有影響力，是因為它強迫我們面對注意力錯覺。它提供了一個很有效的隱喻，正是因為注意力錯覺涉及的範圍十分廣泛。以下是一些案例：

- 一名訓練員用它來證明，人有可能沒注意當下發生在眼前的安全違規事件。
- 一名哈佛大學教授用它來解釋，為何聰明正直的管理者，居然沒注意到工作場所裡的歧視行為。
- 反恐專家援引它來解釋，為何澳洲情報單位竟沒有注意到國內的伊斯蘭祈禱團，此組織於二〇〇二年策動了巴里島爆炸案，奪走二百零二條人命。
- 某減肥網站將看不見的大猩猩比喻成讓你節食計畫破功的一頓不在計畫之內的點心。
- 提倡超自然現象的瑞汀（Dean Radin）博士，把我們實驗裡受測者的注意力錯覺，比擬成科學家沒能看見超感官知覺及其他超感現象的「實證」。

- 一所高中校長用不注意視盲來解釋，為何學校師長常常會沒注意到校園霸凌行為。
- 一位聖公會神父在講道時，用它來解釋人為何這麼容易錯過「上帝就在我們身邊」的證據。
- 一家英國廣告公司出了一系列廣告，鼓勵駕駛人多多留心腳踏車騎士，他們拍攝的電視及網路宣傳片大抵是根據我們的大猩猩實驗影帶，只不過把搥胸的大猩猩換成一隻月球漫步的黑熊。

視覺注意力的局限還不只我們先前討論的範圍。譬如說，我們很難同時觀看多項事物，很難分辨出極相似的物體，而且也很難在長時期重複同樣工作之時，保持警覺。我們要是不夠了解這些局限，可能會危害到自身安全。我們期待行李掃描人員能夠阻止行李中偷渡的武器，但在主管單位對他們進行安檢測試時，他們還是常常沒查出藏匿在行李中的禁運品。安全掃描人員的工作有點類似放射科醫生（雖然前者的訓練遠不如後者廣博），要求他們快速掃描影像就看出所有東西，是困難到近乎不可能的任務；在應該要被搜出的物品又很罕見的情況下，尤為困難。

同樣的，我們會期望泳池邊的救生員注意到每一個可能溺水的泳客，但這其實是一種虛假的安全感，是注意力錯覺造成的。救生員肩負的幾乎是不可能的任務：掃描一大片水域，偵測極少出現的溺水事件。再加上泳客經常做一些看似溺水但其實沒有溺水的動作，譬如說，在水面下方游泳、躺在池底，或是瘋狂拍打水花等等，都讓救生員的任務更加困難。救生員經常會暫時休息一下，並且在換班時改變瞭望據點，以及其他諸多步驟，為的就是要保持高度警覺狀態。然而，不但我們的警覺度同樣具有極限，而且再怎樣警覺，也無法消除不注意視盲。救生員就是沒有辦法看到所有事物，但是注意力錯覺卻會讓我們誤以為他們可以辦到。

唯有在意識到注意力錯覺時，才能幫助我們採取必要步驟，來避免錯失需要看見的事物。在某些情況，譬如救生任務，像是自動掃描之類的新科技或許有幫助。不過，要是沒有意識到自身的局限，高科技產品可能反而有害。抬頭顯示方式或許可以提升我們的導航能力，並且讓視線停留在路上，但是也可能減損偵測到意外事物的能力。同樣的，汽車安裝GPS可能可以幫忙找路，但是無意識的依賴GPS，卻可能讓我們未加留意自己正開往何方。德國有一名駕駛牢牢跟隨車上定位系統的指示，而不理會途中好幾個「工地封閉」的標誌及路障，最後終於把他的賓士車以高速開進沙堆。單單二〇〇八年，紐約州就發生過兩起駕駛人盲目依照車上衛星定位系統的指示，在一列逐漸駛近的火車面前，居然轉彎把車開到鐵軌上（好在兩起事故都沒有造成傷亡）。另外，英國也有一位駕駛人，因為把車開到火車鐵軌上，造成新堡至卡萊爾的一班列車撞毀。

在英國還有一個更常見的問題，那就是卡車司機按照GPS的指示，把車子開到太過窄小的路上。譬如其中有一個案例，司機把他的卡車硬塞進一條鄉間小巷，結果卡在中間，進退不得，甚至連車門都打不開。他在車上睡了三個晚上，才終於連人帶車被拖吊出來。這個問題，當然是出在衛星導航系統並不知道汽車的體積，或是沒有把車體納入考量——有些人不知道GPS並不知道車子有多大。關於GPS導致的盲目，我們最喜歡舉的例子發生在英國小村莊盧金頓（Luckington）。二〇〇六年四月，由於河水暴漲，亞文河上游無法通行，所以暫時封閉並立上標誌。然而在封閉兩週期間，每天都有一、兩輛車子駛過標誌，直接開到河裡去。這些駕駛顯然是太專注於導航系統顯示，而沒有看見就在他們眼前的事實。

高科技能幫助我們克服自身能力的局限，但是我們必須承認，所有高科技也都有其局限。要是不了解此點，這些輔助可能反而令我們更不注意周遭情勢。就某方面來說，我們習慣把注意力錯覺推廣到用來控制注意力局限的器具上。下一章要討論的問題是：如果我們能成功注意並留心某件事物，是否就會記得它呢？大部分人都認為會，但是我們將指出這其實也是一種錯覺——記憶力錯覺。

# 02 教練鎖喉？

二〇〇八年，當奈特（Bobby Knight）正式從美國大學籃球隊教練職務退休時，他率領過的隊伍勝場總數超過九百場，高居全美大學男籃一級聯賽球隊教練之冠。他當選過四次全美年度最佳總教練，曾經率領美國隊贏得一九八四年奧林匹克男籃金牌（該隊擁有美國職業籃球聯盟巨星麥可．喬登和派屈克．尤恩），並曾帶領印第安納大學奪下三屆全美大學男籃錦標賽冠軍。他向來以帶隊手法「乾淨」聞名：他的球隊從來沒被指控違規招收球員，其他許多頂級球隊都有這方面的問題，而且他帶過的球員大多數都拿到大學文憑。他的教法非常創新，被他帶過的許多球員，都把個人以及職業生涯的成就歸功於他。然而縱使豐功偉績無人能及，奈特教練還是在二〇〇〇年九月遭到印第安納大學解聘，近因是一場小衝突：一名大學生對他喊道，「嘿，奈特，你想幹嘛？」結果奈特一把抓住對方手臂，狠狠訓他一頓，要他態度放尊重些。

奈特因「訓誡學生要尊重他人」而被解聘，其實是一件很諷刺的事。在他的整個職業生涯中，奈特自己是出了名的脾氣反覆無常、行為粗魯，對媒體及他人更經常流露出輕蔑態度。他常常痛罵裁判和記者，有時候卯起來，甚至朝場中砸椅子。「週六夜現場」（*Saturday Night Live*）模仿秀有一集的主人翁就是影射他，由演員貝魯西（Jim Belushi）扮演一名高中西洋棋教練，他一把將對手的棋子打翻，然後對自己隊上的棋手叫道：「搬開它！搬開它！快點把主教搬開！」與他職業生涯裡的眾多紛擾相比，這次的「你想幹嘛」意外其實微不足道。它被變成解聘的理由，純粹是因為那年稍早公布的另一份報導，讓校方決定日後再也不容忍他的輕率言行。

二〇〇〇年三月，CNN及《運動畫刊》（*Sports Illustrated*）都做了一則報導，有關幾名頂級新秀為何要離開印第安納大學籃球隊。報導焦點是奈特教練曾經帶過的球員瑞德（Neil Reed）所描述的一樁意外事件。瑞德是一名閃亮新秀，曾是全美高中明星隊球員，在印第安納大學三年期間，每場比賽平均得到十分。一九九七年有一天在練球時，奈特訓斥瑞德在傳球時沒有喊出對方名字，但瑞德堅稱他有喊。根據瑞德描述，接著奈特就對他動粗：

> 這時教練衝過來，直衝到我面前，近到我都看不清楚是怎麼回事，近到他可以把手伸到我的喉頭。他揮著雙手過來，但只用單手抓住我的脖子。其他人圍過來，把我們拉開，好像我們是在校園裡鬥毆……我想，他抓著我的脖子大概有五秒左右。我抓住他的手，想要後退，這時其他人，像是教練戴基許（Dan Dakich）、費林（Felling）都抓住奈特教練，把他拉開。

這個事件登上全美新聞後，引發一陣騷動，導致印第安納大學校方決定從此嚴加管束他們的教練。瑞德的說法鮮活印證了奈特的火爆名聲，讓它顯得更加黑暗。但是就在《運動畫刊》報導出來後不久，當時也在場的人卻提出了不同的說法。奈特的前助理戴基許說：「他說當時我必須把他和奈特教練拉開，才沒這回事。」另一名當時隊上的球員也說：「他聲稱被奈特教練勒住脖子完全是一派胡言。」根據轉述，常參觀球隊練球的該校副校長辛普森（Christopher Simpson）評論道：「我質疑瑞德的說法。」當時隊上訓練員加爾（Tim Garl）更是大膽宣稱：「根本沒有發生勒脖子的事……我願意測謊。」奈特本人則說：「我或許有抓住他的脖子後方。我可能是抓著他，然後把他拉過來。我的意思是，你如果真的去勒一個人，那人一定得送醫了吧。」每個在場的人都相信自己能正確回憶事發經過，但是他們的記憶卻彼此矛盾。

## 我們如何看待記憶

這一章主要是講「記憶力錯覺」（illusion of memory）：也就是我們「所認為的」，與「真實的」記憶運作方式之間的落差。但是我們到底認為它是怎樣運作的？在回答這個問題之前，我們希望你先來做一個短期記憶測試。請各位先閱讀下列詞彙表：床鋪、休息、醒來、疲倦、做夢、清醒、小憩、床單、打盹、睡眠、打鼾、午睡、平靜、哈欠、昏沉。幾個段落之後，我們再來討論這份詞彙表❶。

大部分人都無法記住有十五個數字的號碼，也知道自己記不住，所以連試都懶得試。我們全都有過忘記汽車鑰匙（或汽車）放在哪兒的經驗、想不起朋友的名字，或是在回家路上忘記順便去洗衣店拿衣服，也都知道自己常常會出這類差錯——對於這類日常生活記憶，我們的直覺信念倒是相當正確。但是，對於記憶力的持續性與細節，我們的直覺就失靈了。

二〇〇九年，我們委託進行了一份全美一千五百人的研究調查，裡面包括好幾條經過設計的問題，目的是要探測人對記憶力運作的想法。幾乎有半數（四七%）受訪者相信：「當你一旦經歷過某事件並形成記憶之後，那份記憶就永遠不會改變。」另外，甚至更多人（六三%）相信：「人類記憶的運作方式好比攝影機，能真確記錄下我們的所見所聞，供日後拿出來回顧並檢視。」以上兩個說法都同意的人，顯然認為我們經歷過的記憶全都被永久儲存在腦海裡，而且一成不變，就算我們無法提取也是一樣。理論上，我們的記憶確實有可能存在腦中某個地方，這個信念儘管難以被反駁，但是大部分研究人類記憶的專家認為，大腦不太可能投注這麼多的能量與空間，來儲存一生的所有細節（尤其是那些永遠不會被提取的資訊）。

如同注意力錯覺會誤導我們，讓我們以為凡是重要以及不尋常的事件，都會引起注意——但事實則不然，記憶力錯覺也反映出「我們以為自己記得的」與「我們真正記得的」兩者間的基本差異。為什麼人很容易就了解短期記憶有其局限，但是卻不了解長期記憶的本質？本章要討論的正是記憶可能如何誤導我們，以及我們對記憶運作方式會有哪些錯誤信念。注意力錯覺的產生，是出自於「我們注意到的」與「我們自認為會注意到的」有所落差；而記憶力錯覺的產生，則是因為「我們記得的」與「我們以為我們記得的」有所不同。

現在請各位盡量回想剛才那張清單上的所有詞彙，能想多少算多少。然後在繼續閱讀本書之前，先找一張紙，把它們寫下來。

有哪些記憶工作會比回想幾分鐘前才讀過的一張詞彙表更為簡單？並不多，但即使這麼簡單的任務，也能反映出系統性的記憶扭曲。現在，請核對你所寫下的詞彙。你認為你的表現如何？你不記得全部十五個詞的機率非常高。當我們在課堂上做這項測試時，大部分學生都記得名單開頭的幾個詞，以及結尾的幾個詞；但是對中段的詞，往往記得不到一半。[1]平均說來，他們通常只能正確回想出十五個詞彙中的七、八個。請各位停下來想一想。這些詞彙都是生活裡常見又熟悉的，而且你剛才在讀詞彙單時也沒有承受特別大的壓力（希望是這樣），你在回想它們時也沒有很緊迫的時間限制。早在一九五〇年代製造的電腦，就能輕鬆儲存這十五個詞彙，然而即便人類擁有這般神奇的認知能力，卻無法精確記得幾分鐘前才讀過的東西。

如果你要求一個小孩記憶一張很短的字詞表，且維持這段記憶幾分鐘時間，你會發現，即使是四歲的孩子，似乎都還不能了解必須非常努力才能記住這些字。[2]然而身為成年人，我們早就知道我們能維持的短期記憶多麼有限。當我們想記住一個要撥打的電話號碼，我們會不斷重複回

❶原始英文詞彙清單：bed, rest, awake, tired, dream, wake, snooze, blanket, doze, slumber, snore, nap, peace, yawn, drowsy.

想那個號碼，不論是在心裡默唸或是真正唸出聲來，直到撥完號為止。大多數人的短期記憶不超過「魔術數字」（magic number）——七。[3]這就是為什麼汽車牌照號碼只有七個字母與數字，以及為什麼從前的電話號碼只需要七位數（以及為什麼前三碼字頭通常取用該城或地區名稱的頭兩個字母；例如在本書作者克里斯的家鄉紐約州阿蒙克〔Armonk〕，有一些舊標誌及廣告，至今都還以AR-3而非273做為當地商家的號碼。）當我們必須記憶超過七個項目時，就得借助「記憶枴杖」（也就是輔助記憶的工具，像是記事本、錄音機等）。

你知道你無法全數記得上述表單中十五個詞，因此記憶力錯覺不在於我們對記憶容量局限的了解——我們通常都了解這些局限。記憶力錯覺反映的是：我們究竟如何記憶我們所記得的東西。現在來看看你回想出的詞彙名單，上面有沒有「睡覺」（或「睡眠」）這個詞？看過本書的人，差不多會有四〇%的人記得剛才有看到「睡覺」這個詞。如果你是其中之一，你可能非常自信確實有看到「睡覺」這個項目，就和你記得的其他名詞一樣有把握。你甚至可能有親眼看見它出現在那張名單上的模糊印象——但它根本不在其中，那是你的大腦創造出來的。

記憶憑藉的不只是「真正發生」過的事件，還包括我們「如何詮釋」發生過的事件。你剛才讀的是實驗室中專門設計來製造「假記憶」（false memory）的詞彙表。所有項目都與那個不在名單上的詞彙——「睡覺」有關。當你在閱讀這份清單時，你的頭腦會自動去詮釋它們，將它們串連起來。你多多少少知道它們全都與「睡覺」有關，但是你沒有特別注意到一件事實，那就是「睡覺」並沒有在表單上。因此，當你回想那些詞彙時，你的腦袋會盡可能根據你對這些詞的特定記憶、特定知識，以及它們之間的關聯性，來重建一張名單。

當我們感知某些事物時，我們會從所看（或所聽、所聞）當中，擷取它們的意義，而不會詳盡記下所有細節。一顆「將所有刺激照單全收」的腦袋，在演化上對動物沒有意義，且太浪費精力與資源，不符合演化策略。同理，記憶不會將所有我們感知到的都照單全收，而是將「所見所聞」與「既有知識」做出相關聯結。這些聯結能幫助我們辨明哪些資訊是重要的，再去回憶其相關細節。這些聯結提供了「回憶線索」（retrieval cues），讓我們的記憶更為流暢。在大部分情況下，這類線索很有用，但是也可能產生誤導，因為它們會讓我們把記憶力的精確度給膨脹了。我們無法輕易區分什麼是「我們真正記得的」與什麼是「我們根據聯想與知識而重建的」。前面提到的詞彙單範例，最早是在一九五〇年代由心理學家迪斯（James Deese）所設計，而後於一九九〇年代經過羅迪格（Henry Roediger）與麥德摩（Kathleen McDermott）做了更深入的研究。[4]它運用一種很簡單的方法來驗證「記憶乃重新建構而成」這個理論，但是記憶扭曲和記憶力錯覺的範圍卻遠超過這些詞彙單。

正如前面大猩猩實驗證明了人只看見他們準備看見的事實，人通常也較容易記得他們準備記憶的事物。他們會詮釋所看到的場景，而那份詮釋會影響，甚至決定他們對該場景的記憶。心理學家布魯爾（William Brewer）和崔恩斯（James Treyens）利用小詭計，設計了一個巧妙的實驗，非常鮮活的證明了這個原理。[5]實驗一開始，他們先把受測者帶進一個研究生的辦公室，然後要求對方在那兒稍待一會兒，讓實驗人員查看前一位受測者是否已經做完測驗。差不多三十秒鐘後，實驗人員回來將受測者帶到另一個房間，然後令受測者意外的是，實驗人員要求他們寫下剛才在研究生辦公室裡等待時看見的所有物品。整體而言，那個房間是一個很典型的研究生辦公室，有書桌、椅子和書架等等。幾乎所有受測者都會記得這些常見物品。其中三〇%的人記得有看見書本，一〇%的人還記得看見一個檔案櫃。但事實上，這間辦公室卻有一些不尋常之處：裡頭既沒有書本，也沒有檔案櫃。

這種情況，就好比很多人在回想一張與睡覺有關的詞彙清單時，往往會記得曾在清單上看見「睡覺」，這些受測者的記憶在重建該房間的物品時，一方面是根據那兒真正有的物品，另一方面也是根據那兒應該有的物品。（你如果看那間辦公室的照片，起初可能也會覺得它看起來很正常，直到有人指出裡頭缺少了什麼，才會突然覺得看起來怪怪的。）我們記憶裡所儲存的，並不是真實狀況的複本，而是一份經過改造的版本。我們沒有辦法像播放光碟片般播放記憶——每當回想某段記憶，我們會把「記得的細節」與「期待自己應該記得的項目」整合在一起。6

## 相互矛盾的記憶

瑞德記得奈特教練在練球時勒他脖子。他還記得，助理教練戴基許和費林必須把奈特拉開，但是戴基許卻聲稱絕無此事。其中必定有一人的記憶扭曲了，問題是哪一位？大部分像這樣記憶相左的案例，都沒有辦法裁定誰是誰非。但是這個案例最有趣之處就在於，當瑞德、戴基許和其他人都公開陳述自己所記得的事件經過之後，竟找到了一卷當時練球的錄影帶。根據這卷帶子，奈特走向瑞德，伸出一隻手正面抓住他的脖子，持續了好幾秒鐘，然後把他往後推。其他教練和球員都停下來觀看，沒有人上前來救瑞德，也沒有助理教練來拉開他們。瑞德說奈特抓住他的脖子，這個記憶是正確的，至少那個片刻是正確的，但是接下來，他腦裡的記憶就被重新詮釋與扭曲了。它變得與「可能發生的情況」一致，而非與「真正發生的情況」一致。對於瑞德來說，這份完全虛構的「被戴基許強拉開」記憶，就和他另一份正確的「被勒脖子」記憶，同等真實。在觀看過CNN與《運動畫刊》後續報導所播放的錄影帶之後，瑞德說：

我曉得發生了什麼事，而那卷錄影帶證明了事發經過。我認為，在經過那樣的事情後，尤其是對一個才二十來歲的孩子而言，我不覺得大家會認為我是在……我的意思是……我並沒有撒謊。那是我記得的事發經過，而（前助理教練）費林就離我五尺遠。至於其他人走過來，我記成其他人走進我們之間。

為什麼瑞德對這個事件的記憶加油添醋，而奈特卻什麼都不記得？在錄影帶出現之前，奈特告訴HBO電視台的狄佛（Frank Deford）說，他不記得自己有勒瑞德的脖子，然後又加了一句，「我對任何一個孩子所會做出的動作，都跟對其他孩子沒兩樣。」對奈特來說，這只是小事一樁

——不過是例常事項。該事件在他的記憶中經過一些調整，以符合他心中所預期的一般練球情境：教練抓著孩子團團轉，指導他們應該站在哪裡、做哪些動作。對奈特來說，這類肢體接觸只是教練指導球員的一部分。他對那個事件記憶轉化為較為無關緊要的日常小事，把它扭曲為更符合他所相信的典型練球情況。然而，對於瑞德來說，這個事件很可能重大得多。正如他指出的，他當時只是「二十來歲的孩子」，而且他恐怕很少會在練球時被人勒住脖子。對他來說，這是一樁火爆又不尋常的事件，被他儲存成一場「教練勒我脖子」的記憶。他根據這件事讓他印象最深刻的方式，來記憶整個事件，結果這份記憶也被扭曲了，與奈特的版本完全相反，它成為一場痛苦的經驗，而非一樁小事。對奈特來講，這場意外就像清單上隨便一個名詞。但是對瑞德來說，這場意外意義重大，並據此幫它填上種種細節。

瑞德與奈特衝突事件裡的其他人物，對於事發經過也各有極不相同的記憶，但是等到他們在二〇〇〇年接受媒體訪問，談起這樁意外時，事情已經過了好幾年。因此不難理解，他們的記憶可能隨著時間淡化變形，而且也會被記憶者的個人動機與目的所影響。但是，如果換成有兩個人見證同一場意外，而且從事發到描述事情經過的時間，短暫如等待九一一（美國報案專線）接線生幫他們報案的短暫時間，情況又會如何？

讓我們把鏡頭轉到華盛頓特區，時間是二〇〇二年某個夏日夜晚，一對在維吉尼亞大學念研究所時結識的年輕夫婦，梅爾莎與帕爾馬菲，剛用完晚餐，開車回家。他們行經第十四街往北走，在羅德島大道前停下來等紅燈。如今，要在這塊鄰近健全超市的地段買一間小公寓，至少需要三十萬美元。但在當時，這個地段還飽受種族暴動與縱火的威脅，而那些是從一九六〇年代就開始的問題。那天晚上，由帕爾馬菲開車，他是專門撰寫教育政策的作家。他太太梅爾莎剛拿到耶魯大學的法律學位，那天晚上坐在乘客的位子上。梅爾莎看到車外右方有一名男子，在人行道上騎著單車，方向正朝著他們而來。但突然之間，不知打哪兒冒出另一名男子，靠近單車騎士，把他推下車，然後開始猛刺對方。梅爾莎聽到受害者發出尖叫聲，她趕緊拿出行動電話報警，但是聽筒只傳來一個聲音說：「你現在撥的是九一一緊急報案電話，所有線路都在忙線中，請稍候。」

雖然等候不到一分鐘，九一一接線生就拿起電話，但是攻擊事件已經落幕，紅燈也轉成了綠燈。他們的車繼續往前開，梅爾莎開始描述她看見的事發經過。受害人是一名年約二十多歲的男子，當時騎著腳踏車。那麼加害人呢？她說，凶嫌穿著牛仔褲。正在開車的帕爾馬菲一聽到太太這麼說，馬上插嘴，說凶嫌穿的是運動褲。此外，他們意見不同的還包括凶嫌穿哪種襯衫、身材高度，甚至爭執凶嫌是黑人還是拉丁美洲裔。夫婦倆很快就發現，他們意見一致的只有凶嫌的年齡（二十來歲）、武器（刀子），以及他們沒有辦法對接線生提供最清楚的畫面。

這種情況很少發生：不同的人同時、從同樣的位置目擊一樁事件，然後在事情剛剛發生後，在其他目擊者面前試圖回想事發經過。一般說來，當我們目睹一樁事件時，我們會儲存它的部分記憶。事後要回想這件事的時候，會盡可能搜尋我們的記憶，回報它的內容。對我們來說，我們的記憶似乎活靈活現，沒有理由去懷疑它的正確性。梅爾莎在報案時，要不是她先生剛好聽到她的話並加以糾正——或者說至少提出反駁，他們不會發現兩人的記憶有這麼大的出入。事後他們也很驚訝彼此的記憶竟然相差如此之大。帕爾馬菲事後回想，他們在經歷完這場可怕的事件後，方才明白「目擊證人有多不可靠」，這個議題我們待會再回來討論。

## 他的擋風玻璃不是被射穿了嗎？

在電影「麻雀變鳳凰」裡，有一景是茱莉亞・羅勃茲與李察・吉爾在飯店房間共進早餐。只見她拿起一個可頌，但是下一個鏡頭她卻咬了一口鬆餅。在電影「刀鋒邊緣」裡，女主角葛倫・克羅絲在單單一場法庭戲中，裝扮卻有三種。在電影「教父」第一集裡，桑尼的車子在收費站遭到狙擊，彈痕累累，但是幾秒鐘之後，擋風玻璃竟然奇蹟般的復原了。你知道這些錯誤或這類型的錯誤嗎？這些疏忽一般被稱為「不連戲」（continuity errors），常常出現在電影裡，部分是因為電影的拍攝方式。很少有電影是按照劇中的時間從頭拍到尾的。它們是零零碎碎拍攝的，要在哪些時間拍攝哪些場景，取決於演員的日程表、片場的空檔、在不同時期雇用劇組人員的花費、天候狀況，以及許多其他的因素。而每一場戲又會從各個不同角度拍攝，最後我們看到的電影，其實都是在剪接室裡剪輯完成的。

片場只有一個人負責確保每場戲都能與下一場戲相銜接，那人就是所謂的場記。場記必須負責記下所有細節：演員的衣著打扮、所站位置，哪隻腳在前面，是否一手叉腰或是放在口袋裡，某位女演員正在吃可頌還是鬆餅，以及擋風玻璃應該完整還是布滿彈孔等等細節。拍攝期間如果場記出了一個錯，通常都沒有辦法再回頭補拍那場戲。而剪輯人員可能得決定是否要忽略那個錯誤，因為該場戲傳達出更重要的意義。於是有些錯誤便無可避免的被納入最後的成品中。這也是為什麼電影「萬夫莫敵」中，有一場羅馬帝國的戲，偶爾會看見奴隸戴著腕錶。

市面上已經有幾十本書和網站，基於好奇與執著，專門討論電影裡頭的這類錯誤。就拿「教父」來說，有一張清單開列出四十二項不連戲的錯誤（另外還有幾項其他方面的錯誤）。這類清單之所以這麼吸引人，部分是因為其中的諷刺性：好萊塢儘管在一部電影上砸了幾千萬美元，卻還是犯下人人都看得出來的明顯錯誤。而發現這類錯誤，能讓業餘的電影連戲偵探產生一股優越感——這些拍電影的人一定極散漫，才會看不到連我都看得一清二楚的錯誤。沒錯，當電影裡的錯誤被你看見時，那個錯誤突然之間就會變得十分清楚。

好多年前，ＮＢＣ「日線」節目製作了一個專題，討論「莎翁情史」、「搶救雷恩大兵」等知名影片中不連戲的錯誤，這些影片都贏得奧斯卡獎項，而且在剪輯方面也備受讚譽。特派員曼凱維奇（Josh Mankiewicz）舉出「搶救雷恩大兵」裡的一個錯誤：從遠方看去，田野中有八名士兵在行軍，然而就在幾分鐘之前，其中一名士兵剛剛被殺死，所以照理應該只剩下七人才對。曼凱維奇用難以置信的口氣說道：「這是史帝芬．史匹柏拍的電影，是當今影壇最有才華，也最嚴謹的製片人之一。你一定會想，他在這部電影上演之前，不知看過多少次才對，而他竟然沒看出來？」後來他問道：「為什麼這些製片人這麼小心的拍攝，拍攝這麼多次，但還是會犯下這般明顯、連觀眾都看得出來的疏忽？」這些問題，幾乎可以說是記憶運作錯覺的最佳範例。曼凱維奇（以及他的製作人）都這麼認為：人可以正確記憶所有發生的事件，並且自動注意到其中任何差錯。

本書作者之一丹尼爾在康乃爾大學念研究所時，曾經和朋友勒文（Daniel Levin，現在是范德堡大學教授）決定用實驗來探討，一般人看出電影中這類錯誤的能力到底有多強。[7] 於是，「雙丹」（勒文的名字也叫做丹尼爾）因為這個計畫，展開一段漫長、成果豐富而且持續到現在的合作關係。他倆的第一個實驗，是拍攝一段短片，內容就只有安德莉亞和莎賓娜這對朋友在談話，討論幫另一名友人傑若米籌辦一場驚喜派對。當安德莉亞走進場景時，莎賓娜坐在一張桌子前。兩人討論期間，攝影機來來回回拍攝兩人，有時是其中一人的大特寫，有時則是兩人都入鏡。過了差不多十分鐘，討論結束，螢幕淡出，短片也結束了。❷

試想你就是他們的實驗對象之一。你被帶入一間實驗室，實驗人員告訴你說，在做另一項測試前，先請你看一段短片，然後回答一些有關這支短片的詳細問題。他們建議你要看得非常仔細，然後就開始放電影。短片一演完，他們馬上給你一張紙，問道：「你是否注意到，從某個鏡頭到另一個鏡頭之間，出現任何不尋常的差異，例如物體、演員的姿勢或衣服突然改變？」如果你和該實驗大多數受測者一樣，那麼你會回答沒有——你不會注意到雙丹故意安排的九個剪接錯誤中的任何一個！

這些「錯誤」和前述網站與書中提出的電影錯誤類型相同，像是桌上的盤子顏色改變，圍巾一會兒消失，一會兒又出現，比起曼凱維奇在「日線」節目中所指責的電影錯誤要來得明顯多了。然而，讓受測者再看一次短片，而且這次是專門尋找片中不一致的地方，結果平均而言，他們還是只能注意到其中兩項錯誤。這種令人訝異的現象：無法注意到從某一刻到下一刻之間的明顯變化，被稱為「改變盲」（change blindness）——也就是說，人無法看出「片刻前出現的影像」與「此刻的影像」之間的變化。[8]這個現象與我們在上一章討論的不注意視盲有關，但不一樣。會出現不注意視盲，通常是因為我們沒有注意到「無預期出現的事物」。而我們沒有注意到的事物，像是大猩猩，是絕對可見的，而且就在我們眼前。至於改變盲，除非我們能記得茱莉亞·羅勃茲原本正在吃可頌，否則她從吃可頌變成吃鬆餅這件事，就變得一點都不顯眼了。會發生改變盲，是因為我們沒有辦法比較此刻與前一刻的差異。當然，在現實世界裡，物體不會突然改變，也因此，不斷檢查每個時刻的視覺細節變化，以確定它們沒有改變，對於腦力是種天大的浪費。

就某方面來說，比「沒能注意到改變」更嚴重的是，我們往往誤以為自己應該要能注意到那些改變。勒文替這種錯誤信念取了一個很誇張的名字：「改變盲視盲」（change blindness blindness），因為一般人對於自己的改變盲有多嚴重，是盲目的。在某個實驗中，勒文拿出莎賓

---

❷ 相關影片請見本書網頁：www.theinvisiblegorilla.com/videos.html

娜與安德莉亞談話的照片給一組大學生看，一邊描述該短片，然後指出在某個鏡頭中，盤子為紅色，但在另一個鏡頭中，卻變成了白色。也就是說，在這個實驗裡，他並沒有播放短片給學生看，而是講解短片，包括那些故意製造的錯誤。接著，他問這群大學生受測者，如果換成他們去做那項測驗，但事先沒有經過提醒，他們判斷自己能否看出這項有關盤子的錯誤。超過七〇%的人都自信滿滿的說，自己一定看得出來，雖說在原先那場實驗裡沒有一個人看出盤子的顏色錯誤！至於一會兒出現、一會兒又消失的圍巾，也有超過九〇%的人認為自己注意得到，但事實上一個都沒有。[9]這是記憶力錯覺在作怪：大部分人都堅信自己能注意到出乎意料的變化，但事實上幾乎沒有人做得到。

現在假想你正參加雙丹的另一個實驗。你進到一間實驗室，被要求觀看一部很短的默片。實驗人員事先提醒，這部片子非常之短，所以你要看得很仔細。片中出現一個人坐在桌前，然後站起身，走向鏡頭。接著鏡頭被剪接到一條走廊上，片中看到一個人從門裡走出來，到走廊上接了一通電話。電話是掛在牆上的，只見他站定，把聽筒靠在耳邊，面對鏡頭約五秒鐘，然後這個景就淡出了。電影一結束，實驗人員就要求你把看見的細節寫下來。

剛剛才讀到莎賓娜與安德莉亞談話的短片，你大概會期待這部短片中出現不只是一個簡單的接電話動作。但事實上，當鏡頭從演員走向門口，剪接到演員進入走廊時，原先那個演員被換掉了，進入走廊的是另一個人！你會注意到，片中唯一的演員被另一個衣著不同、頭髮分邊不同，而且眼鏡也不同的演員給取代了嗎？

如果你回答說會，那麼你還是陷在記憶力錯覺之中。以下是兩名受測者看完短片後的描述：

甲受測者：一名頭髮略長、戴著大眼鏡的金髮青年，從書桌的椅子上站起來，走過攝影機，來到走廊上的電話邊，拿起電話，講了幾句話，然後聽對方講，並瞪著鏡頭。

乙受測者：有一名金髮戴眼鏡的男子坐在書桌前……不算太凌亂，但也不能說很整齊。他瞪著鏡頭，站起身，走出螢幕的右前方，他的藍襯衫右邊有一點鼓起來，露出下面的白色T恤……進入走廊，拿起電話，說了句話，但似乎不是「喂」，然後呆站在那兒，看起來有點蠢。

看完這支短片的受測者沒有一位主動報告演員的更換。即使被明確問到：「你有沒有注意到影片中任何不尋常之處？」依然沒有任何受測者回報演員的更換，甚至也沒看出演員在第一景的衣服和第二景不同。他們又做了另一個實驗，受測者還是觀看同一支短片，但是事先告知他們演員被更換了。看完後，他們問受測者，如果觀看影片前沒人指出演員的變動，他們是否還會注意到；七〇%的人說會，但真正的實驗結果是〇%。就這個案例，當人事先知道這項更動，它就變得極為明顯，所有人都看得見。但當他們沒有預期這項改變時，就完全看不出來。

## 專門偵察變化的人

大部分情況下，我們無法得知我們偵察變化的能力限制；我們只知道我們偵測出來的變化。因此，就本身而言，我們沒能注意到的變化，將無法更改我們「自認偵察變化很敏銳」的信念。不過，有一群人卻具有偵察場景變化的豐富經驗：場記，也就是專門在拍片現場偵察連戲錯誤的人。難道他們對改變盲免疫嗎？如果不是，他們對於儲存以及比較前後時刻資訊的能力，至少應該比一般人強吧？

拉米瑞茲（Trudy Ramirez）已經在好萊塢擔任場記將近三十年了。她剛開始是做廣告片，但很快就轉去做劇情片的場記。她擔綱過好幾部大製作電影及電視劇的場記，包括「魔鬼總動員」、「第六感追緝令」、「魔鬼終結者」第二集，以及「蜘蛛人」第二集。本書作者丹尼爾曾經和拉米瑞茲聊過，當時她正在拍「鋼鐵人」第三集。「我的視覺記憶非常好，但我還是會記一大堆筆記，」她說。「我知道，把我想要記得的東西寫下來，通常可以強化我的記憶。」根據拉米瑞茲的說法，關鍵在於場記必須了解，他們其實不必記得所有的事。他們把注意力集中在某場戲中最重要的細節與項目上，其他就不用管了。

「大部分時候我都會記得該場景裡的重要事物」她繼續說道。「我們曉得應該注意什麼，也曉得應該如何去注意。」在拍片現場，每個人在觀看場景時，都有自己的注意焦點，但是場記則被訓練成特別注意有助於剪接的重要項目。拉米瑞茲指出，「在一場戲進行的過程中，有些時點你知道很可能將來會被剪接：像是某人坐下或站起身，某人轉身，某人走進或走出房間等等。你自然會發展出敏感度，曉得這些戲將來可能如何剪接起來，進而知道應該要注意什麼。」此外，場記也會從經驗中學習，雖說過程通常很痛苦：「久而久之，我們全都會犯下不連戲的錯誤，而它們能訓練我們應該注意什麼——凡是你沒有注意到、令你事後懊惱的錯誤，都會訓練你下一次去注意它們。」

所以說，場記並沒有對改變盲免疫。他們與一般人的差別只在於，場記可以直接得知他們沒有看出來的變化。隨著「尋找錯誤並從中改進」的經驗累積，場記變得愈來愈不容易產生「自己有辦法注意並記得身邊所有事物」的錯覺。拉米瑞茲說：「這個工作讓我學到一件事，我的記憶是非常容易出錯的，而且錯到嚇人的程度。一般人不需要去思考自己的記憶力如何運作，除非你從事的是場記之類的工作，因為記憶力對這種工作來說太重要了。」不過挑剔歸挑剔，她知道其他人也有同樣的限制。「我在看電影的時候，愈是入戲，就愈少注意到不連戲的問題。如果我被劇情打動，或是被主角深深吸引，我就很不容易注意到影像上的不連戲。如果你真的夠投入，就算是很明顯的不連戲，你也不會注意——因為你沒有在尋找那類細節……很多時候都可以矇混過去。」

那些習慣搜尋電影中不連戲錯誤的人，又是怎麼回事呢？如果有人在看某部電影的時候，看出不連戲錯誤，那麼這部電影的麻煩可大了。不僅有連戲錯誤，還沒辦法吸引觀眾入戲，讓他們無暇搜尋小錯誤！當然，有些人反覆觀看同一部影片，為的就是要挑錯。而且他們如果這樣做，很可能就會找出一堆錯。正因為我們不可能注意到所有事，所以這類專挑電影錯誤的書籍和網站，未來保證仍會繼續發展。

## 你知道你在跟誰說話嗎？

我們做大猩猩實驗的靈感，來自奈瑟教授的研究，而奈瑟教授在觀看過那支證明改變盲的短片（就是「演員到走廊接電話時換成另一個人」的短片）之後指出，所有這類型研究都有一個可能的局限：它們都是錄影帶。他評論道，觀看錄影帶本質上屬於非常被動的活動：所有行動都在你面前展開，但是你沒有主動參與其中，不像我們與其他人之間的互動。奈瑟提出，如果能讓人參與真實世界裡的接觸，而非被動觀看短片，或許不會出現改變盲。雙丹覺得奈瑟的話也有道理，人在真實世界裡可能會注意到這類變化，他們決定要用實驗來驗證奈瑟的預測。

現在想像你正穿越校園，在你面前出現一個人，手裡拿著地圖，好像迷路了。他向你走來，問你圖書館往哪走。於是你接過地圖，一邊指給他看該往哪走，這時你身後突然有幾個人說：「對不起，借過。」然後他們就大剌剌的抬著一扇大木門，從你和問路者中間穿過。等他們經過後，你繼續完成指路的工作。如果原先那個問路者在木門經過時，換成另一個人，你會注意到嗎？如果那兩個人穿著不同的衣服，身高相差大約三英寸，身材也不同，而且嗓音有顯著的差異？你一定是非常遲鈍才會連這個都沒有看出來吧。畢竟你與那人面對面交談過，而且有很多時間正眼直視他。雙丹及奈瑟也都這麼認為。

一群大學生被問到，他們認為自己是否能看出這種變化，有九五％的人都認為可以。[10]但是他們全錯了。我們所有人，大學生也好，熟知這類實驗研究的科學家也好，全都是記憶力錯覺的受害者。所有人都相信，只有很少數極端糊塗的人才看不出來。然而事實上，在最初實驗中，將近五〇％的受測者都沒有注意到，問路者在門板經過之後換成另一個人！[11]

幾年之後，在很偶然的情況下，我們在哈佛大學安排了一場後續實驗，當天許多大學部心理系學生到地下室講堂來聽講。課堂中，柯思林教授（Stephen Kosslyn，他是克里斯念研究所時的老師，也是他的長期合作夥伴）剛好舉出「門板」實驗，做為該系老師的研究案例。[12]下課後，有人不巧聽到好幾名學生在說：「要是我，才不會看不出來。」於是，我們的實驗招募人員就上前詢問他們願不願意也來實驗一下，然後把他們帶到八樓實驗室。當他們站在櫃檯前填寫表格時，先前與他們交談的實驗人員在櫃檯後面蹲下身——表面上是為了放置一疊紙張，然後由另一個人站起身來。所有參加實驗的學生都沒有發現這項改變！❸

改變盲現象其實無所不在，普遍得驚人，尤其是想想看，科學界積極研究它不過是一九九〇年代以後的事。它可以是出現在電腦上的簡單形狀，出現在場景的照片上，也可以出現在真實世

---

❸ BBC曾在節目 *Brain Story* 中報導過此研究，NBC「日線」節目也於二〇〇三年轉播。

界的互動中。[13]而記憶力錯覺會誤導人自認偵測變化的能力很強，實際上其實差勁得很。由於這種錯覺實在太強了，就連研究改變盲的科學家都不時親身經歷。唯有當數據資料一再顯示人的盲目，我們才體認到自己本身也受到記憶直覺印象的誤導。同樣的，電影工作者也從錯誤中學習到記憶的局限，目睹自己的錯誤被播放在大銀幕上，從挫敗中了解，並體認自己對記憶的錯誤觀感。好萊塢場記拉米瑞茲曾經有多次這樣的經歷：「你記憶的方式，以及你的記憶，塑造重組了你自認為看見的東西，讓你覺得你對自己的記憶非常肯定……然而，如果你能夠倒帶回去重看一遍，會發現常常是不一樣的。有時候，我對某些事確定到敢以性命擔保，結果事後卻發現自己居然弄錯了！」

當然，改變盲也有被破解的時候。每次演講時，當我們提到之前所說的「換人做做看」錄影帶，常被問道，如果主角由男性變成女性，受測者是否會注意到。「當然會。」我們這樣認為，但是這種肯定態度可能又反映出另一個記憶力錯覺。想知道答案，唯有去試驗。後來丹尼爾的研究室果真做了實驗，證明當主角變換性別或人種，大家確實會注意到這項變化；而且一般人通常也會注意到和自己同樣身分人士的身分變化。[14]但是，其他的變化仍舊不易被察覺。

在真實世界的實驗裡，受測者即便注意到換人了，但要他們從一堆照片中挑出原先的那個人，成績還是很不理想。至於根本沒看出人被替換過的受測者，要他們從照片中挑出原先的實驗者，成績更是與隨機亂猜差不多。[15]在短暫的接觸過程裡，我們對面對面的另一方的相關記憶似乎少得可憐，以致於不僅看不出換人，也指認不出對方的照片——即使在幾分鐘前才見過面。

當你和陌生人的接觸時間非常短，你能確定記得的只有幾項一般性資料：像是性別、種族以及社群身分（學生、藍領工人、商務人士等等）。其他你所感覺到的，大部分根本不曾由感知進入你的記憶。

梅爾莎與帕爾馬菲從車子裡目睹一樁刀傷事件，但是片刻之後，兩人的記憶卻大不相同。既然實驗證明人有時候連「某人突然換成另一個完全不同的人」都看不出來，這對夫妻對於凶案的目擊記憶不同，也就沒什麼好奇怪的了。畢竟他們是隔著一段距離，從汽車裡看出去，還不是面對面的回答對方問路呢！

## 「我坐在畢凱艦長隔壁」

差不多十年前，丹尼爾辦的一場派對上，我們的同事諾曼（Ken Norman）講了一個有趣的故事，關於有一次他在麻州劍橋的「里戈海鮮餐廳」（Legal Sea Food）與演員派崔克·史都華（Patrick Stewart，他最有名的角色是「星艦迷航記」裡的畢凱艦長，以及「X戰警」裡的X教授）比鄰而坐。他會想到這個故事，起因在於克里斯注意到丹尼爾家的電視旁邊有一個畢凱艦長的小塑像。「你的畢凱艦長可以賣給我嗎？」克里斯問道。丹尼爾說那是非賣品。克里斯開價五美元，然後又加到十美元。丹尼爾拒絕割愛。克里斯最後把價錢加到五十美元（原因他現在已經記不得了），但是丹尼爾還是不肯。（我們兩人都不記得丹尼爾為什麼不肯賣，但是直到今天，畢凱艦長依然窩在丹尼爾的電器產品之間。）

當時諾曼就告訴大家，有一次史都華和一名很迷人的年輕女子在「里戈海鮮餐廳」用餐，從他們的談話片段內容判斷，她好像是公關或經紀人。到了用甜點時，史都華選了火燄冰淇淋——這項選擇他記得很清楚，因為餐廳菜單上很少有這個選項。等到用餐快要完畢時，又發生了一件讓人印象深刻的事：兩名廚師跑出來向史都華索取簽名，而他也欣然同意。但是一會兒之後，餐廳經理出現了，向他道歉，解釋說「星艦迷」廚師這種行為是違反該餐廳政策的。聽到這個有點冒犯的說辭，史都華只是聳聳肩，然後很快就與同伴相偕離開餐廳。

這個故事唯一的問題在於，它並不是諾曼的親身經歷，而是克里斯的。諾曼從前曾經聽克里斯講過這個故事，後來就把它納入了自己的記憶中。事實上，諾曼對於這段記憶屬於自己的感覺是這麼的強烈，竟然完全忘記克里斯才是最早述說這個小故事的人，因此即便在他講述這則故事時，克里斯本人也在現場，還是不妨礙這一段他真的「遇到」畢凱艦長的記憶。但是當克里斯指出這項錯誤時，諾曼很快就明白這段記憶並不屬於他。這段小插曲說明了記憶力錯覺的另一個層面：我們在提取一段記憶時，很有可能會誤以為那段記憶是發生在我們身上的，而非發生在他人身上。

雖然我們相信自己的記憶是我們看見、聽見的精確內容，事實上，這些紀錄卻可能十分貧乏。我們所提取的記憶裡，充滿了故事要點、推論和其他的影響；與其說它像是一段原創的演奏，不如說更接近一段由熟悉旋律即興重複的樂段。我們錯誤的相信自己的記憶是正確且精準的，而且無法將「實際發生」與「事後引介」的記憶項目分開來。諾曼就是這樣占用克里斯的故事——他對整個事件有一段活靈活現的記憶，但是誤把它當成自己的經驗。在科學文獻裡，這種記憶扭曲被稱為「記憶來源性錯誤」（failure of source memory）。他忘了自己那段記憶的來源，但是因為它很鮮活，所以以為是親身經驗。

記憶的來源性錯誤造成許多「非蓄意抄襲」案例。我們在教書時，偶爾會遇到蓄意抄襲（或者是不了解正確的文獻引用方式），像是學生從維基百科或其他來源直接抄下整段文字。非蓄意抄襲指的是，真心以為某個想法是自己的，但事實上卻是從別處得知的。最近，靈性書籍暢銷作家沃許（Neale Donald Walsch）被逮到剽竊一則原本由查德（Candy Chand）撰寫的故事，那則故事早在靈性哲學網站及部落格間流傳超過十年以上。[16]故事描述一群學生在一場冬季盛會的預演時，用海報拼出「聖誕之愛」（Christmas Love）的標語。但因為有一個學生把原本的m字拿倒了，成為w，結果標語變成「基督就是愛」（Christ was Love）。沃許在二〇〇八年十二月，把這則故事發表在網站上，說這件事發生在他的兒子尼可拉斯身上，但事實上卻是發生在查德的兒子身上，而查德的兒子剛好也叫做尼可拉斯，只不過時間早了二十年——當時沃許的兒子還沒出生呢。就這個案子來說，很明顯，沃許的確抄襲了他人的故事。然而，問題在於他是否蓄意抄襲，或只是濫用了一段記憶。在得知犯下如此「嚴重錯誤」後，沃許聲稱：

我自己都搞不懂，而且嚇了一跳……應該是有人在十年或更久之前傳給我看過，我發覺它太吸引人，難以忘懷，以致把它剪貼到我的「值得分享的故事檔案」中。這些年來，我口頭上講述這則故事太多次了，因此把它轉化為一種記憶……結果，不小心將它內化成我的親身經歷。

這個案例具備了來源記憶錯誤的所有特徵。沃許記得這則故事，讀過並轉述許多次。故事中的小孩剛好又和他兒子同名，更容易讓他誤信這段記憶是屬於他的。（我們的朋友諾曼大概更容易挪用克里斯的故事，因為他本人也在那間海鮮餐廳用過餐）。沃許把那則故事收錄在他的故事檔案夾裡，漸漸就相信那是他寫的。在接受《紐約時報》採訪時，沃許說道：「我很懊惱，也很震驚，我的腦袋竟然會這樣愚弄我。」不過，查德卻認為他的剽竊是故意的：「如果他知道這是錯的，他在還沒有被逮到之前，就該知道了……坦白講，我不相信。」查德的憤怒與沃許的震驚，完全吻合我們的記憶力錯覺。沃許不明白他怎麼會錯誤剽竊了別人的記憶，而查德則不相信對方在這件事上有這麼無辜。換句話說，他們兩人都把記憶的真實性給高估了。

正如我們無法確定，當警察康里回報說沒看見考斯警官被圍毆，他是否真有不注意視盲，我們也無法確定，沃許的抄襲是蓄意還是意外。但我們可以說，可能沃許確實是內化了他人的記憶，然後忘記了故事的源頭。像這樣的記憶來源性錯誤其實很普遍，而且可以在實驗室裡製造出來。心理學家瓦德（Kimberley Wade）、蓋瑞（Maryanne Garry）、瑞德（Don Read）以及林賽（Stephen Lindsay）要求受測者瀏覽一張他本人被動過手腳的照片，畫面是受測者小時候搭乘熱汽球玩得很開心。[17]每一名受測者都接受多次訪談，且每次都被要求回憶搭熱汽球的事；如果他們說不記得，就請他們想像事情經過大概是怎樣。其實根本沒有任何一位受測者搭過熱汽球，但是因為那張照片以及試圖去回想，導致某些受測者把想像的資訊納入個人口述的回憶中。半數受測者都創造出一段搭熱汽球的假記憶，有些人還加油添醋說了一堆照片上沒有顯示的細節。

像這樣利用造假照片來更動記憶的能力，具有「歐威爾式效果」（Orwellian ramifications）。如果只要更動一下影像就能誘發出假的記憶，那麼當然也可能可以竄改歷史，利用造假來改變過去。採用類似手法，薩奇（Dario Sacchi）、阿格諾利（Franca Agnoli）與羅芙特斯（Elizabeth Loftus），向受測者展示一張竄改後的知名照片，一九八九年北京天安門廣場上，一名青年站在整排坦克前。原始版本只看到一名抗議者站在一條寬闊的大路上。更動後的版本，則是一群人排列在坦克兩側，路也變得比較窄了。一會兒之後，當那些看過假照片的受測者被問及天安門廣場的歷史事實，都相信當時抗議的人數遠多於事實。[18]

## 忘記攸關生死的大事

記憶扭曲不只限於無足輕重的小事，像是某間辦公室裡有沒有書籍，或是一張清單裡有沒有某個特定名詞。事實上，它們也適用於攸關生死的決策，甚至是你自己過去所做的決策。澳洲心理學家莎曼（Stefanie Sharman）與同事進行了一場實驗，讓人聯想到電視影集「歡樂單身派對」裡很經典的一場戲，戲中克拉瑪請艾蓮加入他和他的律師，一同查看一張清單——有關他之前所立下還願意存活下去的醫療狀況。（律師說：「嗯，一個肺、眼睛瞎掉，而且只能用管子進食。」克拉瑪說：「喔不，那不符合我的風格。」艾蓮說：「這樣活著也太無趣了。」）研究人員訪問了一群成年人，要他們決定，如果病得很嚴重，哪些醫療維生手段是他們希望採行的。[19]譬如說，他們是否希望行使心肺復甦，或是如果有必要的話，他們也願意接受人工餵食？十二個月後，他們又以同樣的問題，重新詢問同一批受測者。

有二三％的受測者在兩次訪談期間改變了決策，也就是說，在第一次訪談時表示願意採行延長生命措施的人，在第二次訪談時表示不願意了（或是反過來）。人會改變心意並不太奇怪。在這段期間，他們可能和朋友、親人或是醫生討論過相關事宜，他們也可能接觸到一些關於臨終議題的新聞。但是最驚人之處在於，這些改變心意的人當中，有七五％不知道自己的意見改變了！他們以為自己在第二次訪談時所回報的決定，和第一次的決定相同。他們對於自己先前說法的記憶，已經被重寫過，以吻合他們現階段的信念。

除非我們能得到直接的反證，否則記憶力錯覺會讓我們誤以為我們的記憶、信念和行為，長期以來都是一致且穩定的。在甘迺迪總統被刺殺後，全美瀰漫的哀痛氣氛中，有一項民調顯示，三分之二的受訪者宣稱，在一九六〇年那場得票近乎五〇比五〇的總統大選中，他們把票投給了甘迺迪。[20]這裡頭，起碼有部分人扭轉了三年多前他們投票的記憶，大概是為了吻合他們對於這名殞落領袖的正面情感。更廣泛來說，我們傾向於去假設自己世界中的一切都是穩定不變的，除非某件事物讓我們注意到其中的不一致；即使，當我們的信念改變時，我們的記憶也會跟著改變。你在幾年前立下的生前預囑（living will），可能無法反映你此刻的意願——但是你很可能記錯它的內容，而以為它表達的就是你此時所希望的內容。如果你的病情加重，沒辦法與人溝通，醫生就只能依據早期那份文件，採取與當下的你意願相反之舉動。

## 「九一一」事件發生時，你在哪裡？

請好好回憶一下，當你第一次聽到「九一一」事件時，你在哪裡。如果你和我們一樣，你會有一段鮮明的記憶，關於你是怎樣知道九一一攻擊事件，當時你人在哪，和誰在一起，之前你在做什麼，以及知道後你又做了些什麼。克里斯記得那天早晨他很晚才醒，當時第一架飛機已經撞上世貿中心。他在聽霍華·史登的電台節目，直到節目播完，差不多接近中午，他才打開電視。他和一名以色列同事聯絡上，對方告訴他，行凶者是誰已經太明顯了，然後克里斯接到一封電郵，一位住在紐約布魯克林區的朋友寄來的，對方說她很安全的在自家屋頂上觀看這個事件。他又接到另一封電郵，來自他哈佛大學辦公大樓的經理，建議大家撤離辦公室。

丹尼爾回憶，那天早晨他在辦公室裡，他的研究生米特羅夫（Stephen Mitroff）進來告訴他，一架飛機撞上第一棟世貿中心大樓。接下來幾分鐘，他忙著在網路上搜尋資料，等到第二架飛機撞上時，他打開實驗室裡的電視，和三名研究生一起觀看世貿大樓倒塌的場景。然後他花了好幾分鐘瘋狂打電話找他弟弟大衛的女友，因為大衛預定當天早晨要從紐約市搭機返回波士頓（恐怖攻擊開始時，大衛正坐在紐約市拉瓜地亞機場的一架飛機上，等待起飛）。丹尼爾還記得，他當時非常擔心自己身處的十五樓高的辦公大樓會不會成為攻擊目標。他在中午之前就離開了，去波士頓市中心接老婆，然後一起回家，那天剩下來的時間都在看電視報導。

但是，我們兩人對於九一一前一天自己在做什麼事，和誰講過話，完全想不起來。我們猜你可能也是一樣。你對九一一的記憶，比起你對那段時間其他日子的記憶，更為鮮活、詳盡以及情緒化。對於個人的或是國家的重大戲劇化事件，我們的記憶通常會詳細得多。有些重大事件彷彿印在我們腦海裡，讓我們可以像錄影帶般詳盡的反覆播放，即使年代久遠，還是保存得一樣完整。這種直覺很強烈、很普通，但也是錯的。

這種對重大事件的詳盡記憶，一八九九年就有人研究，克拉克大學的寇爾葛路維（Frederick Colgrove）拿它做為博士研究主題的一部分。寇爾葛路維詢問一百七十九名中老年人，他們在聽到林肯被暗殺的消息時，人在哪裡。[21]雖然他要求這些人回憶的是三十多年前的往事，還是有七〇%的人記得當時自己人在哪，以及怎樣得知這個消息，有些人甚至能提供非常豐富的細節。

將近八十年後，社會心理學家布朗（Roger Brown）和庫利克（James Kulik）創造了一個名詞「閃光燈式記憶」（flashbulb memory），來描述這種對重大事件所產生的鮮活記憶。[22]這個被人用照相來比喻的名詞，反映出的想法是，在令人情緒激動的重大事件周遭的一切細節，會在事發那一刻被保存起來：值得永遠保存的事件會被印在腦海中，就好像某個場景被印在底片上。根據布朗和庫利克的說法，這份記憶「就像是當閃光燈一亮，我們所在的場景會毫無保留的被存在一張照片中。」

布朗和庫利克的研究調查了八十名美國人（四十名黑人與四十名白人），關於許多不同的事件，大部分都是介於六〇至七〇年代間，美國發生的暗殺或是企圖暗殺事件。和先前寇爾葛路維的研究很類似，他們的紀錄顯示，除了一名受訪者例外，所有人都對甘迺迪總統暗殺事件具有閃光燈記憶。大多數人對於甘迺迪以及馬丁．路德．金恩的暗殺事件具有閃光燈記憶，另外也有許多人對其他類似事件擁有閃光燈記憶。

寇爾葛路維和布朗以及庫利克，也各自提出親身的鮮活案例，隨同其他受測者對於這類政治事件的詳盡回憶，一併納入研究報告。我們全都有像這樣的閃光燈經驗，而且我們都能輕鬆流暢的提取這些記憶。陳述或是詢問閃光燈記憶，通常可以引發出長達好幾個小時的談話；下次你如果碰到無聊的飯局，不妨試試這一招。由於這些特定的回憶經驗內容是這麼豐富，導致我們強烈相信它一定是正確的。諷刺的是，這些最早期的閃光燈記憶研究所得出之結論，完全是根據記憶力錯覺。這些受測者的回憶是如此多采多姿、巨細靡遺，研究者不由得認為那必定是正確的。

丹尼爾在為本書寫下個人的九一一回憶之後，發電郵給之前幾名研究生，請他們寫下各自的回憶，供他比對。第一個回信的是米特羅夫，他現在已經是杜克大學的教授了：

我收到女友寄來的電郵，說有一架飛機撞上世貿中心。我快速看了一下CNN，然後到你的辦公室，那時你正和席維曼聊天。我告訴你這件事。我們一起回到我的辦公室，在法蘭康尼瑞的電腦上搜尋影像。你推測這一定是一架小飛機的駕駛失控所造成。我們看到一張照片，一架巨大的商業客機緊鄰著一棟世貿大樓，你認為那一定是加工合成過的照片。我們搜索了好幾個網站，包括航空公司網站，尋找據報導已經遭劫持的航班的最新資料。搜尋過更多網站後，你在我們的檢測室看電視，還有好多人也在那裡看。我想，我們有目睹其中一棟大樓倒塌，但是我對這點沒有把握。我們絕對有看到其中一個重大事件。我們開始覺得置身於城裡最高的建築物令人不安，於是在中午前就都離開了。而後席維曼和我走路回波士頓……

丹尼爾的另外兩名研究生回報說，那天早上他們人不在實驗室，所以不可能和丹尼爾一起看新聞報導。米特羅夫記得席維曼（當時是丹尼爾的博士後研究員，現任西奈山醫學院教授）在丹尼爾的辦公室裡，但是丹尼爾卻不記得這回事。於是，丹尼爾發了封電郵給席維曼，請教他同樣的問題。得到的回報如下：

我當時站在你的辦公室裡，和你討論某件事。書架上的收音機是開著的。米特羅夫從他的辦公室裡大聲嚷嚷，說是CNN報導一架飛機剛剛飛進世貿中心。我走進他的辦公室去看，但是網頁下載得極慢。我提到小飛機經常在哈德遜河道上空飛來飛去，因此我猜是有可能。網頁下載後，顯示出是一架大飛機飛向世貿中心。我甚至說了一些像是假造這種照片真是令人作嘔的話——那時我仍然堅信只是一架小飛機撞毀。接下來我們聽到的消息來自你的收音機（CNN很慢，而且沒有任何其他的消息）。我們聽說不只一架而是兩架飛機撞毀。然後我就進入我的辦公室，試著聯絡我太太。她也正試著聯絡我。我們兩人都沒有接通……當我離開辦公室時，有人打開檢測室裡的電視。畫面很吵雜，有一棟塔已經倒了，而我們一起目睹第二棟塔倒塌。（我不確定第二棟塔倒塌是否為實況轉播，但我懷疑不是。）差不多十一點時，你決定要大家下班回家。米特羅夫和我步行到他的公寓，然後我走路回家。

在這些敘述裡，有一些很有趣的雷同與不同。先來看雷同的部分：每個人都同意，丹尼爾是從米特羅夫那兒得知此事，然後他們都花了一些時間在網路上搜尋資訊，然後丹尼爾打開實驗室裡的電視，米特羅夫看到一座世貿塔倒塌的片段。現在再來看不同的部分：丹尼爾不記得席維曼在場，而且誤記了其他研究生在場。三個人都記得米特羅夫進入丹尼爾的辦公室，但是席維曼記得的是米特羅夫先是從自己的辦公室裡大喊。丹尼爾不記得曾經討論過一架飛機緊鄰世貿塔的畫面；米特羅夫記得丹尼爾曾經評論道，出事的是一架小飛機，那張大飛機的照片是加工過的；而席維曼卻記得那些言論是他說的。

三個認知心理學家對於九一一的經歷都有鮮明的記憶，但是他們的記憶在幾個地方卻互相矛盾。要是記憶真的像是在錄影，這三份關於九一一的報告應該完全一樣才對。事實上，我們沒有辨法判斷其中哪一份敘述最為正確。充其量只能假設，兩個人相同的記憶，比起相衝突的單一個人記憶，前者正確的可能性應該更高。很多記憶錯誤的案例就像這樣，沒有紀錄可供佐證事實的真相。

但在某些案例，譬如瑞德與奈特的衝突，有事發錄影帶可供比較每個人的記憶。小布希總統在回憶他首次得知九一一攻擊時，也經歷過類似的記憶扭曲。諸位可能都還記得那段影片，小布希在佛羅里達某家小學朗誦《寵物山羊》（*The Pet Goat*）的故事給小朋友聽，他的幕僚長卡德走進來，在他耳邊說了幾句悄悄話。他那震驚的表情，事後成為漫畫以及新聞評論員的熱門素材。就在錄影帶捕捉到的那片刻，是他聽說飛機撞上第二座世貿塔，那也是他首次了解到美國正遭到攻擊。早在他進入那間教室之前，他就已經聽說第一架飛機撞毀，但是和許多媒體一樣，他相信那是一架小飛機意外撞進世貿塔。

後來，小布希起碼在兩個場合公開回憶說，他在進入小學教室之前，就從電視上看到第一架飛機撞上世貿塔。譬如說，二〇〇一年十二月四日，他在回答一名少年的問話時，回憶道，「我當時坐在教室外面，準備待會要進去，然後看到一架飛機撞上世貿塔（電視顯然是開的），而我以前也開過飛機，所以我說：『這個駕駛真是差呀。』然後我又說：『一定是一場可怕的意外。』」但問題是，當天唯一播放的一段攻擊實況影片，是第二架飛機。第一架飛機撞擊的影片是日後才出現的。[23]小布希的記憶雖然聽起來挺像是真的，但卻不可能正確。他正確記得，在第二架飛機撞毀後，卡德走進教室告訴他美國正遭受攻擊，但是對於自己如何以及何時首次聽說攻擊事件，他的記憶卻與那些細節混淆了，但是混淆之後聽起來卻滿合理的。

小布希的假記憶不盡然含有惡意——有時候，細節會從某段記憶轉到另一段記憶裡。然而陰謀理論專家，由於受到記憶力錯覺（以及其他事情）的影響，認定小布希的假記憶並不全是假的，而是不小心說溜了嘴。他說從電視上看到第一架飛機撞毀，所以他必定真的看過。然而，如果他有看到，那麼拍攝那段祕密影片的人，一定事先就知道該把攝影機架在那裡，所以小布希一定早在事前就知道攻擊即將發生。記憶力錯覺使得某些人妄下結論，說美國政府是默許或甚至策劃此一攻擊事件，而不相信可能性比較高（但直覺性較低）的解釋，那就是小布希只不過是搞混了他對第一架飛機與第二架飛機的某些記憶。

以布朗與庫利克的閃光燈記憶論文為基礎，後續發展出來的實驗，找到了一些核對這些記憶是否正確的方法。通常使用的辦法是在某個悲劇事件剛剛發生後，立即蒐集受測者的記憶，等到幾個月甚至幾年後，再回頭測試同一批受測者。這些研究不斷發現，閃光燈記憶雖然內容比較豐富，比較鮮明，卻和一般記憶一樣容易扭曲。一九八六年一月二十八日，挑戰者號太空梭升空後不久就爆炸了。第二天早晨，心理學家奈瑟與哈許（Nicole Harsch）要求艾默里大學某班學生描寫他們如何得知太空梭爆炸事件，然後要他們回答一份關於這場災難的詳細問卷：你何時聽說，當時你正在做什麼之類的問題。[24]像這樣的報告，幾乎是在事件一發生之後立即撰寫，提供了最接近事實真相的紀錄，就像奈特和瑞德的練球錄影帶記錄了勒喉事件的真相。

兩年半之後，奈瑟與哈許再次要求同一班學生，填寫一張有關挑戰者號爆炸的類似問卷。經過這段時間，學生回報的記憶果然大大改變了，加入一些成分，那些成分可能與他們後來對該事件的了解相符，但其實並沒有發生。譬如說，有一名學生說他下課後返回宿舍，聽到大廳裡一陣騷動。X君告訴他發生了什麼事，於是他打開電視觀看重播的爆炸畫面。他記得當時是上午十一點三十分，地點是他的宿舍，他正要返回房間，而當時沒有其他人在場。但是他事發次日的報告記載的是，一名瑞典來的友人Y君叫他打開電視，他還說他是在下午一點十分聽說的，當時他正擔心要怎樣去發動他的汽車，而友人Z君也在場。也就是說，經過幾年之後，有些人記成是不一樣的人通知他們，在不一樣的時間，而且有不一樣的同伴。

即使有這些錯誤，受測者卻對他們在多年後的記憶的正確性充滿信心，因為那些記憶是這般鮮活——記憶力錯覺又再度發功了。受測者填完問卷後，再經過一次最後的訪談，然後奈瑟與哈許才將受測者在事發次日親筆撰寫的問卷，拿出來給他們過目。許多人都非常驚訝，沒想到原始報告與現在的記憶會有這麼大的出入。事實上，當他們看到原始的報告時，他們通常沒有猛然醒悟是自己記錯，反而堅信現在的「記憶」才是正確的。

你所記得的那些豐富的細節，常常都是錯誤的——但是它們**感覺起來**很對。就像瑞德在看過事實真相錄影帶之後，談起他被奈特勒喉的記憶：「至於其他人走過來，我記成其他人走進我們之間。」一段記憶可能強烈到即便有紀錄證明它沒有發生，還是無法改變我們的記憶。

## 完美得過火的記憶

撰寫本書期間的某個感恩節晚餐上，克里斯的父親（二次大戰期間在美國陸軍服役）談起他對諸多知名事件的回憶。包括一九三九年他如何得知德國入侵波蘭（他當時在一個夏令營裡），以及一九四一年日本轟炸珍珠港（當時他和一個朋友在聽收音機轉播足球賽，電台插播新聞快訊）。克里斯問他父親對九一一攻擊的記憶。他父親說，那天早晨他正好要從康州前往紐約市，離家前還沒聽到任何相關新聞。他必須在紐哈芬市換火車，但是後來被迫折返，因為聽到新聞說飛機撞毀，當天不准任何火車駛進紐約市。他決定搭計程車回家，但他是用議價而非跳表計價。計程車司機正在聽收音機的扣應節目，但主題並不是當天的新聞。司機頭上裹著像是包頭巾的東西，而且看起來也像阿拉伯裔。

這個細節，關於九一一當天早晨，他的計程車司機剛好與攻擊他目的地的恐怖分子同種族或同信仰，實在是太巧合了。我們通常比較信任這類帶有細節的記憶，勝過有點模糊或一般性的記憶，尤其是那些細節如果與故事連接得剛剛好，就更像真的了。派對那天，要不是克里斯在場，諾曼所敘述的畢凱艦長故事應該不會穿幫，因為他提到那麼多特別的細節，包括火燄冰淇淋、廚師索取簽名以及餐廳經理很困窘等等。但是正如我們已經知道的，這些很容易誤導人的鮮活細節，也可能反而洩露了記憶在形成之後的扭曲與重組過程。那位計程車司機的細節有可能正確嗎？當然有可能。阿拉伯裔司機有可能是克里斯的爸爸憑空捏造的嗎？也有可能。他會不會是無意間將兩段不同記憶加在一起，一段是九一一那天搭計程車回家，另一段則是曾經搭過一名阿拉伯裔司機開的計程車（住在紐約市附近的人常有這類經驗）？絕對有可能。結尾那個充滿諷刺意味的情節轉折，讓整個故事更為扣人心弦——這正是我們的記憶系統瞞著我們在拚命努力的目標。

讓我們再次回顧那對目睹凶殺案的夫婦。在一段為時幾分鐘的事件裡，他們明白彼此對於目睹的情況已經有不同意見了。從案發到接受克里斯採訪這六年期間，即便他們已經重複這段故事不知多少遍，他們的記憶差別卻是愈來愈大：例如，梅爾莎報告說他們曾按喇叭，想要吸引大家注意犯罪現場；但聽到這段話，帕爾馬菲的反應卻是：「有嗎？」梅爾莎記得當時他們的車子離人行道有好幾個車道遠；可是帕爾馬菲卻記得與攻擊現場只隔了一排路邊停車。梅爾莎認為攻擊發生在一棟黑漆漆的封閉大樓前；帕爾馬菲則記得有「一家便利商店或是外賣炸雞店之類的，是那種掛著大霓虹燈的地方」。梅爾莎說，凶嫌比受害人高大；帕爾馬菲的說辭剛好顛倒。梅爾莎認為打了報警專線之後，差不多等了三十秒，報案談話大約三到四分鐘；帕爾馬菲記得的是等了五分鐘，之後講了一分鐘的話。而且之前我們告訴各位，是梅爾莎在乘客座位上打電話報警，開車的是帕爾馬菲；但帕爾馬菲卻記得是他本人撥電話報警，梅爾莎在開車。看來我們的記憶系統真的很喜歡把自己擺在行動的中心位置。

請最後再回憶一次，你如何得知二〇〇一年所發生的九一一攻擊事件。現在你已經知道記憶力錯覺，知道應該要懷疑自己的記憶真實性。但是你如果依然很難不相信自己的記憶是正確的，你一點都不孤單。心理學家塔拉麗柯（Jennifer Talarico）和魯賓（David Rubin）最近做了一個有關閃光燈記憶的研究，檢視人對於自己如何得知九一一攻擊的描述。[25]和先前閃光燈式記憶研究不同的是，他們的研究是在比對人對於「閃光燈事件的記憶」與人對於「同時期其他事件的記憶」何者較佳。頭腦敏捷又富創意的他們，在二〇〇一年九月十二日那個情緒化的日子，找了一群杜克大學部的學生到實驗室來，請他們填寫一份關於首次聽聞這場攻擊事件的問卷。此外，他們也要求每個學生回憶另一件發生在攻擊前幾天的個人事件，可以自由選擇，只要記憶還很清楚就可以了。然後過了一週、六週或三十二週之後，他們要求這批受測者再次回憶那兩個事件。結果所有的記憶，不論是九一一記憶還是比較尋常的記憶，時間過得愈久，正確性就愈低。測試的間隔期愈長，原始記憶與日後記憶就愈是不一致，而且更多的假細節會被納入。

塔拉麗柯與魯賓還有另一樁聰明之舉。他們順便要求學生評估自認那兩段記憶的正確度有多高。對於那段平常的記憶，他們倒是頗有自知之明的：隨著記憶變差，他們對這段記憶的自信也變低了。也就是說，他們對於平常的記憶，並沒有受到記憶力錯覺的影響。正如我們知道，自己對於很多事實的記憶都容易出錯，他們也知道自己會忘掉親身經驗裡的一些小細節。當他們想不起那些細節時，就會對自己的記憶更沒把握。

然而，閃光燈記憶則是完全不同的模式。受測者始終堅信自己的記憶是正確的，即使那段記憶已經隨著時間而愈來愈不正確。對於閃光燈記憶，記憶力錯覺——「我們的記憶有多正確」與「我們自認我們的記憶有多正確」之間的差異，則強烈到了極點。早期研究閃光燈記憶的人，曾建議說它們是被腦袋裡一種特殊的「烙印現在」（print now）機制所創造出來的。但是根據塔拉麗柯與魯賓的發現，這種機制可能更適合被稱做「相信現在」（believe now）機制。

## 我們的記憶力可靠過嗎？

在很多案例，記憶力的扭曲與加油添醋並不會造成重大影響，但在某些情況下，卻影響深遠，主要就是因為我們對記憶力的錯覺。在記憶力錯覺的影響之下，人往往會指責那些無辜的記憶失誤者，懷疑他們的意圖與動機。這種錯覺的威力之強，展現在二〇〇八年美國總統大選初選階段的一次關鍵意外。與歐巴馬競爭民主黨候選人提名的希拉蕊，一再強調自己具有豐富的國際事務經驗。在華盛頓大學的一場演講上，她特別描述了一九九六年前往波士尼亞的圖茲拉（Tuzla）訪問的恐怖經驗：「我記得在槍手攻擊之下著陸。機場原本有一些歡迎儀式，結果我們得低頭快步衝進車子，趕往我們的基地。」很不幸的，《華盛頓郵報》仔細檢查她的說辭，然後登出一張照片，顯示沒有人在找掩護；反而有一場歡迎儀式，照片中的第一夫人希拉蕊正在親吻一名剛剛獻完歡迎詩的兒童。在當時不下一百篇新聞報導中，沒有任何人提及安全威脅。許多新聞錄影帶也被調出來，全都顯示眾人鎮定的下機，走向一個滿平淡的歡迎儀式。

對於這篇查證事實的文章，一名《華盛頓郵報》網站的評論員反應道：「對於希拉蕊的說法，只有三種可能的解釋：一、她是厚顏無恥的騙子；二、她對現實的認知完全脫節；三、她的記憶完全不管用了。」政治評論員努南（Peggy Noonan）也在《華盛頓郵報》寫道，「我們最好祈禱這些只是謊話，如果不是，如果她真心以為自己說的是真話，我們的麻煩可大了……就好像她看了電影『桃色風雲搖擺狗』，把難民婦女瘋狂躲避迫擊炮火的作假影片，當成她的靈感來源，而非操縱與政治的警惕故事。」《新共和》週刊在封面登出一張希拉蕊瞪大雙眼的照片，然後描述說她聽見「腦裡有聲音」，一直叫她要犧牲自己來保護其他同行的人（「於是我對辛巴達說：『不用管我，快逃命吧！』」）。這真是人類頭腦對於他人錯誤記憶的典型反應，尤其是對希拉蕊那種可議的、幫自己臉上貼金的「在炮火下逃過死亡」的記憶。即使柯林頓後來用一般常識做為太座記憶出錯的藉口，（不正確的）宣稱她在深夜發表評論，並（正確，但可能無濟於事）指出她已經六十歲了。

關於希拉蕊那虛構的槍口餘生記憶，另一個絕對有可能的解釋為：正如所有容易出錯的人類腦袋般，她的腦袋自動且無意識的重新建構了那場圖茲拉之旅，以配合她自認正確的自我形象。就像瑞德那段「奈特嚴懲他」的記憶，希拉蕊的「抵達波士尼亞」記憶也被扭曲了，以配合她當時所敘述的重點：自己的國際經驗是多麼豐富呀。就像瑞德，以及那些學生（他們對挑戰者號爆炸的閃光燈記憶後來被證明錯誤）一樣，希拉蕊可能很容易對自己的記憶充滿信心。而且，也像瑞德的案例般，最後由錄影帶揭露真相。希拉蕊的扭曲記憶讓她失去總統候選人提名，因為這個事件讓人想起她常常給人的「為求當選，不擇手段」印象（而且在錄影帶剛出現時，她拒絕承認錯誤，又更加強了這個印象。）

我們有沒有辦法區分「蓄意算計的欺騙」與「不小心的扭曲」？稍早提過，記憶力錯覺並不適用於所有記憶。我們比較會意識到自己對一般事實與細節的記憶力有限，也不期望他人能記住這類細節。我們不會期待他人有能力記得十五位數的數字，雖說即使是對數字記憶，人往往還是會高估自己的記憶能力。在某項研究調查中，超過四〇％的回覆者自認有辦法記住十個隨機數字——而實際測試結果，不到一％的人做得到這一點。[26]然而，當我們回想對自己很重要的資訊或經驗時，記憶力錯覺的威力可就大了。而驅動這類錯覺的關鍵因素，似乎與某項記憶所引發的經驗強度有關。換句話說，如果你記得你**如何**經驗並學到某件事，而非只是記得你經驗並學到了**什麼**事，你會更容易相信自己的記憶是正確的。就像我們視覺感知上的鮮活程度，會讓我們以為自己能注意到超過真正注意到的事物，我們所經歷到的流暢、鮮明記憶，對於記憶力錯覺來說，具有火上加油的效果。當我們回想一組任意的數字或事實，我們並不會有一股強烈的記憶經驗。但是當我們回想自己如何得知九一一攻擊時，我們卻會。這就是為何希拉蕊及瑞德對於自己的記憶那般堅持——他們對於事發經過，有著清晰且強烈的記憶，而印象裡那種鮮明度導致他們更為相信那段記憶。[27]

我們記憶有多鮮明，與那些記憶如何影響我們的情緒息息相關。對大部分人來說，數字清單並不會激發出恐懼或悲傷，但是九一一卻會。而那些情緒會影響到我們如何去看待自己的記憶，即使它們並不會影響我們真正記憶了多少。有一場實驗的受測者被要求分別觀看情緒中性的照片

（例如農莊照片），或是情緒強烈的照片（例如一把手槍指向照相機）。[28]稍後，受測者被問到以前是否看過那些影像，那些情緒化的照片所激起的記憶經驗，遠較中性照片強烈得多。情緒化的記憶，就像我們對九一一的記憶，比較可能引發強烈鮮活的回憶——不論是否正確。小心那些伴隨著強烈感情與鮮明細節的記憶——其實它們和日常記憶同樣不可靠，但是你卻比較不能體認這一點。

很不幸，人一再用「鮮明度」與「情緒感受性」當作正確與否的指標；用這些線索來評估自己對某段記憶有多具自信。下一章，我們將會討論這種「深具自信心的回憶即為正確記憶」的傾向，因為它帶出了另一種認知錯覺：自信心錯覺。

# 03 聰明的西洋棋手和愚笨的罪犯有何共通之處？

克里斯還在念研究所時，某個夏天他一醒來就覺得頭痛。這並不稀奇——他很容易頭痛。但是那天稍後，他的疼痛擴散到其他部位，覺得疲倦和無精打采。所有動作都成為累人的事，包括從床上爬起來，走進客廳，坐下，到打開電視。當他想要站起身時，全身都痛。所有小事，例如沖個澡，都讓他累得喘不過氣。種種症狀顯示是重感冒，但是很奇怪，他沒有呼吸道方面的症狀，而且七月也不是感冒的高峰季節。不舒服了好幾天之後，他終於去哈佛大學的醫務室報到。護理師認為他應該是病毒感染，叫他多休息，隨時補充水分。

第二天是星期日，克里斯的症狀依然沒有改善，他又去沖了一次令他疲憊不堪的澡。為了保留體力，他緩慢的轉身，讓水沖洗腿部後方，就在這個時候，突然感覺到一陣刺痛。他扭過頭往下看，看到左小腿肚上有一大片紅疹，形狀好像太陽光放射的圖案，比任何蚊子叮咬的痕跡要大得太多了。有了新症狀，他趕緊前往夜間門診看病，很自豪的展示他的紅疹。值班醫生問他最近有沒有被蜱咬過。一開始，克里斯本來以為沒有，因為他在麻州劍橋城裡從沒見過一隻蜱。但是後來他想到，幾週前他曾經回紐約市郊的阿蒙克去看爸媽，而且和媽媽在菜園裡消磨了一段時間，那裡的蜱可多了。醫生翻開一本醫學書，指了一張照片給克里斯看，說明被伯氏疏螺旋體（*Borrelia burgdorferi*）感染所產生的皮膚紅疹特徵，這種細菌是由蜱所傳播的，會引發萊姆症（Lyme disease）。那張圖片看起來就和克里斯腿肚上的紅疹一模一樣。

萊姆症如果沒有早一點檢查出來，會變得比較難治療，甚至可能造成慢性失能。醫生在解釋完診斷後，就出去了。過了一會兒，她又帶著另一本書進來，查核急性萊姆症的治療方法。然後她幫克里斯開了二十一天份的抗生素四環黴素。

對於這次看診，克里斯感覺有點不安。首先，這種病聽起來就不太妙。但是更令人忐忑的是醫生在看診時公開翻閱參考書籍。克里斯從來沒有看過哪位醫生是邊看診邊查參考書的，而且這一位還查了兩次。她到底會不會看病啊？在萊姆症盛行的美國東北角，急救中心的醫生怎麼可能對它的診斷和治療都這麼陌生？克里斯拿著處方箋去藥房領了藥，但心裡還是對醫生的不確定感到不安。

如果你碰到一位醫生，當面查核你的疾病診斷準則與治療方法，你是否也會覺得不安呢？這種反應是很自然的：因為我們都傾向於把自信的醫生看成能力高強，把不確定的醫生看成可能發生醫療糾紛。我們把自信當作證明個人專業技巧、正確記憶或是專家知識的真實信號。但是本章將會告訴你，人所投射出來的自信心，不論是在診治病患、制定外交政策或是在法庭作證，經常都是錯覺。

## 每個人都自認被低估

要了解這種自信心錯覺（illusion of confidence），我們將從一個很不可能的場景出發：費城亞當斯馬克酒店（Adams Mark Hotel）的跳舞場，是全球最大規模西洋棋錦標賽世界公開賽（World Open）的長期場地。任何人，不論新手或大師，只要付了入場費，就可以參賽。二〇〇八年，共有超過一千四百名棋手來爭奪超過三十萬美元的高額獎金。比賽場景不盡然如你所想。首先，並沒有一片靜悄悄，而是不斷聽到棋子相碰或是選手拍打棋鐘的聲響。賽場外面甚至更吵。棋手紛紛談論他們剛剛結束的比賽，甚至正下到一半的比賽也能談（只要你沒有求援或是接受建議，就不算犯規）。棋手不盡然都像你印象裡高中西洋棋社那些孤僻怪咖，也不是留著鬍子的深思老人。有些人確實是需要洗個澡或是修修邊幅，但大部分都是外表很正常的小孩、父母、律師、醫生、工程師等等；也有職業棋手，許多還來自國外。只有一個刻板印象是吻合的：女性很少。西洋棋錦標賽裡的女棋手不到五％。

這場錦標賽的選手——事實上是所有西洋棋錦標賽的選手，最奇特之處在於，他們全都清楚自己與其他選手的實力差異。人生大部分活動都不是這樣的，甚至大部分競賽也都不是這樣。譬如說，並沒有一個「大師積分標準」能顯示與其他駕駛人、商業經理人、老師或是父母相比自己的程度如何。即便像律師和醫藥這類專業人員，都沒有一個清楚的方式能決定誰的技術最高超。像這樣缺乏一個衡量能力的標準，很容易讓人對自己的技能過度自信。但是西洋棋擁有一套數學的、客觀的公開積分標準制度，提供最新的、正確的、精準的數值資訊，來展示每位棋手與其他棋手相較的「棋力」（strength）高低。（棋力是西洋棋術語，代表下棋的能力。）參加錦標賽的選手全都知道，你如果在錦標賽裡贏得一場比賽，你的積分就會提高，如果輸一場比賽，積分就會降低。與積分比你高的選手下成平手，也能提高你的積分，同樣的，與積分比你低的選手下成和局，則會降低積分。而積分是公開的，被印在計分板上每位參賽者的姓名旁邊；許多選手在開始比賽前，都會先問對手，「你積分多少？」積分被看得如此之重，棋手事後對敵手的積分，往往記得比姓名或長相還要清楚。在錦標賽場外的走廊，經常可以聽到「我今天打敗了一個一七二六」或是「我今天輸給一個一四五五」這類對話。

一九九八年七月，兩萬七千五百六十二名起碼參加過二十場錦標賽的棋手，在美國西洋棋協會的積分平均值為一三三七。大師級的棋手，積分至少要在二二〇〇以上。克里斯在大學時達到這個里程碑。丹尼爾在高中時積分只比一八〇〇低一點點，但是之後就沒再參加比賽了。比較兩名選手的積分，可以看出某方勝出的機率。由於積分是設定後再調整的，因此在一系列漫長的錦標賽裡，積分較對手高出兩百分的棋手，應該要得到七五％的分數（贏一場得一分，平手得〇・

五分）。積分比對手高四百分的棋手，則被期望應該贏得幾乎是每一場比賽。

然而即便高中時參加過好幾百場大賽裡的賽事，丹尼爾從來沒有擊敗過大師級的棋手，而他絕對沒有機會在大賽裡打敗克里斯。同樣的，雖說克里斯的積分排名一度高居全美棋手頂尖的二％，他在大賽裡只擊敗過一位大師級棋手。總之，像這些等級之間的棋藝差距是太大了。如果你不斷擊敗與你同積分的對手，你的積分自然會往上升，而他們的積分則會往下降，因此可以預測你未來將會擊敗他們。和大部分運動所公開的排名不同，西洋棋積分制度極端正確；實際上，你的積分幾乎能完美反映你當前的棋藝。知道自己的積分，也知道積分制度如何運作，照理每一位棋手應該都能精確了解自己的能力有多強。但是他們對於自己能力的真實看法又是如何？

我們找來友人班傑明（Dan Benjamin，他當時是哈佛大學研究生，現任康乃爾大學經濟學教授），到費城的「世界公開賽」現場，以及紐澤西州帕西帕尼（Parsippany）的「全美業餘西洋棋錦標賽」（U.S. Amateur Team Championship）現場，進行了一場實驗。在每名棋手經過門口準備進場或出場時，我們都會提出兩道最簡單的問題：「你最近的正式西洋棋積分為多少？」以及「你認為最能反映你目前棋藝的積分應該是多少？」

不出所料，棋手都知道自己的積分：半數人的答案完全正確，其他大部分人也都只差個幾分。既然棋手都知道自己的積分，他們應該也能正確回答第二道問題，關於他們**應該有**多少積分。正確的答案，就是他們**現有的**積分，因為這個積分制度的設計就是為了要反映正確的棋藝。但是在我們的實驗裡，只有二一％的棋手正確說出，他們此刻的積分最能反映他們真正的實力。

差不多有四%的棋手認為自己被高估了，至於剩下來七五%的棋手，都自認被低估。而且他們過度自信的程度也大得令人吃驚：平均而言，這些競爭心強烈的棋手認為他們被低估了九十九分，意思是說，他們相信自己與同積分棋手比賽時，會以二比一的優勢勝出——也就是獲得壓倒性的勝利。當然事實上，與同積分棋手比賽最可能出現的結果是和棋。

如何解釋這些棋手在面對如此扎實的棋藝證據之下，還表現出這樣極端的過度自信？絕對不是對西洋棋本身欠缺了解：這些棋手平均具有二十年的下棋經驗。絕對不是缺乏棋藝競爭等級的回饋資訊：他們參加積分錦標賽已經有十三年了，平均積分為一七五一，遠高出一般棋手的積分平均值。也絕對不是（因為沒有參賽而）搞不清楚自己的棋藝等級：半數以上接受調查的棋手，在兩個月內起碼都參加過另一場錦標賽。

或許棋手對我們的問題的詮釋，和我們的原意略有出入。或許他們是在預測當計分系統追上他們當時的棋力後，他們的積分**將會**是多少。因為他們的積分只有在錦標賽結束後才會調整，而且最新的積分有時會花一、兩個月才公布，對於進步神速的棋手來說，在公開名單上的積分有可能被低估，因為他們進步的速度太快了，快得積分趕不上。一年後，我們重新核對這些受訪棋手的積分，發現他們的新積分幾乎和一年前受訪時完全一樣：也就是比他們自己評估的積分低了一百分左右。事實上，即便是五年之後，他們還是沒有達到當年自估的真正實力。所以，棋手所展現的過度自信，不能用「那是對將來進步的合理預期」來解釋。我們這些錦標賽棋手，對於競爭激烈的西洋棋積分系統，縱使都有長年、親密的體驗，卻仍然會高估自己的實力。因為他們是第三項日常錯覺的受害者：自信心錯覺。

自信心錯覺具有兩項截然不同、但是相關的特質。首先，就像這些棋手，它會讓我們高估自己的程度，尤其是與他人相對的能力。第二，就像克里斯的看診經驗，它會讓我們把他人所展現的自信（或缺乏自信）當成一個有效的信號，來評估對方的能力、知識程度以及記憶正確度。如果自信與它們真的息息相關，那麼將不會有問題；但是實際上，自信與能力有可能天差地遠，依賴自信心來評斷能力，會變成一個巨大的心理陷阱，可能造成嚴重後果。自認棋藝比實際上來得好，只能算是輕微而已。

## 過度自信是為無知

達爾文曾經觀察到「無知往往比知識更能讓人產生自信。」❶事實上，技能最差的人最可能認為自己比實際上高明——他們的自信心錯覺高得不成比例。[1]這個法則裡最驚人的一個例子來自伍迪・艾倫拍的第一部劇情片「傻瓜入獄記」。伍迪・艾倫飾演主角威吉爾・史達威爾，身世坎坷，青少年時期就成了罪犯。但是威吉爾犯罪從來沒有成功過。小時候，他曾經試圖偷口香

---

❶ 英文原句：Ignorance more frequently begets confidence than does knowledge.

糖，結果手被機器卡住，只好帶著整個機器在街上狂奔。長大後，他想要搶銀行，但是出納看不懂他的「搶劫」字條，他還沒來得及解釋清楚，警察就趕到了。坐牢時，他想要越獄，用肥皂刻了一隻手槍，然後抹上黑鞋油，但是等到真正逃獄時，遇到大雨，獄卒發現他的武器竟然開始冒泡泡。

愚笨的罪犯是電影及電視喜劇很重要的笑料來源，因為他們顛覆了犯罪首腦的高明作案形象，成了「天才變成神經病」版本的反派詹姆士・龐德。不過，這種高明印象對於真正的罪犯，本來就不具代表性——最起碼不能代表那些被抓到的罪犯。就拿康里警官在波士頓追逐的凶嫌布朗為例，他是高中輟學生，一年內被逮捕了八次。[2]平均而言，犯罪者的智能比一般人低，[3]有時候他們甚至蠢得讓人嘆為觀止。丹尼爾念高中時，有一名同學決定要惡意破壞公物，他在後牆上噴滿他自己的名字縮寫。一名叫做埃迪生（Peter Addison）的英國佬更厲害，他在大搞破壞之後，在犯罪現場寫下「埃迪生到此一遊」。另外，六十六歲的波特（Samuel Porter）先生，在美國一家超市拿出一張一百萬元面額的鈔票來付款，出納員沒辦法找零，他還大發雷霆。

康乃爾大學社會心理學家克魯格（Justin Kruger）與唐寧（David Dunning），❷寫了一篇很精采的文章〈無知而不自知〉（Unskilled and Unaware of It），談起一九九五年的銀行搶案，搶匪惠勒（McArthur Wheeler）在匹茲堡連搶兩家銀行，但是完全沒有遮面的故事。[4]監視攝影機拍到他搶劫的片段，當天就在夜間新聞裡播放，一小時後他就被逮了。根據克魯格和唐寧的描述：「事後警察放監視錄影帶給他看，惠勒一臉不敢置信的模樣。『但是我有擦果汁呀。』他喃喃自語。

惠勒先生顯然以為在臉上塗抹檸檬汁（長久以來被小孩拿來寫隱形信的材料）就可以讓攝錄影機拍不到他的臉孔。」

克魯格和唐寧很好奇，像惠勒這樣無能加散漫，究竟算不算罕見的狀況（或許是落網匪徒的特有形象），又或者這其實是更常見的情況。在他們第一個實驗裡，他們研究的焦點並非犯罪能力，因為（我們也希望）這種能力是不常見的，而是著重於大部分人都自認具備的能力：幽默感。他們想知道，不擅長分辨笑話是否好笑的人，是否會誤以為自己很有幽默感。但是要如何衡量幽默感？

和下棋不同，幽默感可沒有積分讓你查。但是過去一百年來的心理學研究告訴我們，幾乎所有特質都能用量化方法衡量，以供科學研究。我們的意思不是說，要捕捉那種難以言傳的笑點是一件容易的事。果真如此，毫無幽默感的人也能寫出一個專門生產優良笑話的電腦程式。我們的意思是，人在判斷何者有趣、何者無趣方面，一致性高得驚人。其他一些很難量化的特質也是如此。你或許認為情人眼裡出西施，但事實不然。在評審一組面孔的吸引力時，儘管每個人都有自己的偏好和審美觀，但是評審結果卻非常一致。這也是為什麼大部分人一輩子都別想當上模特兒。[5]

---

❷ 能力愈差者愈容易傾向於高估自己的能力，這種現象被稱為「唐寧－克魯格效應」（Dunning-Kruger Effect），這兩位學者後來以發現這樣的認知偏誤取得二〇〇〇年的心理學搞笑諾貝爾獎（Ig Nobel Prize for psychology）。

為了要進行幽默感試驗，克魯格和唐寧選出三十則笑話，作者包括伍迪・艾倫、漢迪（Jack Handey）以及羅文（Jeff Rovin），並將這些笑話寄給專業喜劇演員，其中有八人同意按照滑稽程度來幫這些笑話評分。克魯格和唐寧要他們定出從一到十一分的滑稽量表，一分代表「一點都不好笑」，十一分代表「非常好笑」。你可以來測試一下自己的幽默感。請判斷下列兩則笑話哪一個比較好笑：

1. 問題：什麼東西像人一樣大，但是沒有重量？答案是：**他的影子**。
2. 如果有個小孩問你，雨從哪兒來，我想到一個妙答，那是「**上帝在哭泣**。」如果他又問，上帝為什麼要哭泣？另一個妙答是：「**大概是因為你做了什麼好事**。」

專家對於哪個笑話好笑，哪個不好笑，通常看法都相同。這點並不奇怪，畢竟這些喜劇演員之所以成功，就是因為他們知道大部分人覺得什麼東西最好笑。上述第一則笑話平均得分（一・三）是三十則笑話裡最低的，第二則笑話取材自漢迪在「週六夜現場」的「大哉思」單元，拿到最高的平均分數（九・六）。然後，克魯格和唐寧就找來一群康乃爾大學部的學生，要他們幫這三十則笑話評分。這樣做的用意是，幽默感強的人的評分，會比較接近專業搞笑人士，但是幽默感不佳的人的評分，應該會比較不同。結果幽默感得分最高的那組學生，對每一則笑話是否好笑的判斷，有七八%的機率與喜劇專家相同。幽默感得分最低的那組學生，在判斷某則笑話是否好笑時，與喜劇專家意見相反的機率甚至大過意見相同。在他們看來，專家認為好笑的笑話，只有四四%是好笑的，但是專家認為不好笑的笑話裡頭，他們倒是覺得有五四%都很好笑。

接下來，克魯格和唐寧要求受測者評估自己「判斷是否好笑的能力」——寫下認為康乃爾大學裡有多少學生這項能力比自己差。按照定義，幽默感得分中等的學生，這項能力應該比五○%的其他學生強。但是結果有六六%的受測者認為自己比大部分同學更有幽默感。那超出平均值十六個百分點的過度自信效果是哪些人貢獻的？答案是，幾乎完全來自幽默感最差的受測者！那群幽默感得分在倒數二五%的學生，傾向於認為自己的幽默感高出平均水準。

同樣的模式，也出現在我們所研究的西洋棋手身上，他們自認應該有的積分比實際積分來得高。那些認為自己被低估得最嚴重的棋手，棋力屬於後半段的比例反而超高。平均而言，這些實力較弱的棋手自認被低估了一五○分，但是棋力屬於前半段的棋手，只宣稱被低估了五○分。強的棋手會稍微過度自信，但是弱的棋手則是極為過度自信。

這些發現也有助於解釋，為何像「美國有人才」、「美國偶像」這類競賽型的真人實境秀，總能吸引到那麼多完全沒希望取得參賽資格（更別說是贏得勝利）的人來報名參加。許多人只是想在電視上露露臉，哪怕只有幾秒；但是有些人，例如試演表現十分嚇人的孔慶翔，似乎還真心相信自己擁有比實際高得多的才藝。

克魯格和唐寧也曾做過其他實驗證明這種「無自知之明」效應，不只限於幽默感，在許多領域都能測量到，例如邏輯推理能力以及文法技巧等。它甚至可能適用於所有人類經驗。不論是在真實人生，或是電視喜劇「辦公室瘋雲」中，我們都曾經遇過極端無能的管理者。醫學院最後一名畢業的學生，也還是可以當醫生——而且可能自認是個好醫生呢。

除了證明罪犯的蠢笨可以量化之外，心理學對於世間的惠勒先生是否也有辦法伸出援手呢？答案要看他們的問題出在哪裡。無能的人面臨兩大難關。首先，他們的能力比一般人低。第二，既然他們不明白自己比一般人差，他們也就不太可能採取行動去改進自己的能力。惠勒在決定搶銀行之前，並不知道自己需要改進犯罪技巧。但是他為什麼不知道？為什麼他無法預先想像如何執行搶銀行任務，然後明白自己沒有掌握到每個細節？他為什麼沒有質疑自己的能力？

耶魯大學心理學家蕭爾說過一個故事，或許可以讓我們稍微了解自信心錯覺為什麼會如此強而有力。他還在紐澤西州羅格斯大學念研究所時，學會一種困難的古代圍棋。蕭爾發現只要稍加練習，他就能打敗所有朋友。有一次去紐約的時候，他找機會和一位號稱頂尖圍棋高手的友人，測試自己的圍棋實力。令他驚訝的是，他竟然只輸了半目棋。下完這盤棋，他對自己的圍棋技巧有了一股新生的自信。很不幸，他與另一名會下圍棋的教授談過之後，這股自信就沒了。因為當他描述自己成功力抗圍棋高手時，對方搖搖頭，翻了個白眼說：「蕭爾，你難道不曉得，圍棋高手在面對實力太弱的對手時，有時候會挑戰自己能否以最小差距來打敗對方？」

蕭爾把他下圍棋小輸錯誤歸功於自己棋藝高超，雖說看起來也很合理，但終究反映出人性的一個傾向：我們都喜歡用最正面的觀點，來詮釋與我們能力有關的回饋資訊；我們傾向把自己的好表現歸因於我們能力超強，至於錯誤則是「意外的」、「不小心」，或是無法掌控的情況，而且我們會盡力忽視那些相反的證據。如果無知真的與過度自信有關聯，那麼訓練一名無知者，讓他技巧更加熟練，是否能讓他們更了解自己真正的實力？克魯格和唐寧在後來的一個實驗中找到了答案：訓練一批邏輯測驗表現最差的人，提升他們在這方面的能力，果然顯著（雖說沒有完全）降低了他們的自信。[6]增強能力，是讓人更擅長判斷自己能力的方法（或說至少是其中一種方法）。

「無知會造成過度自信」這項發現，事實上很令人安慰。我們由此知道，當我們在研讀或練習某項技能時，不只能改進該項技能，我們也比較能夠評估自己在該項技能上的實力。不妨這麼想：人在剛開始學習某項技術時，因為技術層次還太低，自信心通常會超過真實水準而產生過度膨脹。隨著技術精進，自信也會增加，但是增加的速度比較慢。到了最後，當技術達到高水準時，自信程度就會與技術程度相符了（或者說，至少接近相符）。最嚴重的過度自信，不是發生在我們已經擁有高超技術之時，而是發生在技術還不熟練時。

一旦了解自信心錯覺的這項特性，你就能開始更加留意自信心對於你自己以及他人的代表意含。你如果剛開始學習某項新工作，現在你就知道應該要避免評估自己有多厲害。同時，你也能夠看出，其他人在剛開始學習某項新工作時，最有可能過度自信。例如，當你的孩子剛開始學開車時，他們的自信會超過他們應有的程度。剛剛升官的經理，也很可能會對自己的行動產生沒憑沒據的確定感。還有別忘了，要讓自信成為能力的真正表徵，必須把某件工作做到技巧純熟，而不是單單次數做得夠多。有經驗，不能保證就有專業。

蕭爾的圍棋故事，顯示出我們是多麼願意認定自己的最佳能力（以及敵手的最差能力）。這種沒有憑據的、對自己能力的確定感，是不分能力、性別與國籍的。根據我們的國籍調查，六三%的美國人自認比一般人聰明。一點都不令人意外的是，男性對於自己智慧的信心，又更甚於女性，七一%的男性判斷自己比平均水準聰明。但就算是女性，也有超過半數以上（五七%）自認比一般人平均來得聰明。這份過度自信不只限於傲慢的老美；根據最近一項針對加拿大人的調查，也有將近七〇%的人自認聰明才智超過「一般平均水準」。而且這種過度自信也絕非新的現象，不只是反映聰明的含糊定義，或是北美洲民眾自戀的產物，或是膨脹的二十一世紀自尊觀念：一九八一年的一項研究發現，六九%的瑞典大學生評估自己的駕駛技術超越五〇%的同學，而且有七七%的人相信自己的駕駛安全性在前五〇%。大部分人甚至認為自己的吸引力超過平均水平。❸

這種自信心錯覺會自動發生且未能反映事實。只有當直接、無可置疑的證據逼迫我們面對自己的局限時，我們才能看透這份錯覺。蕭爾在得知自己被圍棋高手耍弄後，錯覺消散，迫使他不得不重新校準對棋藝的信心，減低他的過度自信。如果他繼續下圍棋，他的能力會愈來愈強，而他的自信程度也會漸漸接近他的實力等級。能力會幫助我們驅除自信心錯覺。雖說，關鍵在取得有關於你的技能的決定性證據，而你也必須優秀到足以了解自己的局限。

我們的用意並不是想要你相信，人只會咄咄逼人和虛張聲勢，總是過度宣傳自己的能力，而且想要欺騙對方。事實上，技術高超的人有時候往往會有相反的問題。我們碰到的新老師或新教授，特別是那些早期生涯非常成功的人，常常都會覺得心虛，擔心自己不如他人所想的那般優秀。❹還記得克魯格和唐寧的幽默感實驗嗎？我們沒有告訴你的是，幽默感得分最高的前二五％受測者，並不完全明白自己有多幽默；事實上，他們低估了幽默感比自己差的人數。過度自信比較常見，也比較危險；然而，上述的自信不足，也確實存在。

## 自信危機

無能加上過度自信，造就出一大堆滑稽的蠢罪犯故事，以及痴心妄想的美國偶像參賽者的可笑錄影片段，但是用錯地方的自信也可能具有比較不易察覺的效果。西方社會對於個人的自信心總是推崇備至，認為沒有信心的人生不值得活。貝爾德（David Baird）的勵志自助書《一千條通

---

❸ 一項大學生吸引力自我評估（self-judged attractiveness）的研究顯示，男性對自我吸引力的評估比實際吸引力高出一五％，女性的自我評估則稍低於實際吸引力；然而平均數據顯示男女雙方對自我吸引力的評估都高過於整體平均。有趣的是，統計分析顯示，自我評估吸引力之分數與實際吸引力分數（他人評估）高低只有微弱相關，自認擁有的吸引力與實際吸引力並無太大關聯。[7]

❹ 對自我能力感到懷疑，覺得自己的成就是假象，不論自己達到多高的成就，仍覺得自己能力不足，這種心理被稱為「冒牌者症候群」（Impostor Syndrome），與先前提到「唐寧－克魯格效應」形成對比。[8]

往信心之路》（*A Thousand Paths to Confidence*）開宗明義說道：「我們人生的每個時刻都彌足珍貴，不應浪費在自我懷疑裡。期望有信心並活出信心，是關鍵第一步。如果你已準備就緒，恭喜自己吧——你已踏上通往信心之路。」[9]哈佛大學教授肯特（Rosabeth Moss Kanter）有一本很暢銷的商業書籍，書名叫做《信心》（*Confidence*），可不是巧合，它辯稱保持信心可以延續連勝紀錄，但失去信心則可能引發連敗紀錄，而「信心能夠塑造人生諸多競爭的結果——從簡單的球賽到複雜的企業，從個人的表現到國家的文化。」[10]

電影「陰陽界生死戀」的中心前提就是：活著的時候展現出信心的人，死後才能有來生。信心的威力也同樣滿溢在父母親的勸告中，例如最近某期《父母親》（*Parents*）雜誌的封面故事，就提出如何「栽培出有信心的孩子」的撇步，並保證是幫助你的孩子邁向「快樂、自信與成功的最有效辦法。」[11]女星蒂娜費（Tina Fey）因為電視喜劇影集「超級製作人」（*30 Rock*）獲頒艾美獎，在典禮上也回應了這種看法，她說：「我要謝謝我的父母，謝謝他們把我撫養得這麼有信心，使我的信心強到與我的容貌和能力不成比例。做得好！天下父母都該如此。」

在卡特總統看來，信心甚至具有更廣的意義。一九七九年七月他所發表的那場全國電視演講，成為他最出名的總統演說。在那場演講中，他報告自己學到的重要一課，那是他私下會晤各界人士，像是政界、商界、神職人員以及其他領域的人（也包括第一屆阿肯色州州長柯林頓）而學到的。這些人很多都曾嚴厲批評他的領導作風，也對國家經濟前景感到沮喪，但是根據他的診斷，問題不在於政治或政策，而是在於心理層面：

我想要告訴各位，此刻美國的民主正遭受一項根本的威脅……一般來說，這項威脅是看不見的，它是「信心危機」。這項危機會直接打擊國家精神的內心與靈魂……我們對未來的信心的腐蝕，正威脅著即將摧毀美國的社會與政治結構。[12]

卡特尤其在意民調顯示「大部分美國人相信未來的五年會比過去五年差」，以及他所感到日漸增長的消費主義和對傳統機構的不敬。他接著提出一系列新的能源相關政策，想要減低美國所消耗的進口原油。不論他對美國整體氣氛的診斷是否正確，也不論改變能源的來源是否為正確的處方，演講結束後，起初反應頗為正面，而且他的總統適任性民調也攀升十一個百分點。然而不久之後，許多評論家便開始攻擊他，說他把政府的失敗推到老百姓頭上。[13]這場演說日後被冠上「委靡演講」（malaise speech）的稱號，因為民主黨評論家克理佛（Clark Clifford）在演講前告訴新聞記者，他認為卡特最擔心的是美國的「委靡」。民調專家卡德爾（Patrick Cadell）也在給總統的一份備忘錄上用過這個字眼，而那份備忘錄的內容後來被新聞界拿到。但是諷刺的是，卡特在那場演講中從未提過「委靡」，但他確實提到「信心」這個名詞多達十五次。在他心目中，國家成功的祕方裡，最關鍵的因素莫過於某種類型的集體自信心。

一而再的，人擁抱確定，排斥猶疑，不論是對自身的信念與記憶、對顧問的忠告、對目擊者的證詞，還是對領袖在危機時發表的演說，都是如此。事實上，我們對於信心，包括我們自己的、領袖的以及周遭他人的，都關注得不得了——尤其是在事實或未來不確定時。一九八〇年代，投資銀行德崇證券以及其明星交易員米爾肯（Michael Milken）之所以能加速惡意收購，就只是因為他在一封信裡宣稱：深具信心能夠募集到足夠的基金。[14] 在他們發明出那封名字取得極妙的「高度確信函」（highly confident letter）之前，米爾肯與同事必須花上數週甚至數月時間奔波處理財務問題，而且要是交易沒有達成的話，最後很可能是白做工。然而這種事先展露信心的策略，結果卻大為有效——且速度快，成本低，因為德崇與米爾肯的聲名遠播，人還沒到，名聲已經先一步上陣了。

根據新聞記者伍華德（Bob Woodward）的說法，在二〇〇二年底，小布希總統曾經懷疑過是否應出兵伊拉克，於是他直接徵詢中情局局長譚納（George Tenet），海珊擁有非常規武器的證據到底有多強。譚納說：「錯不了的啦！」小布希又問了一次：「你對它多有自信？」譚納答道：「不用擔心，絕對錯不了！」開戰幾週後，白宮發言人傅雷雪（Ari Fleischer）表示：深具信心將會發現大規模毀滅性武器。不過截至本書撰寫之時，這些武器依然不知去向，而且曠日費時的政府調查結論是：永遠也找不到。[15]

為什麼信心對我們這麼管用？為什麼我們會有這般完全而且往往沒被注意到的傾向：將另一個人展現於外的信心，當成他或她內在知識、能力與決心的真實表徵？正如前面說過的，我們當中最無能的人，往往是最過度自信的人，但我們還是依賴信心做為能力的指標。

## 奶油不見得總會冒出頭

想像一下，你被要求與其他三個人——分別是珍、愛蜜麗和梅根，合作解一些數學難題。你並不曉得組裡誰擅長數學；你只（大略）知道自己的能力。第一題，珍是最先提出某個答案的人，而愛蜜麗也插進來發表意見。梅根剛開始很安靜，但是過一會兒後，她提出正確的答案，並解釋其他答案錯在哪裡。這種情況發生好幾次後，大家都會覺得梅根顯然很擅長解決這類問題。小組便開始把她當成實質領袖，而這樣做也有利於小組完成任務。在理想的世界裡，團體動力學總是如此運作的：奶油總是會冒出頭；所有成員都能貢獻各自的知識、技術與能力；集體思考將會引導出更佳的決策。但是在現實世界裡，小組的表現通常不會這麼理想。

克里斯曾經訪問過一名美國情報人員，詢問團隊決策流程。這名情報人員描述了一種方式，那是他的小組有時會採用的，目的是要分享大家對某個未知量的估計：成員進入會議室，每人提出他或她的估計值，**順序是按照資歷深淺**。[16]想像一下，當某個團體的人一個接一個確定老闆最先提出的猜測，團體裡上上下下自會有一股「虛假的共識」以及自信感。雖說每個成員也可以透過不計名投票，提供獨立、沒有偏見、不受影響的意見，但是實際上這種情況出現的機會幾乎是零。在達成決議前，把一組人聚集起來思考，這個流程幾乎保證小組決策不會是獨立意見與貢獻下的產物。相反的，它會受到諸多因素影響，包括團體動力學、個性衝突，以及其他社會因素，而這些社會因素與「誰知道什麼」以及「為什麼他們會知道」沒有多大關係。

與其說團體互動過程能讓大家更了解彼此的能力，以及更實際的展現信心，不如說它更能激發一群猶豫的人產生類似「人多勢眾」的安全感，進而減低了現實性，增加了確定感。我們認為這反映出另一種人類心智的錯覺，一種錯誤的直覺：一個團體若想善用成員能力來解決問題，最好的辦法就是一起商議正確的答案並達成共識。

假設你是某個團體的一員，有人要求該團體估算某個未知量，譬如說一個罐子裡的軟糖數目。你可能會覺得最好的辦法是：與其他成員一起討論各種可能答案，直到大家同意某個數值——若你這麼想就錯了。有一個方法始終勝過其他方法：不進行同儕討論，而要求每個成員寫下自己估算的數值，然後將每位成員的數值加總平均即可。❺我們請教過哈佛大學團體心理學專家海克曼（Richard Hackman），是否聽過有哪個團體自發性的決定要用這種策略，而非馬上就進入討論與辯論——他說從沒聽過。

當然，在某些情況下，團隊共識所帶來的過度自信也有它的價值。在戰場上，緊張又缺乏信心的士兵，往往能從司令以及長官那兒汲取力量，甘冒必須冒的風險，包括最大的風險——失去生命。而這些風險，如果讓他們各自做決定，可能會選擇不去承擔。但是，碰到需要最高品質的獨立分析與判斷時，自信心錯覺就有可能招致悲劇的後果。而且團體就和個人一樣，似乎完全不會察覺自己有高估集體能力的傾向。

柏克萊哈斯商學院的安德森（Cameron Anderson）與基多夫（Gavin Kilduff）事實上真的做過一個解數學題的實驗，就像我們剛才要你假想的情景。[18]他們以四名學生為一組，組員彼此都不相識，然後要求解GMAT（美國商學院研究生入學標準測驗）的數學題。採用數學題做為團隊任務的好處在於，安德森與基多夫可以客觀衡量每位組員的表現有多好，因為他們可以從錄影帶中看到每個人提出過多少個好的或不好的答案。然後他們比較「組員對彼此數學能力的認知」與「組員真正實力」，以他們的大學入學測驗（SAT）分數為標準。

安德森與基多夫用錄影記錄了組員之間的所有互動，事後並與他們面談，來決定誰是小組裡的領導頭頭。另外，他們也請旁觀的外人來評定，以及讓每個小組中的組員投票選出心目中的領導者。以上三組人馬選出的各小組領導者都是相同的。最重要的問題在於——究竟是哪些因素決定了四人中誰為領導者。在前面提出的假想案例中，奶油自會冒出頭，數學最好的梅根會成為小組領袖。

然而你大概也猜得到，在真正的實驗裡，小組領袖並沒有比其他成員更為能幹。他們當上領袖，靠的是人格力量，而非能力長才。在團隊任務展開前，參加者都先填一份問卷，該問卷經過設計，可以衡量填寫者的「主導性」（dominance）有多強。結果那些主導性最強的人，通常都會當上領袖。為什麼這些主導性強的人即使數學不比他人高明，還是可以當上組織領導者？他們有

❺ 在《群眾的智慧》（*The Wisdom of Crowds*）一書中，作者索羅維基（James Surowiecki）回顧了這個世紀自法蘭西斯・高爾頓（Sir Francis Galton）以來的相關研究，指出個人獨立預估數值之加總平均會比群體決策所得到之平均要來得精準。[17]

去爭取，說服其他人相信自己的數學最好，或最擅長組織團隊嗎？完全沒有。答案簡單得離譜：**他們第一個說話**。有高達九四％的問題，小組最終的答案就是由第一人提出的第一個答案，而主導性最強的人，通常會第一個開口，而且最強而有力。

所以在這個實驗中，小組領袖主要是由信心決定的。具有主導性格的人通常表現得更有自信，然後因為自信心錯覺的關係，其他人也傾向於信任並跟隨那些說起話來最具信心的人。如果你很早就提出意見，而且常常提出意見，大家就會把你的信心當成能力的指標——即使你並沒有比同伴能幹。自信心錯覺會讓奶油留在液體中央。只有當「自信剛好出現在真正能幹的人身上」時，最佳人選才會冒出頭。

## 自信心特質

心理學家用「性格特質」（trait）這個字眼，來描述某人所具備的某項一般特性，這項特性在各種情況下都會影響到他或她的行為。在安德森與基多夫的團隊領袖研究中，主導性就被當成一種性格特質——在主導性測驗中得到高分的人，被認為會在許多情況下去控制他人並取得權力。同理，如果你在外向測驗得到高分，你大概會比一般人外向，而你也比較傾向主動與他人接觸及建立關係。

性格特徵並不能決定你每個時刻的行為，許多其他因素，尤其是與環境特別相關的因素，也具有同樣強烈的影響。一個外向的人如果對「星艦迷航記」毫無所知，這人在科幻大會上，很可能會比另一個很內向、但每年都參加此一盛會的人還要害羞。然而，在沒有其他重要環境因素的情境下，外向者通常會有較多社交活動。也就是說，他們比內向者更喜歡成群結隊。

「自信心」並沒有出現在大部分心理學家歸類的特質名單上。它不屬於所謂的「五大人格特質構面」之一，五大人格特質分別是：神經質（neurotcism）、外向性（extraversion）、開放性（openness to experience）、友善性（agreeableness）以及嚴謹性（conscientiousness）。自信心與支配性有關，但不完全一樣，而性格研究通常也沒有在衡量主導性。我們認為，自信的差異展現，是了解我們如何下決策以及彼此影響的關鍵。然而，這種差異真的存在嗎？自信心也能算是一種性格特徵嗎？

英文「信心」的字頭con，也是英文名詞「騙子」（con man）、「花言巧語者」（con artist）和「騙局」（con game）的一部分。最早被稱為「自信者」（confidence man）的人，是一八四○年代一個名叫湯普森（William Thompson）的騙子，此人臉皮極厚，在曼哈頓大街上攔住陌生人，要求對方交出鐘錶——要這樣開口，必須具備一種特有的信心。驚人的是，他竟然厚顏無恥詢問對方：「你有信心敢把你的錶託付給我保管到明天嗎？」[19]

史上最有自信的人，或許要算是艾巴內爾（Frank Abagnale）了，也就是電影「神鬼交鋒」裡頭，李奧納多．狄卡皮歐所飾演的角色。艾巴內爾出道得很早：還在念高中時，他就成功假扮過高中老師，而且騙了他爸爸三千四百美元。到了十八歲，他更是假扮成汎美航空的機師，騙得該公司提供他超過一百萬英里航程的「免費乘客」待遇，讓他乘坐沒有賣出的機位，不然就是讓他坐進駕駛艙。他精心偽造了價值數百萬美元的支票。當他最後終於在巴黎落網，時年二十一歲，已列名十二個國家的通緝犯。審判後，他分別在法國及瑞典坐牢，然後被引渡到美國。在美國，他一再脫逃，愚弄當局，有一次甚至假裝是前來監獄臥底的調查員，因為該所監獄被指控虐待犯人。最終他還是被逮到了，也定了罪。後來他和檢察官達成協議，承諾協助聯邦調查局偵查欺詐案件，以交換提早假釋。他能夠在如此年輕便輕鬆犯下各式各樣的詐騙案，證明他確實展現出「就像在說真話一般」的高度自信。[20]

克里斯和幾位同事很好奇，自信心特質是否就像艾巴內爾及湯普森的犯罪生涯所暗示的，是一項穩定的人格特徵。他們做了一個簡單的實驗來尋找答案。[21]他們要求受測者回答一些益智測驗的是非題，例如：「辛普森謀殺案於一九九三年結束審判」（錯——它於一九九五年結束），並且寫下他們對每道題目答案的信心（從五〇％到一〇〇％）。大部分人對於這項測驗都表現出過度的自信：他們答對約六〇％的題目，但是平均自信卻高達七五％。

這個實驗的關鍵點在於，要設計出兩場難度相當，但是題目完全不一樣的益智是非題測驗。因為每位受測者在完成第一次測驗後幾週，就要進行第二次測驗。神奇的是，只要知道某人在第一次測驗時信心指數有多高，就有可能精確預測出他在第二次測驗時多具自信。那些在第一次測驗時自信度高居前半段的人，九〇％在第二次測驗時，自信度仍高居前半段。但是，自信心強弱並不能預測正確度；具高自信的人並沒有比自信較低的人答題更正確。同樣的，信心度也與智慧高低無關。

其他實驗也證明了自信心是一種「普遍性人格特質」（domain-general trait）：對自己在某個領域的技能抱持高度信心的人（好比視覺認知），通常也對自己在其他領域的能力具高度自信（好比記憶力）。[22]簡單來說，信心是一種穩定的人格特質，每個人在這方面都不相同，但是它與個人的基本知識或心智能力，是沒有多大關聯的。目前看來，其中一個影響信心的因素是**基因**。根據一個瑞典小組的最新研究，同卵雙胞胎對於自身技能的自信程度，相似度高於異卵雙胞胎。[23]既然同卵雙胞胎基本上具有一模一樣的基因，而異卵雙胞胎的基因組成並不比一般手足來得更相像，因此信心至少具有某個程度的遺傳基礎。你的自信心強弱，不完全取決於你的基因組成，但也不是完全與之無關。事實上，艾巴內爾的父親也是一個騙子——他因為稅務詐欺案而丟了房子。

## 為何大衛要挑戰哥利亞？

二〇〇八年八月，蕞爾小國喬治亞對北鄰俄羅斯發動軍事攻擊，為的是俄國政府煽動與支持它的兩個省分鬧獨立。喬治亞軍隊不到一週就被擊潰了，把兩個省拱手讓給俄羅斯。整個事件裡，喬治亞得到的只有西方國家的幾聲同情。奇妙的是，喬治亞領導人竟然會以為他們的軍隊能快速攻占南奧塞提亞（South Ossetia）以及阿布哈茲（Abshazia）的重要據點，而且占領之後，就能擊退俄羅斯的反攻。「好幾位喬治亞官員那天晚上都說，攻占南奧塞提亞在軍事上是很容易的。」《紐約時報》這樣報導。「一些行政官員指出，喬治亞軍隊已經針對南奧塞提亞危機草擬出一份作戰方案，這份方案需要軍隊席捲該地區並快速取得牢固的掌控，讓俄羅斯來不及做任何反應。」

可憐的喬治亞太過自信了，竟然向世界第二大軍事強權挑釁。普林斯頓大學政治學家強森（Dominic Johnson）在著作《過度自信與戰爭》（*Overconfidence and War*）中，分析了一系列歷史上的軍事轉捩點，從一次大戰到越戰，到伊拉克戰爭，雖然他沒有用我們慣用的術語，但是他明白指出，幾乎所有發動戰爭後來卻戰敗的國家，都受害於自信心錯覺，因為原本都是有協商空間的。[24]薩卡希維利（Mikheil Saakashvili）在二〇〇四年剛當選喬治亞總統時，只有三十六歲，他任用了一批忠誠的政府首長。這批同樣只有三十來歲且缺乏軍事歷練的部長，卻很支持他們領袖的觀點：奪回受俄國影響而脫離的地區是非常重要的。接下來四年，他們忙著說服自己：與軍隊規模二十五倍大的國家打仗，是一個好主意。為何一群看法相近的政府官員，會採行一項「私底下沒有任何人具有信心」的看法？因為把自己人聚集起來，閉門造車，彼此強化對方的公開說法，結果就得出了一個充滿信心的結論。

克里斯與哈佛大學的同事想要透過實驗，來捕捉這種團隊內部信心膨脹的過程。首先，他們找來七百人接受前面提過的是非題益智測驗。如常，這些人認為自己知道的比實際上要多，他們對大約七〇%的答案有信心，雖說實際上正確率只有五四%。接著，克里斯小組利用每個人在第一次測驗時的信心程度，將受測者分成三種類型的兩人小組：第一種是兩名成員都是高度自信者，第二種是一名高自信與一名低自信成員搭配，第三種則為兩名成員都是低自信者。然後每組兩人一起進實驗室，合作接受第二次是非題測驗——難度與前次測驗相仿，但題目不同。每一組成員可以彼此商量，思考如何答題，而且也要一起判定他們對於答對每道題目的信心有多高。

憑著直覺，我們會認為團體答題的正確度應該會提高，過度自信的程度應該會降低。當兩名組員對是非題有不同答案時，其中一定有一個人是錯的，而歧見應該會導致兩種結果。第一種，兩人應該會更進一步討論，結果有時候會導致更正確的答案。第二種，出現歧見應該會讓兩人意識到原本對答案可能過度自信，於是小組整體的自信度應該會降低。

然而，集思不見得廣益，至少在這種益智是非題測驗是如此——小組答題正確度並沒有勝過個人。但是成為團體中的一員，卻讓受測者的自我膨脹了。即便他們的正確度沒有提高，他們的自信度卻更高了。[25]而自信增加最多的，是兩名低自信成員的團隊。這類小組的成員顯然是相互強化了彼此的信心，雖然成績沒有提升，但信心度卻突飛猛進了十一個百分點。這個實驗說明了，為什麼喬治亞政府這般自信的挑戰俄國的決策，不見得源自一群過度自信的人。做出這項決策的人，個人信心可能都很低，可能低到甚至不願意自己來發布命令。然而，他們一旦聚集起來，信心卻可能膨脹到讓一個原先以為高風險、不確定的行動，看起來都很容易成功。

## 錯不在於自信，而在迷戀自信

在熱門電視影集「怪醫豪斯」中，豪斯醫生帶著手下團隊面對一個又一個的罕見怪病，經過測試幾條錯誤線索後，到了結尾通常都能找出答案。豪斯和許多其他影集的醫生一樣，個性專橫得不可一世，而且極端自負。他天賦異稟，總是能診斷出別人看不出來的怪病。豪斯只是小說裡的虛構人物，基亭醫生（Dr. Jim Keating）可是貨真價實，他在聖路易兒童醫院裡就是擔任相當於豪斯醫生的工作。和豪斯一樣，他專門解決其他醫生無法解決的個案。和豪斯不一樣的是，他很合群、友善、喜歡大笑，也願意承認自己有所不知。基亭率領一個臨床小組專門解決未經診斷（而且通常是無法診斷）的嬰幼兒病例。一般而言，基亭接的病例事前都已經看過許多醫生及專家，而且也做過了無數的檢查。請他出馬時，通常都是病人最後的希望──期望他能看出其他醫生都沒看出來的東西。

你或許也猜得到，基亭醫生一定有著傲人的教育背景──哈佛大學及醫學院畢業，擁有小兒專科、小兒重症加護醫學和小兒腸胃科專業背景，加上倫敦大學流行病學及生物統計學碩士學位，而且越戰期間還被派駐過越南，幫老百姓看病，甚至診斷出一名腺鼠疫病例。也唯有在廣泛的醫學次專科領域累積了數十年經驗後，基亭才出來自己開診所，到目前為止已經超過十年了。年紀七十出頭的他，告訴丹尼爾：「當時覺得時候到了，可以自己開一間診療中心，因為我擁有處理各式問題的廣泛經驗，也擁有因為多年臨床經驗而產生的信心。」

基亭很了解自信在醫學上扮演的角色。「醫生需要具有某種程度的自信，才能與病人及其他人互動，像是護理師……。在急診室，當狀況一籮筐，病人驚懼不已時，我希望有一個聲音是穩定而冷靜的。」病人信賴醫生，甚至是信賴得過了頭，而這份信賴又強化了醫生本來的自信。就像基亭的說法，「一般人去看醫生時，通常相信醫生有能力幫他們做最好的決定。但這已經超乎科學現實了。他們信賴你幫他們做的決定，勝過他們自己的決定。這帶來了一個問題，因為這樣等於鼓勵醫生不必誠實面對他們到底知道什麼以及不知道什麼。它把你的自我打造得如此之高，讓他人以為你無所不知。」

在醫學領域，像這樣的自信正循環是可以生生不息的。學習用自信的態度發言，已經成為醫學訓練裡的一環（當然，也有可能是，天生自信的人比較傾向當醫生）。然而，病人卻誤把自信展現當成能力表現，把醫生當成是「具有神聖見解的教士」，而非「知識可能不像聲稱那般豐富的人」。結果這樣的吹捧又強化了醫生的行為，使得他們更加自信。等到自信超過知識與能力太多時，危險就來了。正如基亭注意到的，「冷靜沉著確實是我們應該追求的，但是應該是靠著提升技術達成此目標，而且應該永遠保持懷疑的態度，才能讓你繼續學習。我們這一行，在謙遜方面還有待加強。」醫生必須要能夠傾聽證據，如果不知道，就承認不知道，要從病人那兒多學習。但是並非所有醫生都有辦法克服過度自信的問題。

柏克萊心理學家羅伯茲（Seth Roberts）曾經提到，有一次他的醫生告訴他，他有輕微的疝氣，需要動手術。羅伯茲詢問外科醫生，該手術和麻醉可能造成的副作用風險，以及需要的時間與費用，是否值得矯正這個「小毛病」所帶來的好處。沒錯，外科醫生這麼回答，已經有臨床試驗證明該手術的價值，你上網很容易就可以查到。但是羅伯茲查不到，而且他的母親（以前是醫學院圖書館員）也查不到。即使如此，這名外科醫生仍然堅持真的有那些研究，並答應要去找出來寄給他們。可是他們始終沒有收到資料。我們完全不知道羅伯茲是否應該動那個手術——可能適合，也可能不適合。我們要討論的重點是，那名外科醫生極端相信自己的決策不但是正確的，而且還有臨床試驗來佐證。即使得知一名有經驗的醫學研究人員都找不到那份證據，還是堅持它們存在。[26]

面對相反的證據，卻依然鐵齒，或許就是一個最好的指標——顯示你該換醫生了。最好的醫生會流露出某種程度的信心，如果他們不知道，他們會承認；當他們確實知道，則是更為有信心。醫生若是願意請教知識比自己豐富的人，通常比那些自認有辦法獨力處理所有問題的醫生，更能提供良好的照護。每當丹尼爾初次見到兒子未來的小兒科醫生人選時，總是不忘提及自己的父親也是一名小兒科醫生。然後他再觀察對方的反應。他們會不會覺得備受威脅？他們有沒有表示願意接受其他醫生的建議，包括丹尼爾的父親？基亭醫生建議大家在醫生身上搜尋某項特質：「他們必須能夠開口說『我不知道』，而且是發自真心的。」

採用這個策略來評估醫生，必須要刻意控制我們的一個傾向，那就是「相信自信就等於有知識」——以為對自己的學識表現出強烈自信的醫生，必定比那些表現出疑慮的醫生來得優秀。羅徹斯特大學在一九八六年做過一項研究，證明這種錯誤假設的威力有多強。[27]研究人員要求正在候診的病患觀看一卷錄影帶，內容是一名醫生在看診，然後要求觀影病患寫下他們對錄影帶中的醫生的滿意度。影帶中的病人罹患了心雜音症，他的牙醫告訴他，在動口腔手術之前，他應該先去徵詢他的醫生，看看是否需要事先服用抗生素（在施行口腔手術之前服用抗生素，對於心臟病患者來說，是預防心臟瓣膜感染的常見步驟。）

影帶中，醫生看過病史，幫病人做了檢查，然後就寫下處方。在某些版本的影帶中，醫生無論對於診斷或是治療，都沒有顯露出絲毫的不確定。在另外一些版本中，醫生承認自己並不確定是否該讓病人服用抗生素。其中有一個版本，醫生只說了句：「反正對你無傷。」就寫下處方箋。在另一卷帶子中，他在寫處方前，先跑去查一本參考書。結果觀看這些影帶的病人發覺，充滿自信的醫生最令人滿意，而且他們把那位去查參考書的醫生評為最令人不滿意。至少在醫學領域，大眾顯然期待專家的腦子裡要記得各種相關知識；翻參考書的醫生，甚至比只說了句「管他的」就開單子的醫生還要差。

且讓我們來回憶一下克里斯的萊姆症就醫經驗。像當時幫他看診的醫生，無論何時，在這個錄影帶實驗中，都會得到最差的評價，而且克里斯當時很可能也會給她打一個超低的分數。但是他拿了藥，按照指示服用抗生素之後，沒多久便痊癒了。事後回頭看，克里斯終於明白，那位醫生擁有足夠的自覺，知道自己的知識和能力有限，寧願把資料查清楚，而非虛張聲勢的直接下決策。

會表達疑慮的醫生，可能比那些果斷毫不遲疑的醫生更有自覺，但是少有人會注意到那才是真正能幹的專家的象徵。有好幾項研究都證明，病患比較信賴穿著正式且外罩一件白袍的醫生，勝過衣著隨便的醫生。[28]然而最差勁的醫生絕對有辦法像最好的醫生般穿上白袍，因此醫生穿什麼衣服，不應該影響病患對他們的能力的評價。

勵志讀物也極端看重外在的自信。沒錯：如果你充滿自信的表達想法，你能說服更多人，你也會更加成功（至少在短期內）。如果你的目標在於說服病人完全相信你的診斷，那麼千萬記得要罩上白袍。假裝自信確實很有用（雖說那些裝得很像的人，通常就是很有自信的人）。不幸的是，如果人人都聽從勵志書籍的建議，「假裝到他們真的成功為止」，那麼原本已經很有限的自信象徵價值，將會變得更稀薄了，而這也會使得自信心錯覺變得更加危險。我們將會變得極端依賴一些沒有預測效用的東西，而非依賴一些起碼目前能偶爾改進我們的判斷力的東西。增加自信心或許可以幫你一把，但是代價卻是傷害我們全體。

還有一個問題：我們為什麼傾向於相信充滿自信的醫生的說辭，勝過表現出猶豫的醫生的話？其中一個原因在於自知之明。當我們對某個主題知道得愈深入，我們對自己在那方面的判斷就會更有信心。（正如稍早提到的，我們的自信會隨著技能的提升而增加，但是過度自信則會減低。）面對我們很了解的人，我們能幫他們判斷出他們的信心是高是低。由於曉得對方展現自信的範圍，我們可以把對方的自信程度，當作判斷對方是否具備相關知識的合理指標；和你一樣，一般人對於自己熟知的主題會比較有自信，對不熟的主題則比較沒自信。譬如說，假設你觀察某位好友對於撰寫一篇婚禮祝辭所表達的自信，強過要他更換車胎，你就能合理推測，他可能更適合當伴郎，勝過要他去修車。

但是問題在於，那份自信也許是一種具有**個別差異**的人格特質——每個人表現信心的基準線可能具有很大的差異。要是事先不知道某人在眾多情境下的自信度，你將無法判斷他在某個特定時刻所展現的信心，是來自他的知識，或只是個性使然。在你剛認識某人時，對方如果表達對於撰寫婚禮祝辭深具信心，你沒有辦法知道他到底是真的很會寫婚禮祝辭，還是他大抵就是一個自信的人。如果他是一個自信的人，但是缺乏撰寫婚禮祝辭的經驗，那麼他在面對另一個真的有經驗的領域時，應該會表現出更強的自信。

我們都曾經碰過許多陌生人，雖然不了解對方，但是卻可以觀察到對方的自信程度，並據此來下結論。對於這類點頭之交，自信其實是很弱的指標。但是在一個小規模、關係緊密的社會，譬如演化出我們腦袋的那種社會，自信是一個正確得多的知識與能力指標。當團體或家族成員一輩子都相處在一起，每個人幾乎都認識互動的對象，也都知道如何調整彼此的信心基準線差異，再加以詮釋對方的行為。在這類情況下，依賴信心來判斷完全行得通。假設你哥哥在許多情況下，都表現出比你姊姊更為自信，你自然曉得在評估他的能力時，必須對他的大話打折扣。但是很不幸，如果你把這種很有用的機制，用到你幾乎不認識的人身上，例如法庭裡的目擊者，則可能成為一種極危險的錯覺。

## 她很自信，他被定罪

一九八四年七月，當時二十二歲的珍妮佛・湯普森（Jennifer Thompson）是北卡依隆大學的學生。她住在伯林頓的一棟公寓大樓中，伯林頓離她的學校約五英里。有一天深夜，珍妮佛突然被某個聲音驚醒，發現臥房裡有一名黑人。他跳到她身上，壓住她手臂，亮出一把刀子，抵住她的喉嚨，警告她不要出聲，否則就要殺了她。

起初珍妮佛以為是某個友人在惡作劇（很惡劣的一種幽默感）。但當她看清楚那人的臉之後，就明白不是那麼回事。她告訴對方，公寓裡有什麼東西想拿就儘管拿吧。那人把她的內衣扯掉，開始猥褻她。珍妮佛事後回憶，「那個時候我才明白自己會被強暴。而且還不知道是不是那樣就結束了，不知道他會不會殺我，會不會傷害我，因此我決定要以智取勝。」事情差不多進行了半個鐘頭，期間她曾開燈想把對方看清楚一點。但每一次對方都要她馬上把燈關掉。強暴犯把她的音響打開，於是有一層淡淡的藍光照在他臉上。漸漸的，珍妮佛對這人的長相愈來愈有概念。「我有時間開始記述，他的鼻子長這個樣子，他的襯衫是深藍色，不是黑色。」

有一度這名強暴犯甚至想吻她。她對他說，如果把刀子放到門外去，她會「自在得多」。令她驚訝的是，他真的照做了。然後她又要求到廚房喝杯水。到了那兒，她看見後門是開的，明白強暴犯必定是從這裡闖入。她衝出屋外，找到一個鄰居，那人是依隆大學的教授，曾在校園看過她，他讓她進屋去。她昏倒了，馬上被送醫。

那天夜裡稍晚，距離珍妮佛家一英里左右，又發生了一樁強暴案。嫌犯出現在被害人臥室中，撫弄她的胸部一會兒，然後暫時離開了一下，之後才回來強暴她。被害人想打電話求助，但電話線被剪斷（珍妮佛家的也一樣）。強暴犯在她的公寓待了差不多三十分鐘，然後從前門離開。警方很快就推斷兩樁案件是由同一名歹徒犯下的。

案發後不過幾小時，珍妮佛就向警方的容貌特徵合成畫家描述嫌犯長相。負責這個案件的警探高定（Mike Gauldin）事後表示：「對珍妮佛認出攻擊者的能力極具信心。」根據警方發布的公告，嫌犯是一名「黑人男性，膚色較淡，身高約六英尺，體重約一七〇到一七五磅……短髮，蓄鉛筆型的鬍鬚。」畫像公布後，高定接獲密報，指出在附近一家海鮮餐廳工作的柯頓（Ronald Cotton）長得很像畫中人。珍妮佛毫不費力就從五張嫌犯照片中，挑出柯頓，那五位可能涉嫌者都是被祕密檢舉的黑人男性。直到這個時候，警方才告訴珍妮佛，柯頓有強暴未遂的前科。此外他也曾經犯下非法侵入罪，而且據說曾經對一起工作的女侍毛手毛腳，還說了些不雅的話。後來，警方安排一列嫌疑犯，要他們複誦暴徒攻擊珍妮佛時所說的話，珍妮佛再次指認出柯頓。於是柯頓被逮捕下獄，等候審判。

在一九八五年一月審判期間，檢方並沒有提出明確的實體物證，也沒提到另一宗強暴案受害者有辦法指認柯頓（因此他並沒有因另一宗案件來受審）。於是，這個案件的關鍵就落在雙方的證詞比對，一方是柯頓閃爍又不一致的案發當晚不在場證明，另一方則是珍妮佛自信滿滿、從頭到尾咬定是柯頓——無論從照片指認，嫌疑犯列隊指認，到法庭指認。結果證明珍妮佛確是一位讓人信服的目擊證人。她告訴陪審團，在被強暴時，她很鎮定的努力記憶「強暴犯臉部的每一個細節特徵」，以便日後能將對方繩之以法。「珍妮佛，你百分之百確定柯頓就是那個人？」檢察官問道。「是的。」珍妮佛答道。陪審團在思考了四個小時後，將柯頓定了罪。他的刑期是終生監禁外加五十年。

兩年後，柯頓獲得重新審判的機會，因為有一名叫做普爾（Bobby Pool）的犯人在獄中誇口，說強暴珍妮佛的人是他，而不是柯頓。普爾長得和柯頓很像，連其他獄友都會把兩人搞混。柯頓設計讓普爾與他排排站照了一張照片，然後寄給他的律師，並附上一封信描述普爾才是該名強暴犯。然而在柯頓第二次受審的法庭上，珍妮佛看到普爾時卻說：「我這輩子從沒見過這個人。我不曉得他是誰。」她的說辭明確之至，而且充滿自信。陪審團再度判柯頓有罪，把他送回牢裡，只是這次刑期更重，兩樁強暴案都判在他頭上。

時間一年年過去，珍妮佛漸漸把這件事忘在腦後。一九九五年，也就是第一次審判之後十年，高定警探和檢察官與她聯絡，說柯頓的律師要求做ＤＮＡ檢驗，來決定他是否被誤判。當年從她身體上採得的ＤＮＡ檢體，將與柯頓、普爾以及珍妮佛提供的新鮮檢體進行比對。她非常樂意合作，深信該檢驗「終於能讓我放下過去往前看。」但是檢驗結果卻證明，珍妮佛從頭到尾都弄錯了，儘管她始終對自己的記性深信不疑。辯稱無辜的柯頓說的是真話，在獄裡誇口的普爾說的也是真話——後者的ＤＮＡ果然吻合強暴犯留下的檢體。

珍妮佛接受了柯頓是無辜的事實，但是對於自己奪走了他的自由有很深的罪惡感。她日後寫道：「多年來，警方和檢方一直跟我說，我是他們法庭上的『最佳目擊證人』，我是『最佳典範』。」陪審員相信她充滿自信的作證，而調查人員和檢方都深知這一點。美國高等法院宣稱，在一九七二年的某個案件中，「目擊者的明確態度」成為一項重大因素，該案的被害人在法庭中表示，她能夠「毫無疑問」認出強暴她的人。然而，大部分研究目擊者記憶的心理學家都表示，「目擊者的信心並不是一個好指標，不能代表他或她的指認正確。」[29]事實上，目擊者的錯誤指認以及他們的自信，正是造成七五%誤判的主因，那些誤判都是日後才被DNA證據推翻的。[30]

愛荷華州立大學心理學家威爾斯（Gary Wells）與同事精心設計了一個實驗，模擬整套刑事法律流程，從最初目擊犯罪到陪審團判定有罪無罪，非常有力的證明了自信對陪審團的強大影響力。首先，研究人員會替每一位受測者（共一〇八人）布置一個犯罪現場：由一名演員從受測者填表格的房間裡偷了一個計算機。[31]威爾斯事先安排讓竊賊待在房內的時間長短不一，和受測者說話的多寡不一，以及有時戴帽，有時不戴（戴帽比較不容易被看清容貌）。等「竊賊」離開房間後不久，實驗人員就會進來，要求受測者從嫌疑犯排排站的照片中，選出剛才的竊賊，並評估認為自己會選對的信心有多強。結果一點都不令人意外，短暫看到竊賊的人比看到竊賊時間久的人，選錯的機會多出一倍。但是前者的信心度可一點都不低於看到竊賊比較久的人。

然而發現受測者過度自信，並不是這個實驗裡最有趣之處，那一點早就被證明了。受測者在選出嫌犯並評估自己的信心度後，就會被另一名實驗人員盤問，後者對受測者選了誰，以及信心度有多強，事先毫無所悉。這段盤問過程被全程錄影，然後播放給另一組受測者觀看，第二組受測者扮演陪審團的角色，負責判斷影帶中目擊者的指認是否正確。陪審團中有七七%相信高自信度證人的證詞，而相信缺乏信心證人的比率則為五九%。更重要的是，對於目擊情況較差的案件（比如說只短暫看到一位戴帽的竊賊），陪審團被高自信度證人影響的程度，更是高得不成比例。換句話說，在目擊資訊最貧乏的案例，目擊者的信心對陪審團判決產生最強烈的不良影響。

在柯頓的案件中，陪審團依靠目擊者的信心度來判斷目擊證據是否正確。德國基森大學心理學家史波爾（Siegfried Sporer）率領一群科學家，回顧所有關於實際嫌犯指認的研究——嫌犯指認正是柯頓被判定強暴罪的關鍵步驟。許多這類研究都顯示，目擊的正確性與目擊者的自信並無關聯，但是其他研究發現自信程度愈高，正確性也愈高。考量所有相關研究之後，他們發現，平均而言，高自信度者的目擊證詞，約有七〇%是正確的，然而低自信度者的目擊證詞只有約三〇%是正確的。[32]也因此，在所有條件皆相等的情況下，高自信的目擊者確實比缺乏信心的目擊者更可能正確指認。

但是這裡頭有兩個問題。首先，目擊者所表現的自信程度，除了與他們在特定案件中的正確度有關，也與他們平常的自信心強弱有關。如果陪審員能觀察到某位目擊者在各種情境下的自信程度，或許更能判斷該名目擊者對於自己的證詞是否格外自信。如果不曉得該名目擊者平日的自信程度有多高，我們通常會相信那些看起來很自信的人。高自信度目擊者所具有的說服力之強，在全美意見調查中，有三七%的調查對象同意，「一名充滿自信的目擊證人應該就足以將被告定罪。」

第二點，甚至更重要的是，雖說較高的自信與較高的正確度有關，這份關聯卻不能算是完美。高度自信的目擊者有七成的指證都是正確的，但這也意味著有三成的機率是錯誤的——刑事定罪若完全根據一名信心滿滿的目擊證人，那麼將有三成的機率會誤判。正如專門研究目擊者證詞的威爾斯教授及其愛荷華州立大學同事的說法，「我們碰見高度自信的錯誤目擊者，或是缺乏自信的正確目擊者的機會，就像我們碰見一名高個子女生（或是矮個子男生）一樣普遍。」[33]單是這一點，就應該讓我們質疑完全靠目擊者記憶來定罪這回事，不論那些目擊者在法庭上對自己的記性有多自信。

柯頓案通常被描述成：「因為記憶力容易出錯」而造成的錯誤目擊指認案件之一。話是沒錯，但是如果自信心錯覺不存在，官方以及陪審員也不會過度看重珍妮佛的指證及回憶。他們應該會意識到，雖然她自己沒有疑慮，但她還是有可能犯錯，他們也還是需要實物證據甚至間接證據，來擔保目擊證詞——不論該證詞說得有多流暢、多具說服力以及多麼信誓旦旦。是自信心錯覺讓這一切都變模糊了，而結果卻很慘重。

對柯頓來說，結果是讓他為一樁沒有犯的案子坐了十一年的牢，而且差一點就要坐一輩子的牢。在他第二度因為新證據而受審時，他被判定犯下那天夜晚的兩樁強暴案，但是另一樁強暴案的實體證物其實已經毀壞得差不多了。要是珍妮佛當晚所採集的證物也不能測試，或是整個被弄丟的話，將沒有辦法證明柯頓的清白。所幸他在一九九五年六月三十日獲釋。他拿到北卡羅萊納州支付的五千美元補償金，後來因法律修改而增加到十萬美元。最近他在全美各地巡迴演說誤判的議題，通常還與珍妮佛同台演講。珍妮佛已經結婚，是三胞胎的媽媽，同時也是一名刑案司法改革的倡導者。

就我們的觀點，最需要改革的是法律系統對心智運作的理解。警方、目擊者、律師、法官以及陪審團，全都太容易被我們提過的種種錯覺所影響。因為他們都是人，他們相信自己注意到的事物，其實遠超過他們真正注意到的，他們對自身記憶的完整與真實，也同樣高估了。刑事訴訟普通法是在英美歷經數百年才形成的，但它的假設基礎卻是這一類的錯誤直覺。

人類心智並非唯一我們自以為很了解，但其實不了解的事物。從簡單的物理機制（像是抽水馬桶或拉鍊），到複雜的科技（例如網路），到龐大的工程計畫（如波士頓的大隧道計畫〔Big Dig〕），到抽象的金融市場以及恐怖分子網絡，我們對很多事物其實都只是一知半解，但卻很容易自以為了解，並且有辦法解釋。事實上，這些過度高估自己的知識廣度和深度的危險傾向，正是我們接下來要討論的日常錯覺。

「知識錯覺」（illusion of knowledge）和自信心錯覺一樣，但不是直接表達某人有多確定或是能力有多強，它與告訴別人你「很有自信」、「很確定」、「某種能力比一般人強」無關，而是牽涉到一種不言明的自以為是，一種高估自己對某些事物的了解深度，而且在我們所做的諸多最危險與錯誤的決策後頭，都有知識錯覺的影子。

# 04 你該學氣候預報員，還是避險基金經理人？

二〇〇〇年六月，美國總統柯林頓與英國首相布萊爾共同宣布，第一期人類基因組計畫已經完成，這項著名的跨國計畫，目的在於解開人類二十三條染色體上所有的ＤＮＡ序列。該計畫投入二十五億美元，以超過十年時間，完成人類ＤＮＡ序列的「第一份草稿」，另外又投入超過十億美元，來修飾填補初步的結果。生物學家期待這項計畫能回答眾多令人好奇的問題，其中包括一個看起來很簡單的問題：人類基因組有幾個基因？

在完成基因定序之前，主流意見都認為，人類複雜的生理和行為必定是由為數眾多的基因製造出來的，大概有八萬到十萬個。一九九九年九月，一家很成功的生技公司因賽特基因組公司（Incyte Genomics）宣稱，人類基因組共有十四萬個基因。二〇〇〇年五月，全球頂尖遺傳學家齊聚冷泉港實驗室（Cold Spring Harbor Laboratory），參加「基因組定序與生物學會議」（Genome

Sequencing and Biology），會中針對人類基因數目展開激烈爭辯，但是沒有達成共識。有些人認為數目很高，接近因賽特公司的估計，有些人則認為數目低得多，連五萬都不到。

看到意見如此紛歧，歐洲生物資訊研究中心的遺傳學家柏尼（Ewan Birney），發起了一場賭注，邀請同行來預測最後解開的數目。每名參加者都要繳交一美元的賭資，贏家可以獲得全部彩金，外加一本由諾貝爾獎得主華森（James Watson）簽名、皮面精裝的《雙螺旋》（*The Double Helix*）。在第一批預測值當中，因賽特基因組公司的拉博瑞（Sam LaBrie）的預測值最高：一五三四七八個基因。第一批三百三十八筆預測值的平均值為六六〇五〇。柏尼把二〇〇一年的賭資提高到五美元，二〇〇二年則提高到二十美元，否則對最先參加的人不公平；因為愈晚參加打賭的人，可以參考前人的平均估計值，以及自己的最新研究發現，來調整他們的預測值。最後一百一十五筆預測值的平均值是四四三七五個基因，而彩金也增加到一千兩百美元。在整整兩年打賭期間，最低預測值為二五七四七，由西雅圖系統生物學研究所（Institute for Systems Biology）的羅汶（Lee Rowen）提出。

這場始於二〇〇〇年的預測競賽，雖然在二〇〇三年截止，並宣布贏家，然而柏尼驚訝的發現，直到那一年，還是沒有一個學界公認的「最後數值」。柏尼只好根據當時已有的證據，估算出人類基因總數約為二四五〇〇，並把彩金分給三名預測值最低的參賽者，羅汶得到最大獎。直到現在，大家對最後數值仍有爭議，但是最多人認可的數值已經降到約二〇五〇〇個基因，這個數值正好介於線蟲（roundworm, *C. elegans*）的一九五〇〇個基因，與芥菜（mustard plant,

*Arabidopsis*）的二七〇〇〇個基因之間。

這群參加下注預測的人都是遺傳學界的領袖級人物，而他們原先所確定的數值都比實際數值高出許多；他們總共提出四百五十三項預測，然而從最高到最低的預測值當中，都未包括正確的數值。就連基因組計畫領導者——美國國家衛生研究院院長柯林斯（Francis Collins）以及麻省理工學院教授蘭德（Eric Lander），他們的預測值都與實際數值相差了不只一倍，並沒有比其他參賽者來得強。甚至對於基因總數這道問題多快可以解開，眾人的看法也很離譜（預期是二〇〇三年，結果是二〇〇七年）。柯林斯對這點倒是很看得開：「活到老，學到老。」

這絕不是唯一一樁科學家高估自己專業知識的案例。一九五七年，兩名電腦及人工智慧先驅科學家西蒙（Herbert Simon）和紐厄爾（Allen Newell）公開預測，十年之內將會有電腦打敗世界西洋棋王。然而直到一九六八年，還沒有任何人能製造出可能完成這項壯舉的電腦。蘇格蘭籍的電腦程式師兼西洋棋手李維（David Levy，他後來在西洋棋上達到國際大師等級，那是僅次於大師級的等級），自掏腰包五百英磅——相當於他年收入的一半，和其他四名電腦科學家打賭，賭沒有一台電腦能在未來十年內下棋贏過他。一九七八年，賭金上升到一二五〇英磅，而李維果然以三勝一負一和的成績，打敗當時最厲害的電腦程式。後來在《全知》（*Omni*）雜誌的共同贊助下，他又提出一筆高達五千美元的賞金，給任何能打敗他的電腦程式設計者，而且沒有時間期限。最後在一九八九年，李維終於敗在電腦「深思」（Deep Thought）手下，深思是ＩＢＭ電腦「深藍」（Deep Blue）的前身。直到一九九七年，擁有多重處理器以及特別設計的下棋晶片的深藍電腦，才終於以三勝二負一和的成績，打敗世界西洋棋冠軍卡斯帕洛夫（Garry Kasparov），實踐了西蒙與紐厄爾的預測——只是晚了三十年。

一九八〇年，史丹佛大學生態學家艾爾利希（Paul Ehrlich），以及加州大學柏克萊分校的同行哈特（John Harte）和霍德倫（John Holdren）都深信，全球人口過剩將導致供給有限的糧食和其他貨物價格飆升。事實上，艾爾利希甚至認為此一威脅會造成滿長一段時間的危機，他曾在一九六八年寫道，「在一九七〇年代，全世界將會出現饑荒——數億人口將活活餓死。」他與霍德倫還預測：「礦物資源即將耗盡。」

馬里蘭大學經濟學家希蒙（Julian Simon）卻持不同看法。他在《科學》期刊上發表了一篇文章，名稱是〈資源、人口、環境：假噩耗供給過剩〉。[1]希蒙曾經因為建議航空公司，補償願意讓出座位的重複劃位旅客而出名，他對於那些災難預言家提出挑戰，看他們願不願意把錢賭在自己那張嘴巴上：選出五種貨物，然後打賭是否會如他們所預測的，因為需求不斷增加，但是貨物供給卻維持原樣甚至減少，因而導致價格飆升。

艾爾利希非常火大，在他看來，希蒙的行徑有如叛徒（他說對方是一個「太空時代拜物教」的教主），於是他便找來哈特與霍德倫，接受這名經濟學家的打賭。他們選出五種金屬——鉻、銅、鎳、錫、鎢，然後計算每種金屬在一九八〇年價值兩百美元的量為多少。如果十年之後，這些金屬的價格變高了，希蒙就要付錢給艾爾利希、哈特與霍德倫；反之，如果價格降低了，他們就要付錢給希蒙。到了一九九〇年，五種金屬的價格全都降低了超過五〇％。希蒙收到一個信封，裡頭裝著一張他贏得的支票。科學上沒有什麼是一定的。

你或許會反駁說，這些都是我們精選出來的專家犯下大錯的例子。我們也同意，這些案例並非典型的例子，我們也不是說專家什麼都不知道，每次都凸槌，尤其是在科學領域，他們的知識還是遠比一般人來得豐富和正確。但是這些小故事顯示出，即便是科學專家，還是有可能很離譜的高估了自己的知識。對於人體基因總數，每一個遺傳學家都猜得太高了，有些人甚至差了五倍之多；電腦科學家也差了四倍；而那些預言災難不遠的生態學家，更是對每一種他們自己選的金屬價格走勢都看走眼了。要是專家的判斷可以錯得這般離譜，一般人一定也很容易高估自己的知識。當人自以為知道的比實際知道來得多，他們就是受接下來要講的日常錯覺——「知識錯覺」所影響。

## 向愛發問的孩子看齊

現在請各位花一點時間，在心裡想像一輛腳踏車。如果可以的話，最好找來一張紙，畫一輛腳踏車的輪廓。請不用擔心畫得美不美，只要專心把重要的組成零件位置畫對就好。畫一個車架、手把、輪子、腳踏板等等。為簡單起見，畫一輛單速腳踏車即可。現在，如果要你評估自己對腳踏車有多了解，從一到七分，一代表「完全不解」，七代表「充分了解」，你給自己打幾分？

英國心理學家勞森（Rebecca Lawson）做過一個很聰明的研究，而你如果和這個研究裡大部分受測者一樣，你會自認滿了解腳踏車的；她的受測者自我評估對腳踏車的了解度平均為四．五（滿分是七）。[2]現在，請看一下你剛剛畫的圖，或是回想你心中的腳踏車畫面，然後回答下列問題：你的腳踏車有沒有鏈條？如果有，這根鏈條是否位於兩輪之間？你的腳踏車車架是否把前後輪連在一起？腳踏板是否與鏈條內部相連？如果你畫的鏈條是連結了前後輪，想想看這輛腳踏車要如何轉向——前輪一滾動，鏈條就得伸展開，但是腳踏車的鏈條是不能伸展的。同樣道理，如果一個僵硬的車架把前後輪都連在一起，腳踏車就只能直直往前走。有些人把腳踏板畫到鏈條圈外，使得你怎麼踏都不可能轉動鏈條。像這類型的錯誤，在勞森的研究中非常普遍，而這些都不是小瑕疵。對於腳踏車的運作來說——踏板轉動鏈條，使得後輪滾動，而前輪必須能自由轉動，否則腳踏車就不能改變方向。一般人比較擅長看著一輛腳踏車，然後解釋它如何運作，勝過要他們憑著記憶來解釋（或畫出）腳踏車的運作原理。

這個案例說明了知識錯覺裡的一個重大特性。我們對於常見的機器或工具，因為經常使用或是太過熟悉，往往讓我們以為自己極為了解它們的運作原理。現在，請各位自行評估你對下列物體的了解程度，分數還是從一到七：汽車里程表、拉鍊、鋼琴琴鍵、抽水馬桶、圓筒鎖、直升機，以及縫紉機。現在請嘗試這樣做：選一項你自認最了解的物體，然後解釋它是怎樣運作的。請假裝你是在對一名問個不停的好奇小孩解說——試著一步一步描述該物體的運作，並解釋為何它會那樣運作。也就是說，請試著說明每一個步驟之間的因果關係（以腳踏車為例，你必須先說明為何踩踏板能讓輪子轉動，而非只是說明踩踏板能夠讓輪子轉動）。如果你不確定其中兩個步驟之間的因果關聯，那麼就代表你的知識裡有一個漏洞。

這個測驗和一系列非常聰明的實驗很相像，該系列實驗是羅森布里特（Leon Rozenblit）在耶魯大學跟隨教授凱爾（Frank Keil，他碰巧也是丹尼爾念研究所時的指導教授）做博士後研究的一部分。[3]羅森布里特的第一個實驗是這樣的，他在心理系館的走廊上攔住學生，詢問對方是否知道天空為何是藍色的，或是圓筒鎖如何運作。如果對方答稱知道，他就會展開「愛發問小孩」的遊戲，進行方式如下：「我問你一個問題，你給我一個答案，然後我就說，『為什麼？』接下來我會以一個好奇的五歲小孩的態度，繼續針對每一項解釋追問『為什麼？』直到對方真的受不了為止。」這個非正式實驗的結果很令人意外，沒想到大家這麼快就投降了——他們通常只回答一、兩個「為什麼？」，就碰到了知識漏洞。更令人驚訝的是，當他們得知自己其實沒有那麼了解之後所產生的反應。「這樣的結果顯然與他們的直覺不符。他們很驚訝也很懊惱，還有一點不好意思。」畢竟他們才剛剛宣稱自己很了解該問題的答案。

接下來幾年，羅森布里特繼續研究知識的錯覺，進行了十幾個這類型的實驗，對象包括各階層的人（從耶魯大學學生到紐哈芬地區居民），得到的結果竟然一致得驚人。不論你問的對象是誰，最後都會到一個地步，讓他們再也答不出「為什麼」。對於大部分人來說，我們了解事物的深度往往淺到只能回答頭一個問題，接下來就沒辦法了。我們知道有一個答案在裡頭，也覺得自己知道那個答案，但被要求講解之前，都渾然不覺自己的知識不足。

在嘗試這個小測驗之前，你或許直覺認為自己了解抽水馬桶如何運轉，但實際上，你了解的只是如何讓抽水馬桶運轉（或許再加上如何讓馬桶通暢）。你可能知道不同零件如何互動和一起運轉。如果讓你檢查抽水馬桶內部，操作一下它的機制，你可能有辦法想出它的運轉原理。但是不讓你看到它，你印象中對它的了解只是一個幻象：你誤把知道「發生什麼事」，當成知道「為什麼它會發生」，而且你誤把熟悉的感覺，當成真正的知識。

我們有時會遇到一些學生跑到辦公室來，問說為什麼他們那麼用功，卻還是無法通過考試。他們通常會說，他們把課本和筆記讀了又讀，等到考試前，滿心以為全都弄懂了。他們或許真的消化了某些片片段段的材料，但是知識錯覺卻讓他們誤把「經由反覆接觸所產生的熟悉感」，與「對那些概念真正融會貫通」搞混了。一般說來，反覆閱讀同樣的內容，對於真正的知識會出現報酬遞減現象，但是對於該內容的熟悉感，卻會與日俱增而產生虛假的理解感。唯有透過測試，才能判定自己是否真正了解。這就是老師要測驗學生的原因之一，也是為什麼最理想的考試能夠測出深度知識。你如果問某個鎖有沒有圓筒狀，你在測驗的是對方記不記得該鎖的組成構造。但是你如果問如何開鎖，你在測驗對方是否了解某些鎖為何必須具有圓筒狀，以及圓筒狀在鎖裡扮演的功能角色。

或許這種錯覺最令人驚訝的是，我們有多麼懶得去探測自己的知識局限——如果再考量這個動作的簡易程度，就更驚人了。在回答羅森布里特天空為何是藍色前，你只需要對自己試一下「愛發問小孩」遊戲，就可以測出自己到底是不是真的知道天空為何是藍色。我們很容易受這種錯覺影響，因為我們就是不承認有必要質疑自己的知識。以下是羅森布里特的說法：

> 在我們的日常生活裡，我們可曾停下來自問，「我知道雨從哪裡來嗎？」我們大概不會這麼做，除非剛好碰到適當的場合與認知上的話題：譬如說，一個五歲大的小男孩問你問題、你和某人爭辯、你正在描寫它，或是你要在課堂裡講授它。

就算我們有去檢查自己的知識，還是經常誤導自己。我們常把焦點放在我們擁有的，或是很容易取得的片段資料上，卻忽略我們沒有的資料，結果留下一個錯誤印象——認為所有該知道的，全都知道了。這種錯覺的持續程度也很驚人。即便是剛做完羅森布里特的整個實驗，也就是反覆進行「為什麼」遊戲之後，有些受測者依然沒想到先自動檢查自己的知識，就宣稱如果是另一個物體，他們會更了解：「你剛才要是問我鎖的問題，我應該就答得出來了。」

會犯下這類錯誤，不只限於我們以為自己對物理器械或系統的了解，它也出現在其他情況下，譬如當我們準備完成一項大計畫、有一個問題待解決，或是有項任務待辦。我們必須克服一頭就栽進去執行的誘惑，先好好檢查對該任務及其需求的了解有多深。避免像這樣的知識錯覺，正是羅博茲（Tim Roberts）贏得二〇〇八年電腦程式公開賽（TopCoder Open）首獎兩萬五千美元的關鍵所在。他有六個小時的時間來寫一個程式，而且該程式必須滿足一組用文字敘述的規格。羅博茲和其他參賽者不同，他頭一個小時完全用來研究該組規格，並一再對設計規格者提問

——至少問了三十個問題。直到他完全了解題目之後，才開始寫程式。結果他寫出一個完全符合要求的程式，不多也不少。但是它運作得很成功，而且在限定時間內完成。他花了一個小時的時間來避開知識錯覺，而這一個小時的努力，最後也回饋了極豐厚的報酬給他。[4]

## 沒有所謂完美的計畫

知識錯覺會讓我們自以為很了解一些常見的物體，雖說實則不然，但是當我們在推論極複雜的系統時，知識錯覺的影響與後果就更嚴重了。不同於抽水馬桶或腳踏車，複雜系統具有更多互動的部分，而且我們也無法藉由了解其中各部分的行為，就輕易估算出系統整體的行為。大規模創新工程計畫，像是具地標意義的雪梨歌劇院或是波士頓的「大隧道計畫」，都是這類複雜系統的經典案例。

大隧道計畫的目標是要重整波士頓市中心的運輸網路。一九四八年，麻州政府提出一個計畫，要建造新的高速公路來貫穿及環繞波士頓市，希望疏解地方道路日益增加的交通流量。為了興建這樣一條貫穿市中心的兩層高架高速公路，拆除了一千棟建築物，遷移兩萬名居民。然而，這條高速公路完成後，雖然有六線道，卻因為有太多匝道，使得每天走走停停的壅塞時間超過八小時。此外，它的長相也醜斃了。這樣的結果讓人失望，導致一項配套工程因此被刪除，結果又加重了高架高速公路的負荷。

大隧道計畫於一九八二年進入研擬階段，主要目標是將高架高速公路行經波士頓市中心的部分，改成地下式的，此外還打算在波士頓港下方興建一條新隧道，連接波士頓市中心與洛根國際機場。計畫中也把其他一些道路和橋梁納入，進行改造。一九八五年，該計畫的總預算估計要花六十億美元。一九九一年動工，到了二〇〇六年完工時，總花費卻將近一百五十億美元。由於大部分經費來自於發行公債，因此還清所有貸款後，經費還得再追加七十億美元，使得總經費比原本的估計多出二五〇%。

大隧道計畫經費暴增的原因很多，其中一個是計畫執行期間不斷進行修改。官方曾經想在某個地點將高架公路架高一百英尺，以便滿足交通的需求，但是後來卻建造了一座橋來解決這個問題，而這座橋是史上同類型橋梁當中最大的一座。另一個導致經費飛漲的因素在於，需要研發新技術與工程方法，來迎接這個計畫的挑戰：把數十英里的高架公路埋進一片早已布滿地下鐵、鐵路及建築物的地區。但是，為什麼沒有人事先預料到這些複雜的工程問題呢？參與大隧道計畫的人都知道，該計畫的規模與複雜度之高，堪稱史無前例。但是卻沒有人明白（起碼在早期），他們對工程時間與經費的預估簡直就是盲目的瞎猜，而且是非常樂觀的瞎猜。

當然，這種低估也不是從來沒發生過。建築史上充滿了類似案例：計畫的難度與花費最後升高到遠非當初設計者以及推動計畫的商人和政客所能料想的程度。在一八七〇到一八八三年之間興建的紐約市布魯克林大橋，費用是原先計畫的兩倍。一九五九年，澳洲政府正式委託興建雪梨歌劇院，該建築是由丹麥建築師烏松（Jørn Utzon）利用閒暇的六個月時間設計完成的。興建費用在一九六〇年的估計是七百萬澳幣，然而完工後，花費卻增加到一億零兩百萬澳幣。（日後又增添了四千五百萬澳幣，來符合烏松原先的設計。）高第於一八八三年開始在巴塞隆那指揮興建聖家堂，他在一八八六年表示可以在十年內完工。但是聖家堂到現在都還沒建好，目前預估的完工期為二〇二六年，也就是高第過世後整整一百年。

正如常言道：「人算不如天算」、「計畫趕不上變化」。霍夫史塔特定律（Hofstadter's law）告訴我們：「所需時間總會超過預期，即便你事先已將本定律納入考量。」事實上，我們需要這些格言來提醒擬定計畫有多困難，就足以證明知識錯覺的威力有多大。但是問題並不在於我們的計畫會出錯——畢竟這個世界遠比我們那簡單的心智模式複雜得多，正如棒球明星貝拉（Yogi Berra）所說的，「預測是很困難的事，尤其是預測未來。」即便是專業計畫經理人也難保不出錯：他們的正確度比業餘者高，但還是有三分之一的時候會出錯。[5]我們全都經歷過這樣的知識錯覺，即使是一些比較簡單的計畫。我們常常低估需要的時間或經費，因為在我們腦中，原本看起來很簡單直接的一些事情，一碰到了現實，就變得複雜起來。問題在於我們從來沒有學會把這些限制納入考量。知識錯覺總是讓我們深信自己很了解與某個計畫相關的一切，然而我們只是根據膚淺的熟悉感，對該計畫做出一些粗淺又樂觀的猜測。

讀到這裡，各位可能已經感受到本書所討論的日常錯覺都有一種特定模式：它們全都在**美化**我們的心智能力。譬如說，我們並不會對盲目、失憶、愚蠢或是無知產生錯覺。日常錯覺讓我們誤以為，我們所能感知、記憶的，都超過實際上所感受、所記得的，我們全都優於平均水準，而且對於外界和未來的了解更是超乎常理可循。日常錯覺之所以這麼頑強與無所不在，或許就是因為能讓我們把自己美化得超過客觀應有的程度。「正向錯覺」（positive illusion）可以激勵我們每天醒來都樂觀面對挑戰，要是我們始終都知道自己的真實心智狀況，恐怕就不敢面對那些挑戰了。[6]如果這些錯覺真的是由過度正面的自我評量偏見所驅動的，那麼比較不容易受這些偏見影響的人，應該也比較不容易受到日常錯覺的影響。事實上，憂鬱症患者確實傾向較為負面和悲觀的評估自己，有可能是因為他們對於自己與外界的關係，看得比一般正常人要來得透澈清晰。❶

在擬訂計畫時，更了解現實，應該能幫助我們做出更好的決策，來分配時間與資源。然而，不論制定什麼樣的計畫，知識錯覺在先天上就是一道阻礙現實的屏障。那麼我們該如何避開它呢？方法知易行難，而且可能只對那些我們已經做過很多次的計畫管用——好比寫報告、研發軟體、翻修房子，或是打造全新的辦公大樓，就有可能管用；但如果在計畫一個獨一無二的案子，像是大隧道計畫，就不管用了。好在大部分計畫都沒有你自以為的那般獨特。譬如，以我們自身案例來說，擬訂這本書的寫作計畫，算是從來沒做過的獨特任務。但是對於評估我們何時能

---

❶ 關於憂鬱症患者較不易受日常錯覺影響乃為推測性看法，憂鬱患者較有現實感的論點仍有爭議（例：L. B. Alloy and L. Y. Abramson, "Judgment of Contingency in Depressed and Nondepressed Students: Sadder but Wiser?" *Journal of Experimental Psychology: General* 108 [1979]: 441–485）。

完成本書的出版商來說，這本書和最近幾年出版的其他非小說、雙作者、約三百頁的書籍來說，並沒有太大不同。

要避免知識錯覺，首先要承認，對於那看似獨一無二的計畫所需要的時間與經費，你個人的看法很可能是錯的。要做到這一點可能沒那麼容易，因為你對於自己的計畫，確實知道得比他人詳盡。但是這份熟悉感會給你一種錯誤的感覺，認為你是「唯一一個」對它的了解程度深到足以正確計畫它的人。反之，你若是搜尋其他人或機構已經完成的類似計畫（當然，和你的計畫相似度愈高愈好），你就可以參考真正需要的經費與時間，來判斷你的計畫大概要花多少時間與經費。對於平常只會放在心裡的一些想法，採用像這樣的「外界觀點」，往往能讓我們對自己的計畫的看法，出現戲劇性的大轉變。[7]

就算你沒辦法取得翻修計畫時間表或是軟體工程個案研究的相關資料，你還是可以請旁觀者從全新的角度來看看你的想法，然後再請他們做一下預估。但不是要他們預估**他們自己**要花多少時間來完工（因為他們也很可能會低估自己所需的時間與經費），而是要求他們預估你（或你的包商、員工等等）得花多少時間才能完成。你也可以想像一下，如果有人興沖沖跑來告訴你，他也要做一個類似你剛剛完成的那個計畫，你會有多不屑的翻著白眼。像這樣的心理模擬，有助於讓你了解外界觀點。再不然還有最後一招，只要回想你曾經有的過度樂觀經驗（如果你還足夠客觀到想得起它們的話——我們一生當中全都犯過不只一次的蠢事），也能幫助你減輕那些會扭曲你當前預測的知識錯覺。[8]

## 自以為是的代價

三十二歲的杭特（Brian Hunter）在二〇〇五年時年薪起碼有七千五百萬美元。他的工作是替一家叫做阿瑪蘭斯顧問公司（Amaranth Advisors）的避險基金操作能源期貨，尤其以天然氣為主。他的操作策略是藉由買賣選擇權，來賭天然氣價格未來是漲還是跌。二〇〇五年夏天，天然氣每百萬ＢＴＵ的售價為七至九美元，他預測在初秋時天然氣價格將大漲，因此他以十二美元的價格買了一大把便宜的選擇權——就當時市場看來，這個售價是太高了。那年夏末，卡崔娜、麗塔和威爾瑪颶風相繼摧毀墨西哥灣沿岸的鑽油平台以及石油加工廠，導致石油價格漲到十三美元以上。突然之間，杭特先前買貴了的選擇權變得很值錢了。利用這類型交易，杭特在那年幫阿瑪蘭斯及其投資人賺進超過十億美元。

到了次年秋天，杭特與同事總共累賺進二十億美元。天然氣價格在前一年的十二月，也就是卡崔娜襲擊後的冬天，達到頂點，超過十五美元，但是到了二〇〇六年秋天已經走跌了。杭特再度押下大筆資金，賭價格會反轉上升。然而這一次，價格卻是慘跌，掉到五美元以下。單單九月的一週，杭特的交易就損失了五十億美元，剛好是阿瑪蘭斯總資產的一半。在慘賠了大約六十五億美元後（這在當時是史上最高額的公開交易損失），該基金被迫清算。

阿瑪蘭斯到底出了什麼問題？杭特和公司裡其他成員所自認的對於世界的了解，其實超過他們真正的了解程度。阿瑪蘭斯創辦人莫尼斯（Nick Maounis）認為杭特「非常、非常擅長掌控與衡量風險」。但是杭特先前的成功，除了部分歸功於他對市場的了解外，起碼有同等分量要歸功於無法預測的事件，像是颶風。就在捅出大婁子之前，甚至連杭特自己也說過，「每當你自認對市場瞭若指掌時，差錯就來了。」但是風險顯然不是能夠管理的，而杭特也始終沒有充分明白能源市場的不可預測。事實上，幾年前他才在德意志銀行犯過同樣的錯誤，二〇〇三年十二月的某一週，他賠掉五千一百萬美元，但卻怪罪於「史無前例且無法預料的天然氣價格上升。」[9]

綜觀整個金融市場史，投資客提出了不知多少的理論，想要解釋為何某些資產的價值會上漲，某些則下跌，有些作者也大力推銷他們從這類模型中找出的簡易投資策略。例如根據《華爾街日報》創辦人查爾斯·道（Charles Dow）在十九世紀末的一些著作所形成的道氏理論（The Dow Theory），要點就在於：如果你想知道某個工業類股的上漲趨勢是否還會延續，只需要查看運輸類公司股價是否具有類似的上升曲線。走紅一九六〇及七〇年代的「亮麗五十」（Nifty Fifty）績優成長股理論，則宣稱最佳的成長將來自紐約市股票交易所裡頭五十家最大的多國籍企業，也因此它們便是最好與最安全的投資。一九九〇年代見證到的是「狗股理論」（Dogs of the Dow）以及「F４」（Foolish Four），這些模型都建議投資人以特定比例持有道瓊工業指數中殖利率最高的股票。[10]

然而，就像小飛機模型具有幾項和真飛機一樣的關鍵特性，但卻不具備真飛機的其他特性，這類理論每一個所代表的只是一個「特定」的金融市場運作模型——把複雜系統拆解成簡單系統，以方便投資人做決定。我們日常生活裡，大部分的行為模式背後也都有一個模型，它們不像股票市場模型般有清楚完整的定義，而是由一些內隱的假設所操控。當你下樓梯時，你的腦袋會自動保持並更新一個有關周遭物理環境的模型，該模型是用來決定腿部的移動方向與力道。但是你並不會意識到這個模型，除非出了差錯——好比下樓梯時，你以為還有一個階梯，但是腳卻突然踩到平地，而非有一處空間讓你的腳下滑。

愛因斯坦曾經說過：「所有事都應該盡可能維持簡單，但非簡化。」❷像F4、亮麗五十這類理論，很不幸就落入了過度簡化的類型。它們沒有辦法適應市場的變動，沒有考量到當更多人採用同樣策略時，獲利必定會下降，而且往往假設金融史上的趨勢會在未來重現。由於這類理論如此倚賴過去的數據模式來預測未來❸，一旦環境改變，幾乎都會出錯。

更糟的是，投資策略一開始會先設定一個目標值，通常是一個很好的整數銷售量，然後再計算如果要達到該目標值，股價成長率應該為何。之後，再依計算出的數值修正那些模型。股票市場的網路泡沫年代催生出一大堆這類型的胡說八道。一九九九年十月，道瓊工業指數經過一陣子成長，來到一一四九七點，這時格拉斯曼（James K. Glassman）與哈西特（Kevin Hassett）出了一本書叫做《道瓊三萬六千點》（*Dow 36,000*），預測在六年內指數會成長超過三倍。他們樂觀的程度顯然超越《道瓊三萬點》（*Dow 30,000*）那本書，但是還比不上《道瓊四萬點》（*Dow*

---

❷ 英文原句為：Everything should be made as simple as possible, but not simpler.

❸ 這種統計學上的缺點稱為「過度擬合」（overfitting）。

40,000）和《道瓊十萬點》（*Dow 100,000*）。（以上這些都是真實的書，作者不同，但是在二○○九年四月，這幾本書在亞馬遜二手書店的售價，都只要一美分——當然，要外加運費。）這些書只用數字做為書名，就證明了讓投資人可以輕鬆理解並執行的簡單模型，具有廣大的市場，因為可以給人一種虛假的理解感。等到市場從網路泡沫中慢慢復原時，更多的書名又跑出來了，包括《二○○八年道瓊三萬點：為何這次不一樣》（*Dow 30,000 by 2008: Why It's Different This Time*）。

## 幻象知識所帶來的現實危機

現在我們可以用後見之明，看出二○○六年阿瑪蘭斯的突然崩潰，正是兩年後另一個規模大得多的金融危機的惡兆。鼎鼎大名的老字號投資銀行，像是貝爾斯登、雷曼兄弟都關門大吉，另外像是美國國際集團（ＡＩＧ）也被迫讓政府接管，經濟陷入大衰退。全球金融體系可能要算是最複雜的系統了：它實實在在反映了數十億人每天所做的決定，而這些決定全都奠基於投資者對於股票知識的了解（或誤解）與信念。任何時候，當你買進一檔股票，你就是在實踐一個清楚的信念，相信該檔股票的價值被低估。你的買進動作代表你的一項宣示：你比其他投資人更了解該檔股票的未來價值。

想想看大部分人最大的投資：買房子。大部分人多少都把應該買哪棟房子視為一項投資決策。[11]他們想知道，某棟房子將來是否具有「轉售」價值，或者它是位在「竄升中」還是「逐漸沒落」的地帶。有些人根本就靠著購買、裝修，然後轉售住屋來維生，也就是二〇〇〇年代中期「房產階梯」（*Property Ladder*）和「炒樓」（*Flip That House*）等電視節目所鼓吹的炒房產。在那個年代，認為房屋是理想投資工具的人數激增。[12]即便你從來不曾炒作房屋，你還是可能會把自己的房子視為一種儲蓄，視為具有中長期升值潛力的資產。炒作房地產所根據的假設模型即為：房價被認為會在短期內升高，而購房需求也一直都會很強勁。

根據這個模型，一些沒有房地產經驗的人開始貸款購買房屋，希望能快速轉手賣出，以賺取利潤。當然，如此投機循環又因為銀行樂意放貸這些恐怕無法償還的貸款，而加速惡化。拉米瑞茲住在加州沃森維爾，以採草莓為業，年收入約一萬五千美元，他竟能在不用繳頭期款的情況下，買下一棟價值七十二萬美元的房屋；當然他很快就發現，自己沒辦法付貸款。次級房貸噱頭的最高峰要算是恆基貸款公司（HCL Finance）推出的「忍者貸款」（ninja loan）——ninja為「沒有收入，沒有工作，也沒有資產」（No Income, No Job, No Assets）的英文字首縮寫。哈佛經濟學家葛雷瑟（Ed Glaeser）在解釋自己為何沒有預見房市泡沫化時指出：「我低估了人類對房產價值的樂觀想法。」[13]

當然，有瑕疵的房市模型所造成的影響，不只限於個別屋主和投機客。大型銀行與公營企業也購買房貸，將之打包後，當作抵押擔保證券（mortgage-backed securities, MBS），再出售給其他投資人，然後它們又被包裹成惡名昭彰的抵押債權憑證（collateralized debt obligations, CDO）。至於各家債卷評等機構——像是穆迪（Moody's）、標準普爾（Standard & Poor's），以及惠譽（Fitch）等，則用一堆複雜的統計模型，來評估這些新證券。但是，一旦隱藏在這些模型背後的那些簡化假設不再適用，整個架構就搖搖欲墜。直到二〇〇七年，穆迪所採用的模型所根據的數據，竟然還是二〇〇二年之前的——也就是出現大量餘屋、忍者貸款以及採草莓的人買豪宅等現象之前的數據。換句話說，雖然市場變了，該模型仍假設二〇〇七年房貸者違約率的數值和二〇〇二年相仿。但當房市泡沫破裂，經濟普遍衰退，房貸違約率早已偏離了歷年來的常態。結果，造成許多ＣＤＯ的風險超過了模型所預測的數值，而這些公司的投資者也就賠慘了。

要看出我們的簡單模型是否與該複雜系統相符合並不容易，但是要看出以下三件事卻很容易：一、我們對這些簡單模型有多了解；二、我們對複雜系統的表面元素、概念與詞彙有多熟悉；三、對於該複雜系統的資訊，我們意識到多少，又能輕易取得多少訊息。於是，我們會把自己對上述這些事情的知識，當成一個象徵，代表我們對該複雜系統的整體了解——這個不合理的推論，很快就會讓我們陷入困境。分析師了解自己的模型，也熟知次級房貸、ＣＤＯ之類的字彙，而且他們鎮日與金融數據和新聞洪流為伍，凡此種種，都讓他們有一種錯覺，以為自己很了解房市——這種錯覺一直持續到房市崩盤為止。[14] 如今，由於大眾也能以更快的速度、更低的價錢（想想看ＣＮＢＣ、雅虎財金，以及網路下單等等）接觸到更多金融訊息，這種錯覺已經從專業市場從業人員散播到一般的投資人。

財經作家路易士（Michael Lewis）曾經幫康泰納仕（Condé Nast）的*Portfolio*雜誌撰寫了一篇精采文章，提到避險基金經理人艾思曼（Steve Eisman）的故事，此人是少數早早就看穿房市與CDO榮景為騙人把戲的人士之一。當年艾思曼在研究某些複雜的抵押證券時，就發覺很難弄懂它們的詞彙，儘管他擁有多年交易員的經驗。曾經幫《葛朗特利率觀察家》（*Grant's Interest Rate Observer*）寫過文章的傑特納（Dan Gertner）也有類似經驗。他還真的逐條讀完厚達數百頁的CDO完整文件——大概沒有投資人真的會這麼做；但是讀了好幾天之後，他還是弄不懂到底是怎樣運作的。

任何複雜的投資，最核心的議題就在於如何適當定出價值。就本案例，其價值被一層又一層未經驗證的假設給模糊了，但是買賣雙方卻自我欺騙的以為自己了解個中價值與風險。艾思曼會跑去開會，要求販售CDO的人當面向他解釋自己販售的產品，如果對方滔滔不絕吐出一堆不知所云的官腔，他就會老實不客氣的要他們講清楚到底是什麼意思。基本上，他就是在玩羅森布里特的「愛發問小孩」遊戲，漸漸揭穿那些CDO販售者是否真的了解自己的產品。「你甚至可以看出，他們到底知不知道自己在說什麼。」艾思曼的一名合夥人指出。「很多時候，他們根本不知道！」他們解釋起CDO，就跟解釋抽水馬桶運作原理差不多。

即使你不是那些新奇證券的販售者，也可能會受到那些金融語彙、概念的表面意含與熟悉感蒙騙，而自認對市場有超過真正實際上的了解程度。曾經有好幾年，克里斯以投資股票為業，他專門選擇以研發腦部疾病療法為主的小型生技製藥公司。他的幾檔股票有一陣子表現確實亮眼，有一檔甚至成長了五〇〇%。他開始相信，自己在選擇生技類股票方面擁有過人天分，而且原因也容易推測：他很了解神經科學，也知道一些遺傳學，加上他又很擅長設計實驗和分析數據，而這個部分，正是藥物在臨床試驗階段能否越過層層監督障礙直達病患的核心。但是他選股經驗裡的樣品規模實在太小了，不足以稱為真正的技能——他的成功，可能用運氣來解釋比較合理。而這種詮釋似乎被事實所證實了：最後結算，他選擇的股票價格大都虧了三分之一或更多。

如果你實在沒辦法避免這種錯覺，依然自認擁有豐富的選股知識，或許你可以試著只積極操作一小部分的資產，視為嗜好。至於其他資產，則被動的投資追蹤整個市場的指數基金。對於想要在不失控的情況下保有自己嗜好的賭徒來說，這也算是滿合理的做法。另外分出一小部分資金，然後把重點擺在操作帶來的娛樂上，而不在於能不能帶來巨額利潤。克里斯後來完全放棄選股，把賭資存至另一個銀行戶頭。

## 有時候，多反而少

接下來要介紹行為經濟學家開路先鋒塞勒（Richard Thaler）所進行的一個實驗。[15] 現在假想你就是實驗對象之一，實驗人員告訴你，你要負責幫一所小型大學打理募集到的捐款，在一個模擬的金融市場裡投資。這個市場裡只有兩支共同基金，基金A與基金B，你可以選擇如何配置最初分到的一百張基金的額度。你可以把所有額度都投資到A，或是全部投資到B，也可以部分投資A，剩下的投資B。你總共要打理這份資產二十五個模擬年度。他們不時會提供你一些關於這兩支基金的表現的資訊，以及你的股價是漲還是跌，而你也有機會變更持股配置。等到模擬年度期滿，你就能分得與你的投資表現成正比的金錢報酬，讓你有動機盡量求表現。然而，遊戲開始之前，你必須選擇你希望每隔多久能收到回報資料以及有機會變更投資組合：例如每隔一個月，每隔一年，或是每隔五年（模擬年度）。

正確答案似乎再明顯不過：給我資料，讓我使用資料，愈頻繁愈好！塞勒小組想測驗這個出自本能的答案到底對不對——但是他們不讓受測者自己選，而是隨機分配他們每隔一個月、一年或五年收到回饋資料。大部分的人一開始都採取兩種基金各半的配置，因為他們完全不知道哪種基金的表現可能比較好。等他們拿到關於兩種基金的表現資料後，他們就會開始更動投資配置。由於實驗的期限是二十五個模擬年度，因此被分到五年組的人，得到回饋資訊以及更動投資配置的機會，只有寥寥數次，反觀每月組的人卻有好幾百次的機會。等到實驗結束，那些每隔五年才能得到基金表現資料的人賺得的錢，是每個月都能得到資料的人的兩倍以上。

怎麼可能擁有六十倍的資訊與機會來調整投資配置，反而讓每月組投資者的表現輸給五年組的投資者？部分答案在於這兩種基金的特性。第一種基金具有較低的平均報酬率，但是相當安全——它的每月變動並不大，而且很少會賠錢。它是仿照債券共同基金設計出來的。第二種基金則比較像股票型共同基金：擁有較高的報酬率，但是變動也比較大，所以大概有四〇%的月分是賠錢的。

就長期而言，把所有資產投入股票型基金，會得到最高的報酬，因為較高的報酬能彌補損失的金額。經過一整年或是五年，偶爾賠掉的錢會被賺到的錢抵消掉，因此股票型基金極少會出現年度虧損，更是從未出現五年期的虧損。但是就每個月來說，投資人往往一看到股票型基金出現損失，就傾向把錢轉到較安全的債券型基金，也因此損及長期的收益。反觀每年或每五年才得到回饋資料的受測者，會看到股票基金的收益高過債券型基金，但是卻沒有看到兩者在價格波動上的差異。實驗結束後，五年組受測者平均把六六%的資產投入股票型基金，而每月組受測者平均只投入四〇%的資產給股票型基金。

每個月收到資訊會出什麼問題？他們得到大量資料，但是短期資訊無法呈現兩種基金的真實長期收益，反而創造出一個知識錯覺：股票基金的風險太大了。每個月得到回報資料的受測者，事實上擁有了所有能產生真正知識所需要的資訊：股票基金是最好的長期投資，但是他們卻沒有辦法整合運用。

同樣情況也發生在真實世界裡。巴伯（Brad Barber）和奧丁（Terrance Odean）設法從證券商那兒弄到六萬個戶頭的六年投資紀錄，比較「積極操作者」與「不常買賣者」的投資報酬。我們不妨假設，經常操作股票的人自認擁有豐富的知識，而且也很懂股票。他們每次進出都會賺錢，因為他們能預料股市動向。但是扣除交易手續費和稅金後，大部分積極進出股市的人，收益反而比極少進出股市的投資人少三分之一。[16]

專業投資人和業餘投資人一樣，在追求最大投資報酬時，都應該權衡投資風險。尤其是散戶，如果能更加留意投資配置的風險面，結果可能會更好。你犯不著為了多賺幾個百分點的價差，而被股價的劇烈波動搞得成天緊張兮兮、睡不著覺和亂發脾氣。想要做出真正有效的財務決策，你一定得看清手中每項投資選擇最後應該會具有的長期收益以及短期波動，然後再就自己所能容忍的風險，來評估這些因素。

我們常常被教導說，資訊是愈多愈好。在選購汽車或洗碗機之前，有誰不想先參考一下《消費者報告》怎麼說？購買平面電視之前，有誰會只看一家店就搞定而不是貨比三家？在這幾個例子裡，多一點資訊確實比較有利於做選擇（就某個程度而言）。我們剛剛提出的研究以及其他類似研究卻一再顯示，投資人在擁有較多資訊的同時，也會相信自己擁有較佳的知識。但是當資訊沒有被正確完整解讀時，只會讓人產生知識的錯覺。事實上，大部分短期股價波動都與長程投資報酬率無關，因此不應該被你當作投資決定時的參考依據（除非你所投資的錢可能近期就需要動用）。在評估某項投資長期的特性時，有時候，資訊愈多反而愈是讓人弄不清楚。塞勒小組的實驗很矛盾的證明了得到最多短期報酬回饋資訊的人，也是最不可能獲得長期報酬知識的人。

我們無法利用知識錯覺去預測每一次金融泡沫的時間與規模——事實上，了解這種錯覺，應該可以讓我們對預測股價漲跌這件事更加謹慎。不過，知識錯覺顯然是造成金融泡沫不可或缺的其中一個要素。歷史上的每一次泡沫，都伴隨著一些所謂「新知識」的誕生，它們散布之廣，最後甚至連原本完全不具財經知識的人，都聽聞這項新知了（像是鬱金香球莖是穩賺不賠的投資，網路將會徹底改變公司的價值，道瓊將會站上三萬六千點，房地產的價格只會上漲等等）。財經資訊的激增，從有線新聞到網站到財經雜誌，也是一個因素，讓我們產生這種錯覺，以為自己了解股票市場的運作。但其實我們所擁有的，只是一大堆資訊，關於金融市場的現況、歷史，以及眾人認為它如何運作，但是這些都不見得能預測市場未來的走向。熟悉財經術語和市場現況，往往會遮掩缺乏深度知識的事實，而這種愈來愈快速的資訊流動，未來甚至有可能縮短暴漲和暴跌的週期。

## 熟悉感的威力

雖然我們只能專注於周遭世界的一小部分，而且也沒辦法記住身邊所有的事，但是知識的錯覺卻是一種還算滿有效率的心智過程的副產品。我們很少需要解釋某件事物為何會運轉。相反的，我們只需要了解如何讓它運轉即可。我們需要知道如何使用抽水馬桶，但是不需要知道為何按下把手，就能引水來清除便池，然後又重新將水注滿。這種隨時都曉得如何操作抽水馬桶的能力，而且是不假思索就能操作——給我們一種彷彿我們很了解抽水馬桶的感覺。就像許多其他的實用操作，我們只需要了解到這個程度即可。

我們曾經在第二章討論過「改變盲視盲」的錯誤——也就是說，人往往以為自己會注意到某些他們其實很少注意到的改變。人很容易把「自己真正記得的東西」與「如果有機會深究，他們有可能會記得的東西」弄混。現在請各位暫停閱讀，在紙上畫下十元硬幣的樣子。你的圖很可能會出現好幾項錯誤，譬如把頭像的方向弄反了，或是把硬幣上的日期位置弄錯。你幾乎天天都會看到十元硬幣，而且看了不知多少年，直到剛才為止，你大概自認很清楚它的長相。但事實上，你對十元硬幣的長相的了解程度，僅止於如何區別它和其他硬幣，不過其實你也只需要知道這麼多就夠了。

英屬哥倫比亞大學視覺科學家，同時也是改變盲領域頂尖專家的倫辛克（Ronald Rensink）曾經提出一項很有趣的想法——把心智運作比喻成網頁瀏覽器。[17]克里斯的爸爸很聰明，但是出生年代比數位電腦時代早得多，因此多次要求克里斯講解那些資訊怎麼會從網路跑進他的「裝備」裡呢（那是他對自己的電腦的暱稱）。大多數人都知道，網路上的內容是分布在全世界數百萬台電腦裡的，而非以相同的複本方式存在全世界每一台桌上型電腦裡。但是你即使擁有速度夠快的網路與伺服器，你也沒有能力看出這兩種網路運作之間的差別。從你的角度來看，你想要什麼樣的資料，馬上就能送到；你只要按一下網頁瀏覽器上的某個連結，該網頁的內容幾乎立刻就會出現。那種「網頁就存在你的電腦裡」的感覺，是一個滿合理的誤解，而且就絕大部分情況而言，對你也不致造成任何影響。只不過，當你的網路不連線時，你的「裝備」裡就不再擁有那些你認為藏在裡面的資料了。同樣的，那些我們沒注意到對方變成另一個人的實驗，也證明了我們存在記憶裡的資料是多麼少。我們的腦袋不需要存取那麼多資料，就像電腦不需要存取網頁資料般

——因為在正常情況下，我們都有辦法拿到需要的資料，例如直接看一看面前站著的人到底是誰，或是需要資料時再透過網路把資料調出來。

## 科技瞎掰vs.神經科學亂入

廠商經常利用知識錯覺來推銷自家產品，他們強調技術細節的方式，很容易讓一般人以為自己了解該產品如何運作。舉個例子，音響迷和音頻線製造商總是不厭其煩的描述，那些連接不同系統零件的音頻線品質有多精妙。音頻線製造商吹噓他們擁有超優的音頻線遮蔽層、更佳的動態範圍、更高品質的銅和鍍金連接器，以及更清晰的聲音。評論家也說那些音頻線使他們的舊喇叭聽起來就像新的一樣，高檔音頻線和一般音頻線簡直天差地遠。然而，至少有一個非正式的實驗顯示，音響迷在一個不具名的產品盲試中，根本分辨不出昂貴音頻線與鐵絲衣架所權充之喇叭線之間的差別。[18]那些號稱高科技的音頻電纜技術，對樂聲品質的影響微乎其微。當然，音響系統裡的其他零件有可能品質不夠好，所以沒法讓差異顯現出來，但是對於用家庭電影院設備來聽音樂或看電影的人來說，他們的設備其實也不足以分辨兩者的品質差異。

最好笑的是那些傳輸數位訊號的纜線廣告。任何纜線只要有辦法傳送構成數位訊號的零與一，品質就沒有差別了。真正的關鍵在於產生與解析那些零與一訊號的「通訊協定」

（protocol）。現代音響和視頻系統多採用像是高解析度多媒體介面（HDMI）之類的數位標準，將訊號由某個零件傳送到另一個零件。然而，不同的高解析度多媒體介面電纜價格可以相差不只十倍；但一條價值五美元的電纜，傳送訊號的能力並不輸給價值五十美元的電纜。天龍公司（Denon）一條一．五公尺長的音頻系統乙太網路線，甚至賣到五百美元。以下是亞馬遜網站對該產品的描述：

透過擁有 AK-DL1 專屬電纜的天龍家庭電影院接收器，你將能從多聲道DVD和CD播放器中獲得前所未有的最純粹數位音頻。由最高純度的銅線打造而成，能徹底消除共鳴造成的影響，以及協助穩定數位傳輸不致出現劇烈跳動或起伏。錫軸承銅合金製成的纜線遮蔽層，與含氟聚合物製成的絕緣層，具有超強耐熱性、抗氣候性以及抗老化性。連接器具有圓形插頭桿，能預防彎曲或斷裂，同時也具有方向標誌以指示連接的正確方向。

很顯然，這項產品確實有人買，但是正如亞馬遜網站評論者所指出的，既然這裡的訊號是數位而非類比，那麼就沒有理由期待這種線纜和你在低價商品店就能買到的一般乙太網路線具有任何差異。我們甚至不清楚文中所謂的「劇烈跳動」和「起伏」到底是什麼意思，為什麼共鳴會影響到一連串的零與一訊號，以及為什麼含氟聚合物能夠預防老化。該產品在亞馬遜網站上的幾百篇評論，大部分都是耍寶性質，而顧客最常給它的五項歸類分別是：狗皮膏藥、搶劫、浪費、把錢丟進水溝，以及沒良心。

耶魯大學心理系有一組研究人員，包括丹尼爾的研究所指導教授凱爾，以及我們的友人葛雷（Jeremy Gray），設計了一個惡作劇實驗，他們先讓受測者讀幾段文章，內含一些沒營養的胡說八道，就像剛才那段天龍線纜的描述。每段文字都是直接以一場心理實驗的總結為開頭，內容如下：

> 研究人員設計出一張大約五〇%的人知道的事件清單，讓受測者看這份清單，並注明其中哪些事件是他們早已知道的。接著，再請他們判斷有多少百分比的人也會知道那些事件。當受測者本身知道某事件時，他們會以為有更多比例（超過正確數據）的人也曉得那件事。譬如說，某人要是知道哈佛是康乃迪格州的首府，他或她可能會以為有八〇%的人都知道這件事，雖說事實上只有五〇%的人真的知道。研究人員把這個發現稱為「知識的詛咒」（the curse of knowledge）。

讀完這段文章後，受測者才會讀到另一段解釋「知識的詛咒」的文字，這段解釋可能寫得很好，也可能寫得很差。「差勁」的解釋如下：「會發生這種『詛咒』，是因為當受測者必須判斷他人的知識時，會犯下較多錯誤。人在判斷自己的知識時，會準確得多。」請注意，這段解釋根本沒有告訴我們任何與「知識的詛咒」有關的事。實驗證明，人在判斷他人的知識時，會因為他們自己本身是否知道該知識而有所差異。但是它並沒有說，我們比較擅長判斷自己的知識還是他人的知識。

相反的，好的解釋如下：「會發生這種『詛咒』，是因為受測者很難轉換自身觀點，去考量他人是否會知道，而把自己的知識投射在他人身上。」這個解釋很好，因為它利用比較廣泛的人類心智原理——我們很難從他人的立場看事情，來說明知識的詛咒。這項解釋在科學上可能正確也可能不正確，但至少在邏輯上是相關的。

每名受測者在讀過好幾段這樣的文章與解釋後，幫每段解釋打一個滿意度分數。一般說來，人對於好解釋的滿意度分數通常比較高——他們看得出好解釋確實有在說明實驗的結果，而差勁的解釋內容大都不相干。

然而，這場實驗在遇到第三種情況時，卻出現了轉折，那就是幫差勁的解釋加上一段不相干的大腦資料：「腦部掃描顯示，會發生這種『詛咒』，是因為大腦前額葉被證實與自我覺知有關。當受測者必須判斷他人的知識時，會犯下較多錯誤。人在判斷自己的知識時，會準確得多。」

就像亞馬遜網站上那段描述線纜的科技瞎掰，並不能把一綑兩美元的線纜變身為價值五百美元的裝備；這段多餘的大腦資料，堪稱「神經科學亂入」（neurobabble），也沒法讓那個差勁的解釋起死回生。但是受測者卻對這段包含了神經科學的差勁解釋，打了比較高的滿意分數。這段硬扯進來的神經科學資料誘發出一個知識的錯覺：它令差勁解釋看起來彷彿能夠讓人了解很多東西，雖說其實根本沒有。甚至連神經科學導論課堂上的學生也會受其影響。好在神經科學研究所的學生明白得夠徹底，對這類亂入的神經科學有免疫力。[19]

「腦色圖」（brain porn）堪稱「神經科學亂入」的表兄弟，那些五顏六色的腦部活動影像，很能誘使我們以為自己對頭腦（和心智）的了解程度超過真實程度。神經科學家也承認，這些圖片對他們的研究來說，有時候更像是促銷工具，而非促進了解的輔助工具。麥凱布（David McCabe）和卡斯特（Alan Castel）設計了一個很聰明的實驗，他們準備了兩份描述一場虛構研究報告的文字，安排每位受測者閱讀其中一份。兩份報告的文字一模一樣，但是其中一份附帶了一張典型的立體腦部影像，圖中活躍的腦部區域都上了色，而另一份文字則只配了一張很普通的條形圖，雖然數據是相同的。讀到附帶腦部影像的受測者，認為該篇文字寫得較好以及較合理的比例卻顯著提高了。有趣的是，事實上這些虛構的研究報告都毫無道理──那些裝飾性的腦部掃描影像，並沒有改善報告所描述的含混聲明。[20]

亂入的神經科學已經悄悄潛入廣告中，和瞎掰科技以及其他不相干的資訊一起誤導消費者，讓消費者以為自己對某些事的了解超過真實的程度。在一則處處可見的雜誌廣告裡，全美保險公司（Allstate Insurance）問道，「為何大部分十六歲的孩子開起車來彷彿腦袋缺了一角？」接著回答，「因為事實如此。」該公司將他們莽撞的駕車行為，歸咎於青少年的前額葉背側皮質區尚未成熟，該區域能左右人「做決策、解決問題，以及理解今日行為在未來的後果」。在該廣告的大標題下方，有一張圖解漫畫，畫的是在大腦該區域裡出現了一塊汽車形狀的空洞。這則廣告文案的科學性或許沒有錯，但是它所提供的大腦資訊和它的論點完全無關。青少年確實是莽撞的駕駛人，但是只需要讓你知道這一點，就足以說服你同意父母親應該更常與孩子討論道路安全，而這也正是全美保險公司的重點。如果你是因為知道腦部哪一個區域應該為莽撞行為負責，而更常與孩子討論（或是更可能去購買保險），那麼你就是這種知識錯覺的受害者了——而這些都是神經科學亂入以及腦色圖的傑作。

## 五〇%的機率會出現大好天氣，希望你正好出現在那裡！

在二〇〇五年發行的喜劇「氣象人」當中，尼可拉斯．凱吉飾演的主角氣象播報員，工作很不受人尊敬，因為他只是在電視上裝出權威的樣子，但他預報的內容都是由別人準備的。對於這些只有在球賽因雨取消，或是航班因天候延誤，才讓我們想到的職業，大家很容易就想要嘲弄一番。然而對於某些地區來說，氣象預報卻是非常重要的新聞，而且正確的氣象預測對於老百姓生活的影響，可以高達數百萬乃至數十億美元。丹尼爾住在伊利諾州的香檳城，是個大學城。他所任職的伊利諾大學是當地最大的雇主，但是該地區最主要的經濟來源是大規模耕作的玉米和黃豆。伊利諾州是全美黃豆產量最高的州，玉米產量則為全美次高。氣象能夠影響所有農夫的重大決策，像是何時栽種，何時收割，應該種什麼作物，或是如何因應未來的供需而栽種。伊利諾州的農夫不只關心當地氣候變化。因為今夏阿根廷的玉米大豐收，有可能影響到伊利諾州農夫春天要栽種什麼樣的作物。甚至連全球石油及其他能源市場都會影響到栽種作物的決策，因為全美四〇%的乙醇來自伊利諾州的玉米。

美國國家廣播電台的地方台很少擁有超過一名氣象預報組員，而組員擁有氣象學位的電台又更少了。但是，香檳城的國家廣播電台氣象預報組卻擁有一名全職氣象專家，兩名兼職氣象專家，外加一名預報人員。香檳城國家廣播電台整天都有詳盡的氣象預報，全美沒有一家電台播報氣象的時間比它多。它不得不這麼做，因為農民的生計都得依賴氣象預報。如果氣象預報員真的知道自己知道多少——套句術語，就是如果他們「校正精準」，那麼農民就能依靠他們的預測來做重大決策了。

雖說人類企圖預測氣象已有數千年之久，第一次印行的氣象預報卻是在不到一百五十年前的一八六九年九月一日，地點是辛辛那提：「今天晚上多雲且溫暖，明天天氣晴朗。」[21]在天氣預報裡添上百分比機率，則始於一九二〇年，美國新墨西哥州羅斯威爾氣象局局長哈倫貝克（Cleve Hallenbeck）發表一篇文章，提倡這種用法。在這之前，哈倫貝克已經用一個長達兩百二十天的實驗測試過他的方法。結果證明，他的預報校準精良：經他預測為高下雨機率的日子，大部分都下雨了，被他預測為低下雨機率的日子，只有很少數結果是雨天。然而，直到一九六五年，美國國家氣象局才開始將下雨機率納入氣象預報的常態內容。一九八〇年，氣象學家查巴（Jerome Charba）與克萊（William Klein）檢查了從一九七七到一九七九年之間超過十五萬個降雨預報，發現預報降雨的可能性與真正下雨的機率幾乎完全吻合。其中很明顯的是，唯一的系統性失誤出現在預報百分之百會下雨時——結果證明那些日子只有九〇%下雨。所以，小心啊，不要太肯定！

到底是什麼因素，使得氣象預測與其他種類的推理和預測不同？當氣象學家說有六〇%的下雨機率時，他們評估的是，在當時的大氣環境下，真正下雨的可能性有多高。而這些估算就長期氣象預報而言，非常正確。氣象學家不斷根據先前的預測結果來調整未來的氣象預測——以及用來估算預測值的數學模型、統計模型和電腦程式。如果他們先前把某種氣候狀況的降雨機率定為六〇%，但後來發現只有四〇%，他們就會調整預報模型，以便未來再出現類似氣候狀況時，降雨機率預測值會變低。氣候預報最不尋常的是預報人員在做完預測後，可以馬上接收到明確的資料回饋，而他們對機率的了解也會與時俱增。譬如說，從一九六六到一九七八年期間，三十六小時內的降雨預報技術進步了將近一倍。[22]

正如氣象預報員，我們如果能接收到適當的回饋，有時就能將自己的判斷校正得更精準，並消除知識的錯覺。丹尼爾曾經在心理學導論的課堂上證明過這一點，他發給班上每位學生一張牌，固定在額頭上，因此本人沒有辦法看見，但是其他人都可以看到你的牌。❹然後他要求每個人試著去找與自己最接近且牌最大的同學來配對。別忘了，所有人都沒法看見自己的牌，但是可

❹ 這項實驗是丹尼爾的助教 Richard Yao 所提出，他在西北大學念書時曾在課堂上親身參與過此實驗。

以看見別人的牌——而且也可以看見是什麼樣的人拒絕了他們。

剛開始，大部分的人都會試圖找有老A或老K（最大的兩張牌）的人配對，但大部分人都會遭到拒絕。只有本身牌也很大的人比較可能被持有老A或老K的同學接受。至於拿到老A或老K的人，雖然不知道自己有什麼牌，但是他們曉得，自己不可能找到比老A或老K更大的牌了，而他們也不太可能會接受只有六或七點的人——他們想要與更高點數的人配對。令人驚訝的是，大家很快就找到了點數與自己相襯的人來配對。他們能藉由被拒絕的回饋信號，迅速校正自己的期待。同樣原理也能用來解釋，為什麼吸引力相差很大的兩個人，鮮少會配成一對[23]——大家都會盡量追求最好的，而約會能讓我們調整部分的自我印象。

撲克牌配對遊戲以及真實世界的約會與交配，都能藉由遭到拒絕，來提供立即與直接（有時候非常痛苦）的回饋資訊。不幸的是，我們一生中所做的大部分判斷，都沒有辦法像氣象預報員那樣，立刻接收到精確的回饋資訊，因為他們只要次日早晨看看天空，就知道自己先前的預測對不對，而且是日復一日，年復一年。這是氣象學與其他領域（譬如說醫學領域）之間的重大差異。雖說某個診斷是否正確，或是某次外科手術結果如何，原則上是可以查到的。但實際上，卻很少會像氣象局數據般，被人很有系統的加以儲存和分析；醫生如果診斷某個病人患了肺炎並加以治療，之後都必須等一陣子才能得知——或是始終沒能得知這次的治療是否奏效。就算知道奏效，也很難區分病情好轉是因為治療還是自發性的。如果你最近剛換相機，從光學相機換成數位相機，你就能親身體驗這種即時的回饋。你不再需要等到沖洗完底片，才能得知哪裡拍得不理想（或是很理想）。每次犯錯，你都可以馬上修正。就像天下的學生都知道，不論你是學攝影、心理學或是商學，如果你沒有辦法即時得知自己的錯誤，你將很難進步。

## 為何知識錯覺屹立不搖？

科學家、建築師以及避險基金經理人都很受尊敬，但是氣象預報員卻備受奚落。然而，和其他職業的人相比，氣象預報員卻是對自身知識比較沒有錯覺的人。我們在第三章曾經提到，那些查參考書和電腦的醫生不受病患青睞，但是作證時態度篤定的強暴受害者，卻被盛讚為模範證人。我們曾經說過，我們對於自信的熱中程度，會讓外表技能顯得比實際來得高超的人受益。知識錯覺也有類似的結果：我們似乎比較信服那些表現出來的知識比實際知識豐富的專家——而他們也可能真心相信自己的知識有那麼多。

人類是不是真的偏愛在表達知識時展現出肯定的態度，勝過猶豫的說辭，即使猶豫的說辭是經過比較好的校準？請各位回答一個簡單的問題，由荷蘭心理學家凱倫（Gideon Keren）所設計的：

以下是為期四天的降雨機率預報，分別由氣象學家安娜和貝蒂所提出：

| | 週一 | 週二 | 週三 | 週四 |
|---|---|---|---|---|
| 安娜的預報 | 90% | 90% | 90% | 90% |
| 貝蒂的預報 | 75% | 75% | 75% | 75% |

結果這四天裡頭有三天下雨。請問就你認為，誰是比較好的預報人員：安娜還是貝蒂？

這個問題要看我們到底是偏愛正確還是肯定。貝蒂說有七五%的機率會降雨，結果確實如此，所以她的預測沒有反映出知識的錯覺。安娜自認所知道的降雨機率超過她真正知道的：按照她的預測，應該四天都會下雨，準確度才會超過貝蒂的預測。然而，當我們把這個問題稍微變更一下，拿來進行實驗時，卻有將近一半的受測者偏愛安娜的預報。[24]

這個實驗情境和大部分真實世界的情況不同，我們在現實世界裡，很少有機會在選擇專家時，便清楚得知他們先前成功或失敗的紀錄。一項有關國際政治學專家的研究發現：在這個領域，想證實某個預測是否正確，往往得等上數年甚至數十年；他們的預測比起那些簡單的統計模型遜色太多了。預測失靈的方式更是發人深省：一般說來，專家所預測的政治和經濟情勢變化（不論是變好或變糟），通常都比實際情況來得大。因此，只要假設未來與現在一樣，就能得到更正確的預測（但是對評論員來說，恐怕上節目的時間將大大減少）。不過，和天氣預報實驗不同，我們在聽這些政治專家放言高論時，沒有辦法事先看出他們的預測將有多準確。[25]比起實驗室，在現實世界裡要做出一個正確的選擇，難度高得多，正是因為我們不是缺乏必要的資訊，就是雖然擁有資訊，但缺乏適度評估這些資訊所需要的時間、注意力和洞見。

安娜和貝蒂的實驗顯示，即使我們握有了解「哪一位專家了解自己的知識局限」所需的資料，我們往往還是偏好缺乏自知的那位專家。那些指示很明確（「這樣做，不要那樣做」）的勵志書籍作者所擁有的讀者群，超過那些「提供一堆合理選擇讓讀者去嘗試，以便找出何者對他們個人最合用」的作者。電視上的選股大師克拉默（Jim Cramer）會叫你去「買買買」或是「賣賣賣」，而不會根據你的整體財務目標、權衡不同類型的資產，以及其他可能令他那耀眼的堅定信念失色的微妙考量，來分析投資理念。

所以說，知識錯覺之所以揮之不去，部分是因為一般人喜歡那種「自認所知超過真正所知」的專家。知道自己的知識局限的專家，會說出「有七五%的降雨機率」這樣的話，但是不知道知識局限的人，卻會表現出過度肯定的態度。即使是最了解某個領域的專家，也可能落入知識錯覺的陷阱。想想看那些針對人體基因數目、天然資源以及會下棋的電腦做出錯誤預測的專家。這些科學家在他們的領域裡可不是小人物或失敗者。過度高估人體基因數目的蘭德，以及錯誤預估商品價格會持續上升的霍德倫，都成為歐巴馬政府的科技顧問。艾爾利希也在一九九〇年，就是他賭輸商品價格的同一年，獲頒麥克阿瑟基金會的天才獎，獎金高達三十四萬五千美元。而西蒙更是贏得了一九七八年諾貝爾經濟獎。不過他的得獎原因是「在經濟組織決策流程領域的先驅研究」，而不是他對電腦下棋的預測能力。

以上幾個案例的知識錯覺都沒有影響到他人的生計，但是在有些情況下卻會。那種會小心翼翼的幾面下注，確保資產配置與槓桿吻合未來不確定性的人，可不是典型的成功投資者。典型的成功投資者是那種出手大膽的人——不是全贏，就是全輸。由於知識錯覺是如此強烈，我們總是急切的接納那些「曾經贏過一陣子，後來因為太過分而大輸」的回頭者。儘管杭特害得阿瑪蘭斯避險基金和德意志銀行慘賠，而且被美國政府正式起訴操控市場罪，但是在二〇〇七年時，他還在幫另一個新的避險基金募集資金。那些丟臉的長期資本管理基金募集者，以及比他更早的一些失敗基金的募集者，也是如此。[26]

# 05 妄下結論

二〇〇五年五月二十九日，一名到辛辛那提探訪親戚的六歲女童住進了醫院。她有脫水症狀，同時還發燒、長疹子，住院幾天期間都戴著呼吸器。院方將她的血液檢體送往俄亥俄州衛生部實驗室檢驗，結果證實院方最初的診斷：她得了麻疹。

麻疹是最容易傳染兒童的病毒傳染病之一。只要患者打一個噴嚏，旁邊的人就可能透過飛沫傳染，或是碰觸到某個被汙染的物體而受到感染——病毒在體外可以保持活性達兩個小時。疹子是區別麻疹與其他病毒感染症的外表病徵，但是這種病在長出疹子之前四天，就已經具有傳染力了。更糟的是，有些接觸過麻疹的人可以長達兩週都不顯示任何病徵。

延遲顯現發病徵狀，使得帶原者有可能在得知自己發病前到處傳播病毒，再加上這種病毒天生具有極高的傳染力，流行病所需要的條件全都齊了。在一九七〇年代前，麻疹非常普及，即使在美國也一樣，少有孩童沒得過麻疹。某些地區到現在還很流行；根據世界衛生組織，單單是二○○七年，全球就有將近二十萬人死於麻疹感染，而且到現在仍高居全球孩童的最大死因。

麻疹的嚴重併發症包括失明、重度脫水、腹瀉、腦炎以及肺炎。在醫療設施不足，營養不良比率也較高的貧窮開發中國家，麻疹一旦暴發流行，可能造成大災難；世界衛生組織估計，這類地區麻疹暴發的死亡率高達一成。在醫療照護系統效率高的富裕國家，麻疹很少會造成死亡，但是對於原本健康就有問題的人，譬如有氣喘的人，麻疹仍然可能引起嚴重的併發症。

系統性疫苗接種的諸多成功故事當中，消滅麻疹也是其中之一。現在美國境內的麻疹案例之所以變得這麼罕見，就是因為高效率的三合一疫苗（MMR vaccine）接種，這種混合疫苗專門對付麻疹、腮腺炎以及德國麻疹。到了二○○○年時，美國已經因為強制學齡前兒童接受三合一疫苗接種，將境內大部分的麻疹給消滅了。若想要有效防止傳染病變成流行病，疫苗接種需要達到九成的普及率，而美國早就超過這個預防門檻不只十年了。所以辛辛那提這名六歲女娃是怎麼染上麻疹的？

麻疹在某些不強制接種疫苗的歐洲國家仍然是流行病，而且非洲與亞洲地區的麻疹大流行也很平常。美國境內的麻疹案例多半是獨立事件——某個沒有接種疫苗的人，前往某個正在流行麻疹的國家，接觸到該病毒，回到美國，然後出現症狀。但是辛辛那提這名女童家住印第安納州西北部，並沒有出國。她怎麼會得到麻疹？

由於麻疹可以在症狀出現前很久就具有傳染性，所以也可能是被不知情帶原者所感染。就算這個小女娃從未前往麻疹流行的地區，她還是有可能在不知情的狀況下接觸到帶原者。她最可能被感染的時間點是在兩週以前，五月十五日，她和五百名印第安納家鄉的教友一同參加一場大型聚會。她的父母向辛辛那提的院方報告說，那場聚會裡有一名青少女生病了——她發高燒、咳嗽，還有結膜炎（俗稱的紅眼症）。結果證明，這名十七歲少女當時剛從羅馬尼亞返回印第安納州，她是參加教會佈道團前往該國首都布加勒斯特，在當地孤兒院和醫院裡服務。她在五月十四日搭乘民航客機返美，並於次日出席那場教堂的大聚會。這場疫病很快就成為美國繼二〇〇〇年以來最大的麻疹流行，而她正是這場流行中的「指標案例」（index case）——第一個被感染的人，因此也是後來所有病例的感染源。

二〇〇五年五到六月期間，還有其他三十二人感染了麻疹。在建檔的三十四名病例中，三十三人都是教會的教友，要不是直接接觸過該名十七歲少女，就是曾經與感染者居住在同個屋簷下。只有一個病例不是教友，而是在某個患者求診的醫院裡服務。幸運的是，這次沒有人死於麻疹。除了那名六歲的辛辛那提女童之外，只有一名四十五歲的患者需要靜脈注射，那位醫院員工則因為併發肺炎和呼吸窘迫症的關係，用了六天的呼吸器。藉由高效率的治療以及疫情監控——凡是接觸過病毒，但卻沒有顯現任何病徵的人，都必須接受十八天的隔離。這次麻疹疫情在六月底就被控制住了，此後沒有再出現新病例。有人估計，這次防疫和治療所花費的總金額約為三十萬美元。

在這三十四名個案中，只有兩人接種過疫苗，而且其中一人（醫院員工）只接種了一劑。那名六歲女童從未接種過，前往羅馬尼亞的十七歲少女也一樣。參加那場大聚會的五百人當中，有五十人沒有接種疫苗，而這五十人當中有十六人染上麻疹。這場流行獲得控制，主要是因為大部分社區成員都已經接種過疫苗。若換作另一個接種疫苗比較不普遍的地區，疫病的暴發規模將會大得多。

在全美學齡兒童接種率超過九五%的情形下，為什麼該區教友一〇〇%都沒有接種疫苗？雖說在美國就讀公立小學的孩童必須強制接種疫苗，但是有很多州都准許學童父母提出「個人信仰豁免」，讓子女基於宗教或其他原因，不用接種疫苗。事實上，大部分麻疹案例都發生在這類拒絕接種疫苗的家庭裡。而且即使在衛生當局忙著控制疫情時，許多這類家庭依然拒絕接種疫苗。

二〇〇五年辛辛那提暴發的疫情並不是特例。在二〇〇八年頭七個月裡，美國疾病管制局在全美就登錄了一百三十一個麻疹案例，超過二〇〇一到二〇〇七年每年平均案例的兩倍，是一九九六年以來數量最高的一年。這些案例大都是「能夠接種疫苗，但是父母拒絕讓他們接種」的小學生。

明知疫苗可以預防一種嚴重且很容易感染的兒童傳染病，為什麼還有父母拒絕讓孩子接種呢？明知疾病管制局和世界衛生組織都明文指出，前往麻疹或其他可預防傳染病盛行的國家，應先接種疫苗，他們為何不遵守呢？在高效能疫苗唾手可得超過四十年後的今天，為何還有父母甘願讓子女冒著罹患像麻疹這種致命疾病的危險？

我們將會發現，這種行為其實是另一種日常錯覺所造成的，那就是「因果錯覺」（illusion of

cause）。如果想了解為何有些父母選擇不讓孩子接種疫苗，必須先考量三個釀成因果錯覺的偏見，它們雖然是獨立的，但是彼此關連。這些偏見源自以下這個事實：我們的心智天生就被打造成要從重複出現的模式裡偵測出意義，從巧合中推斷出因果關係，以及要去相信「早先發生的事件造成後來發生的事件」。

## 上帝的臉無所不在

「模式知覺」（pattern perception）是我們日常生活中不可或缺的，而且許多職業的技巧都是以「有能力快速辨識各式各樣的重要模式」為基礎。醫生會搜尋能形成某個模式的組合症狀，讓他們推論出潛藏病因，做出診斷，選擇療法，然後預測治療結果。臨床心理醫生和諮商人員會搜尋病患的思想和行為模式，以幫助診斷精神疾病。股票交易員會追蹤各大指數的升降，尋求一致性，以洞燭機先。棒球教練會根據打擊者慣用的擊球方式，來安排野手的守備位置，而投手也會根據打擊者揮棒的方式來調整球路。我們每個人都會用到模式偵測，即便連自己都沒有意識到。只根據走路型態與特色，我們就可以認出自己熟識的人。[1]學生單憑觀看沒有配音的教學錄影帶，就可以從姿體動作看出哪些老師可能在學期末獲得高評等。[2]我們會不由自主用模式去看世界，並且依據模式來做預測。

這些非凡的模式偵測能力通常對我們很有幫助，可以讓我們在短短幾秒（甚至幾毫秒）之內就做出結論，而這些結論如果要靠賣力的邏輯推理，恐怕需要幾分鐘甚至幾個小時才做得出來。但不幸的是，我們也可能被誤導，而產生因果錯覺。有時候，我們感知到的模式根本就不存在，但卻誤以為它們真的存在。不論某個反覆出現的模式是否真的存在，只要我們感知其存在，就會準備把它推論為某個原因造成的結果。就像我們的記憶可能受到扭曲，以符合我們對自己應有記憶的掌握——就像沒能看見身邊有大猩猩，是因為並不符合我們原先的期待。我們對於外界的了解，傾向去感知意義，而非去感知隨機；傾向去推論因果，而非推論巧合。而我們幾乎完全察覺不到自己具有這類偏見。

當我們在隨機事物當中看到某些模式，就會產生因果錯覺，而且我們最可能看到的模式，是那些自認了解其成因的模式。「由於發自本能的因果信念，而導致我們去感知符合那些信念的模式」，這種情況發生的頻率至少不會少於「由於感知到某些模式，而導致我們去形成新的信念。」在不尋常之處看見臉孔，正是這類感知模式發揮過了頭的顯著案例。

一九九四年的某一天，杜瑟（Diana Duyser）在剛剛烤好的起司三明治上看到了奇特的景象。只見土司麵包的烤痕上，有一張臉孔回望著她。在南佛羅里達州從事珠寶設計工作的杜瑟，馬上認出這是聖母瑪麗亞的面孔。她沒有吃那個三明治，而是把它儲藏在一個塑膠盒裡，一直保存了十年（怪的是竟然沒有發霉）。然後基於不明原因，有一天她突然決定要把這個宗教圖像拿到eBay去網拍。結果國際賭博網站金殿網路賭場（GoldenPalace.com）提出得標金額為兩萬八千美元，而且還由該網站總裁親自出面提貨。據傳杜瑟在交貨時說：「我真的相信這是耶穌的母親聖母瑪麗亞。」

人類心智裡的這種「從隨機事物中，胡亂感知出有意義的視覺樣式」傾向，有一個專有名詞：「幻想性錯視」（pareidolia）。許多幻想性錯視的案例都和聖母瑪麗亞烤起司一樣，屬於宗教方面的影像。例如「修女麵包」（Nun Bun）是一個肉桂麵點，它那扭曲的紋路和德雷莎修女的鼻頭與下巴頗為相似。一九九六年在納什維爾的一家咖啡店裡被發現，但二〇〇五年聖誕節被偷走了。「地下道的聖母」（Our Lady of the Underpass）是另一個聖母像的例子，這一次它是以鹽斑的模樣，出現在芝加哥九十四號州際公路下方，在二〇〇五年吸引大批群眾圍觀，交通為之癱瘓了幾個月。其他案例還包括熱可可裡的基督像，蝦尾上的基督像，牙科X光片上的基督像，以及形狀像基督的奇多起士條（Cheeto）——Cheesus。伊斯蘭教禁止阿拉的圖像，但是一群英格蘭西約克夏的穆斯林卻發現，在一粒剖開的番茄片上，出現以阿拉伯文書寫的「阿拉」字樣。

很多人傾向用較為世俗的觀點來解釋這些臉孔圖像，各位大概不會感到特別驚訝。人類的視覺系統在處理臉孔、物體及文字辨識時，面臨高難度挑戰。因為這些圖案會出現在各種條件與背景下：光線強弱、距離遠近不同，旋轉的方位角度不同，外觀可能完整或局部呈現，具有不同的色彩等等。就像為了要聽見較弱的訊號，你會把擴音器的音量調大，你的視覺系統對於最關鍵的要素，也特別敏銳。事實上，只要是有一點類似你所關注的物體的影像，就可以活化你腦袋裡的視覺區域。只需要五分之一秒，你的腦袋就可以區分一張面孔與其他物體（好比一把椅子或一輛汽車）。再稍微多一點時間，你的腦袋就能區分一個「看起來有一點類似面孔的物體」（好比停車繳費器或三叉插座）與一般物體（好比椅子）。長相類似臉孔的物體，會在你腦袋裡一個叫做梭狀回（fusiform gyrus）的區域激發反應，而這個區域對真正的臉孔的反應極為敏銳。換句話說，你只要看到一丁點兒類似臉孔的物體，腦袋馬上就會把它當作一張臉，然後用不同於對待一般物體的方式來處理它。這就是為什麼我們這麼容易把類似臉孔的物體看成是真實臉孔的原因。[3]

同樣原則也適用於其他感官。倒著放齊柏林飛船的〈通往天堂的階梯〉（*Stairway to Heaven*），你可能會聽到「Satan」（撒旦）、「六六六」（撒旦的代號）以及其他怪異字眼。倒著放皇后樂團的 *Another One Bites the Dust*，已逝主唱墨裘瑞可能會告訴你 "it's fun to smoke marijuana"（吸大麻真好玩）。這種現象也可以用來取樂或賺錢。一位名叫史多茲瑙（Karen Stollznow）的作家，發現一塊小甜餅上有一個淡淡的圖案外型，可以詮釋成傳統教皇戴的帽子。她馬上拿起數位相機拍了張照片，放上 eBay，然後公開標售這塊「教皇小餅」（Pope Tart）。在拍賣過程裡，她還和許多相信或不相信的人通了一堆有趣的電郵。最後這塊小餅的得標價是四十六美元。她認為教皇小餅的價格之所以這麼低，是因為缺乏宣傳所致，不像聖母瑪麗亞烤起司三明治，受到報章電視的大幅報導。

關於我們心智這種過度捕捉模式的傾向，這些案例只能算是冰山一角。即使是受過訓練的專家，一樣會偏向看到他們期待看到的模式，而非那些不符合他們信念的模式。想想看那位避險基金經理人杭特，他就是因為押賭天然氣的未來價格，而把資金輸光光（而且不只一次）。他認為自己很了解能源市場的律動，而他對於市場隨機出現的模式的過度詮釋，導致他的公司垮台。當模式辨認運作順暢時，我們有辦法一眼就從商場的人堆中認出走失了的孩子的面孔。然而一旦運作得太過頭，我們就會在甜點上看到上帝，在股價中看到趨勢，看到根本不存在，或是意義不同於我們所想的關聯性。

## 病因與症狀

源源不絕的怪病患者不斷出現在電視影集「實習醫生」和「怪醫豪斯」裡，或是向聖路易診斷臨床中心的基亭醫生報到。然而一般醫生天天看到的絕大多數病人，基本上都只是很普通的毛病。專家很快就能認出常見的綜合病徵；他們對最有可能出現的診斷格外敏感，很合理的學會了期待更常碰到尋常的感冒，勝過怪異的亞洲流感，以及更常碰到一般的悲傷，勝過臨床憂鬱症。

大部分人直覺以為，專家會考慮到許多選項以及許多可能的診斷，超過他們實際考慮過的。然而，真正的專家特性並不在於「具有考量更多選項的能力」，而是在於「具有過濾掉不相干選項的能力」。試想假設有一個小孩進到急診室，呼吸急促，發出氣喘的咻咻聲。可能性最高的解釋莫過於氣喘病，果真如此，只要用沙丁胺醇（albuterol）這類的支氣管擴張劑來治療就可以了。當然，氣喘咻咻聲也可能是因為孩子吞嚥的物品被卡在喉頭造成的。像這樣的外來異物，有可能造成各式各樣的其他病徵，包括繼發性感染。在「怪醫豪斯」這類影集裡，那個稀奇古怪的解釋，通常最後會被證明就是造成孩子病徵的原因。但在現實世界裡，氣喘或肺炎卻是最有可能的解釋。專科醫生認得出它的模式，而且很可能一天之內已經看了好幾個氣喘病例，於是做出一個很快速而且幾乎總是正確的診斷。除非你的工作和基亭醫生一樣，而且你也知道你在處理的是特殊案例，否則把太多心力擺在怪異的病因上，只會產生反效果。專科醫生最先考量的，都是少數幾種最有可能解釋患者綜合病徵的診斷。

就某方面來說，專家就是被訓練成隨時準備看到符合他們專業預測的模式。然而，透過這樣一副預期的鏡片來感知世界，不論該預期有多合理，還是可能弄巧成拙。正如忙著計算傳球數目的人沒有看到大猩猩般，專家也可能「漏看」大猩猩，如果這隻大猩猩是不尋常、出乎預料或是極罕見的潛在病因。尤其是在完成大醫院裡的住院醫師及專科醫師訓練，改為私人開業之後，這可能會變成一個大問題，特別是郊區的家醫或內科醫生。在大都市教學醫院裡遇到的疾病發生率，和郊區小醫院有很大的差別，因此醫生必須針對新環境轉換他們識別的模式，這樣才能保住專家級的診斷技巧。

預期心理足以讓任何人有時候看到不存在的模式。多年來，克里斯的媽媽的雙手和膝蓋都有關節痛的毛病，而且她覺得遇到天冷或下雨的日子，關節尤其疼得厲害。這樣想的人可不只她。一九七二年有一份研究發現，八〇至九〇%的關節炎患者都曾報告說，當氣溫下降，氣壓降低，而濕度升高時——換句話說，也就是天氣即將轉冷下雨之際，他們的疼痛會加劇。醫學教科書以前也常常大篇幅探討天氣與關節炎之間的關係。有些專家甚至勸慢性關節疼痛病患遷往比較溫暖乾燥的地方居住。但是，天氣真的能加劇關節炎的疼痛嗎？

瑞德麥爾（Donald Redelmeier）醫生和認知心理學家塔夫斯基（Amos Tversky），研究追蹤了十八名關節炎病患達十五個月，要求他們每個月評估疼痛程度兩次。然後他們再把這些數據拿來比對當地同時期的天氣報告。除了一人之外，其他十七名病患都相信天氣轉變會影響他們的疼痛程度。但是當瑞德麥爾和塔夫斯基比對疼痛報告與同一天（或前一天，或前兩天）的氣候變化時，卻發現兩者完全不相關。雖然參與實驗的受測者對此深信不移，但是氣候變化卻與他們回報的疼痛度完全沒有關聯。

克里斯把這項研究告訴母親。她說她相信那個實驗是對的，但她還是覺得，天氣轉變會讓她更痛。疼痛不盡然會呼應統計數據，這並不令人驚訝。那麼，為什麼關節炎病人會相信某個不存在的模式？人為何會認為天氣與關節疼有關，但事實上天氣完全無法預測疼痛？瑞德麥爾與塔夫斯基又做了第二個實驗。他們找來一群大學生，讓他們看一組組配對的數字，其中一個是病人的疼痛程度，另一個是當天的大氣壓。不要忘記真實的情況是：疼痛與天氣狀態無關——知道大氣壓數值，對於預測某位病人當天感到多疼痛一點用都沒有；因為病人在溫暖天晴時疼痛的可能性，和陰冷下雨的日子一樣高。在這份假造的實驗數據中，兩者同樣無關聯。然而，就像真的病人一樣，還是有超過一半的大學生認為這份數據中關節炎疼痛與天氣之間有所關連。其中一個案例，更是有高達八七%的人認定兩者有關。

經過「選擇性的比對」（selective matching），這個實驗裡的受測者在數據組裡頭，只把焦點擺在低壓與疼痛碰巧同時發生的少數日子上，但卻忽略其他大部分日子。關節炎病人很可能也是如此：對於關節炎疼痛剛好出現在陰雨天冷的日子，他們記得比疼痛出現在暖和晴天的日子要為清楚，且遠勝於未感覺到疼痛的日子，對於無疼痛感的那些日子，他們幾乎毫無記憶。像這樣被大家公認的天氣與病徵之間的關聯，已經深植於日常生活用語了；例如英文裡在描述精神不濟時，有"feeling under the weather"這種說法，另外還包括冬天戴帽子可以減低「受寒」（catching a cold）的機會。受測者和真實病人都感知到一個根本不存在的關聯，因為他們採用吻合既有信念的方式，把天氣和疼痛數據詮釋成具有一致性。他們看到期待中出現的大猩猩——即便眼前根本沒有東西。[4]

## 當「以為」變成「因為」

許多心理學入門教科書都會要求學生思考：為什麼冰淇淋銷量與溺水率之間會呈現正比關係。在冰淇淋銷量大增的日子，溺水的人會比較多；同樣，冰淇淋銷量較小的日子，溺水的人數也相對較少。吃冰淇淋應該不會引發溺水，而溺水的新聞應該也不會刺激人去吃冰淇淋。其實，是第三個因子：酷暑，造成這兩個結果同時發生。反之，冰淇淋在冬天的銷量較少，而冬天游泳的人數也變少，因此溺水人數也相對降低。

這個例子將我們帶到因果錯覺所造成的第二個偏見：當兩個事件同時發生時，我們會推論其中一個事件必定是由另一個事件所造成。教科書舉冰淇淋與溺水的相關性當作例子，正是因為這兩者很難互為因果，但我們卻很容易看出是第三個未被提及的「共同因子」，造成這兩個事件同時發生。很不幸的，在現實世界裡，這種因果錯覺並非如此顯而易見。

大部分陰謀論的根據都是這樣的：在心裡有一個理論時，偵測到事件的模式，而這些模式似乎能幫助我們了解事件為何發生。基本上，陰謀論都是從巧合中推論原因。你愈相信該理論，就愈可能落入因果錯覺的陷阱。

陰謀論是因為我們的某個模式感知機制出差錯所造成的，相當於聖母瑪麗亞烤起司三明治的認知版本。有些陰謀論者早就相信小布希會策劃九一一事件，做為入侵伊拉克的藉口，因此他們很快就把他對「目睹第一架飛機撞上世貿大樓」的錯誤記憶，當作他預先知道這場攻擊的證據。相信希拉蕊會不惜一切爭取總統提名的人，同樣很快下了定論，認為她對出訪波士尼亞遇襲的錯誤記憶，就是她為了選舉不惜說謊的鐵證。在這兩個案例中，人都把自己對當事人的了解，拿去配合事件，以形成某個模式。他們推論出一個可能的原因，並且因為太過自信，而沒能注意到其他更高可能性的解釋。

像這樣的因果錯覺案例實在太多了，俯拾皆是，使得我們所開授的研究方法課班上的學生，毫無困難就完成了我們指定的功課：在最近的媒體報導中，找出一則僅僅根據一個關聯就誤推出一項因果關係的報導。ＢＢＣ上有一篇標題煽情的文章──〈性愛保青春〉（Sex Keeps You Young），內容是報導皇家愛丁堡醫院的韋克斯（Dr. David Weeks）證明了「每週做愛三次以上的伴侶，比起每週平均做愛兩次的人，外表年輕十歲。」[5]這篇報導附帶了一張照片，圖說寫著：「規律的性愛『能夠讓你顯得更年輕。』」雖說做愛有可能讓人看起來年輕，但是看起來年輕也同樣可能導致更多的性愛；又或者，長相年輕代表了身體健康，而健康的身體又比較容易進行頻繁的性愛；又或者，看起來比較年輕的人，更有可能維繫性關係，又或是……可能的原因多得講不完。長相年輕與性活動多寡之間的統計關聯，並不能暗示其中一方造就了另一方。這篇文章的標題要是反過來寫成〈外貌年輕讓你性愛多多〉，推論性大致相同，但卻缺乏驚奇感，因此也較缺乏新聞報導性。

當然，有些相關性比較能夠反映出真實的因果關係。較高的夏季溫度比起溺水報導，前者更有可能驅使人大啖冰淇淋。統計學家和社會科學家發展出一套很聰明的方法，來蒐集並分析相關數據，而這些相關數據能增加發現真正因果效應的機率。但是想明確測試某個關聯是否為因果，唯一的辦法──我們要再強調一次，唯一的辦法，就是用實驗來證明。沒有實驗，單靠觀察取得的相關性，在科學上只能算是「注意到一項巧合」。許多醫學研究都採用一種流行病學研究法──計算並比較不同類組或是社群的人之間的疾病發生率。譬如說，某項流行病學研究可能會計算並比較「攝取大量蔬菜者」與「攝取少量蔬菜者」的整體健康狀況。這樣一個研究可能顯示，一生中大量攝取蔬菜的人，通常比少量攝取蔬菜的人更健康。這個研究所提供的科學證據是：吃蔬菜與健康有關聯，但是並沒有支持「吃蔬菜能讓人身體健康」（或是「身體健康能讓人多吃蔬菜」）這類說法。吃蔬菜與健康，這兩者都可能是由第三項因子所造成的；譬如說，富裕可以讓人同時負擔得起美味新鮮的食品以及超優的健康保養。流行病學研究不能算是實驗證據，但在許多研究案例——例如吸菸與肺癌，可能具有潛在的因果關係，因此這種研究方式仍然是判斷兩項因子是否相關的最好方法。

不過，和觀察到的關聯性不同的是，實驗能夠有系統的變更其中一項因子（稱為自變數，independent variable），以觀察它對另一個因子（稱為應變數，dependent variable）的影響。譬如說，你如果想知道人是在一邊聽背景音樂的情況下，還是在安靜的情況下，比較能專注於高難度任務，你會隨機分派一些人邊聽音樂邊進行某些認知測驗，同時分派另一些人在安靜的環境裡進行同樣的認知測驗，然後再計算他們的成績表現。你由此實驗引進了一項成因（聽音樂或不聽音樂），然後觀察一個效應（認知測驗的成績表現）。然而，若只是單單觀察到兩個效應的同時發生，並不代表其中一個效應造成了另一個效應。也就是說，如果你只詢問大家是否聽音樂，然後再計量他們的認知測驗表現，並不能證明聽音樂和認知成績之間具有因果關係。為什麼？

這其中奧妙之處便在於：想正確推論出因果關連，必須藉由「隨機」這個要素。每位參與實驗的受測者都必須以隨機方式分配到兩個類組。否則，兩組之間的差異將有可能起因於其他的系統性偏差。這麼說吧，你如果只是要求受測者回報，他們在工作時有沒有聽音樂，然後你發現工作時不聽音樂的人似乎生產力比較高。但是許多因素都可能造成這項差異：也許教育程度較高者喜歡在安靜環境下工作，又或許注意力缺失者比較可能邊聽音樂邊工作。

心理學導論課程一定會教授的一條原則是：**相關不代表因果**。這條原則需要被教授，主要是因為它與我們的因果錯覺背道而馳。想把這個原則內化在心裡，尤其困難，就算在概念上能理解這項原則，對於防止犯錯也幫助不大。好在我們有一個簡單的竅門，可以幫助你挑出運作中的因果錯覺：無論何時，當你聽到或讀到兩個因子之間的某項關聯時，你只要想，有沒有辦法將人**隨機分配**到任意一組情況中。如果答案是不可能辦到，太過昂貴，或是倫理上不允許，那麼該研究便無法稱之為實驗，而它所推論出的因果關係也就缺乏支持證據。以下幾個案例都取材自真正的新聞報導，可以解釋這種做法：

• 霸凌會造成孩子的精神損傷——

請問研究人員有沒有辦法隨機分配某些孩子被欺負，某些孩子不受欺負？不可能——至少道德上不容許。所以這項研究必定只能估算「被霸凌」與「精神疾病」之間的關聯。至於因果關係，也可能是反向的：在精神方面有問題的孩子也可能比較容易被欺侮。又或是某些其他因素，例如家庭背景，造成他們既容易被欺負，也容易產生精神方面的問題。

• 你住的鄰里是否會引發精神分裂？——

這份研究顯示，某些鄰里的精神分裂症比率超過其他鄰里。請問研究人員能夠隨機將人分配搬到不同地區居住嗎？就我們的經驗，人們通常很樂意參與心理學實驗，但是如果要求他們為此打包搬家，恐怕就逾越權限了。

• 家事能減低乳癌風險——

我們深深懷疑，哪個實驗人員有這個運氣能隨機指揮某些女人「多做一點家事」，另一些女人「少做一點家事」（雖說某些受測者可能樂見他們有這份運氣）。

• 性味十足的歌詞會激發青少年性行為——

世間可能有一群青少年被隨機分配去聆聽歌詞充滿性含意的歌曲，而另一群青少年被分配去聽歌詞比較無害的歌曲，然後再去觀察他們有多少性生活嗎？或許某個大膽冒進的實驗人員真敢在實驗室裡做這種研究，但是本案中的研究人員可沒有。再說即便真的做了這個實驗，青少年在實驗室裡聽了阿姆或王子的歌曲後，是否真的會驟然改變他們的性行為，也頗值得懷疑。

你一旦懂得運用這個竅門，很快就可以看出這類誤導人的標題有多滑稽了。在大部分這類案例中，研究人員可能都很清楚自己研究的局限，知道關聯並不能暗示因果關係，所以會在他們的科學論文中採用正確的邏輯和詞彙。但是，當他們的研究被「轉譯」成通俗的大眾報導時，因果錯覺卻占了上風，個中的精緻意含也隨之消失。新聞報導在試圖讓聲明更有趣，或是讓敘述更可信的同時，經常會弄錯因果。如果報導說的是，那些常聽性味十足歌曲的青少年，剛好也是比較年輕就發生性行為，這篇報導的趣味將大大下降。因為比較精確的用詞遣句，會容許其他可能性存在——例如發生過性行為或是對性有興趣，都會讓青少年更喜歡聽歌詞充滿性意味的歌曲，又或是某個其他的因素同時造成性早熟與喜愛性味歌曲。

## 「然後呢？發生了什麼事？」

這種把關聯當成因果的錯誤感知，與我們愛聽故事的天性有密切關係。當我們聽說青少年在聽充滿性意味的歌曲或是在打暴力電玩，我們就已預期會產生一些後果。於是當我們聽說同樣一批青少年後來更容易有性行為或是比較暴力，我們就會推論其中的因果關聯。我們馬上就相信，自己了解這些行為具有因果關係，但是我們的了解其實是根據一項邏輯誤謬。[6] 驅動因果錯覺的第三大機制，源自我們詮釋敘述的方式。對於年表記事或只是一系列發生的事件，我們總是喜歡假設，先前發生的事件必定導致後來發生的事件。

小說《無盡的玩笑》（*Infinite Jest*）的知名作者華萊士（David Foster Wallace）在二〇〇八年夏末，於家中上吊自殺。就像許多富創造力的作家，華萊士長久以來深受憂鬱症和藥物濫用之苦，而且他之前也曾經試圖自殺。華萊士稱得上是文學天才，早在二十五歲，還在念藝術碩士時，就已經發表了第一本小說《系統的掃把》（*The Broom of the System*）。這本書受到《紐約時報》盛讚，但也有一些評論不那麼看好。華萊士接下來寫的是短篇小說集，但總是覺得好像不成功。他母親要他回家來住。根據《紐約客》雜誌麥克斯（D.T. Max）的一篇報導，當時他的處境急轉直下：

> 一天晚上，他和妹妹艾美一起看了部感傷的電視電影「凱倫．卡本特的故事」（*The Karen Carpenter Story*），內容是關於歌手凱倫．卡本特，她最後死於厭食症。節目演完後，華萊士的妹妹（當時在維吉尼亞大學念藝術碩士）告訴他，她得開車回維吉尼亞州。華萊士要求她別走。她走了之後，他試圖仰藥自殺。

你怎樣解讀這段關於華萊士企圖自殺的文章？對我們來說，最自然的詮釋就是：華萊士看完那部電影覺得很低落，希望妹妹留下來陪他，但是她拒絕了，於是沒有她陪伴的華萊士沮喪之餘，便服藥過量。但是你如果再讀一遍，你會發現該文根本沒有清楚說出這些事。嚴格說，即便「他希望妹妹留下來」這個想法，都只是「華萊士要求她別走」這個句子所暗示的。麥克斯的文字精簡到幾乎只剩下事實。但是我們連上這些事實的詮釋，似乎再明顯不過；我們自動想到它，根本不必有意識思考，事實上我們甚至沒有察覺自己添加了一些原文中沒有的資料。這就是因果錯覺在發揮作用。當我們聽到一系列事實被陳述時，我們會把其中的缺口補滿，以創造出一個因果序列：事件一造成了事件二，然後又引起事件三，如此類推。那部電影讓華萊士情緒低落，促使他要求妹妹留下來；她還是走了，所以她想必是拒絕了他，害得他企圖自殺。

除了只因為順序的暗示就自動推理出原因，我們還傾向於更容易記得這類需要我們推論的敘述。且看下面兩個句子，摘自丹佛大學心理學家基南（Janice Keenan）與同事的一份研究：[7]

1. 喬伊的哥哥不斷揍他。第二天他的身上滿是瘀傷。
2. 喬伊的媽媽簡直是氣他氣瘋了。第二天他的身上滿是瘀傷。

在第一個案例，沒有必要去推論；喬伊的傷痕打哪來，第一個句子寫得清清楚楚。在第二個案例，瘀傷的原因只是暗示的，沒有明講。基於這個原因，了解第二組句子要比了解第一組句子稍微困難些（而且花的時間也長一點）。但是你如何解讀這些句子則為關鍵。要了解第二組句子，你必須多做一項邏輯推論，那是你在讀第一組句子時不需要做的。而你在做這項推論的過程中，腦海裡會對你所閱讀的內容，產生一個更豐富也更詳細的記憶。❶《紐約客》那篇報導的讀者，很可能會記得句子所暗示的華萊士早期企圖自殺的原因，即便文中根本沒有這樣說。他們會記得這個，是因為這個論點是由他們自己推論出來的，而非由作者雙手奉上。

「講一個故事嘛！」小孩都會這樣央求父母。故事聽到一半，你如果停下來，他們就會問，「然後呢？發生了什麼事？」成年人更是把高達幾十億美元的大筆金錢投入電影、電視、小說、短篇故事、自傳及歷史作品，以及其他形式的敘事上。大眾觀賞性運動的魅力之一，就在於它們的年代記事；每一場比賽，每一次得分，每一支全壘打，都是在一則結局還沒有定案的故事裡，新添加的一個事件。老師以及科學書籍的作者都知道，想抓住並掌握聽眾的注意力，說故事是最有效的方法。[8]但是這裡有一個矛盾：故事本身——也就是一連串的事件，雖然很有娛樂性，但卻沒有直接的用處。很難了解，為什麼演化會把我們的腦袋設計成這般偏愛按照各事件的順序來接收它們，除非這種呈現方式能帶來好處。不像任何特定的故事，一條關於「誰引發了誰」的通則，可以是極有價值的。知道「你的哥哥吃了一塊長有黑點的水果，然後就嘔吐起來」，會促使你去推論原因（食物中毒），一點點的知識也有可能在未來諸多情境下幫了你大忙。也因此，我們之所以這麼喜歡聽敘事，正是因為當只有一堆按時間順序排列的事件時，我們就會忍不住要假設其中的因果，而我們的腦袋天生渴望且想利用的，其實是因果關係，並非一系列的事件。

麥克斯在華萊士特寫報導的下一段文字中透露，華萊士在自殺未遂復原後，「決定不值得冒發瘋的危險來寫作。他申請也被接受進入哈佛大學哲學系研究所。」再一次，其中暗示了因果關係：由於害怕憂鬱症與自殺，使得華萊士去申請哲學研究所。但是我們憑什麼推斷他的過程？一

---

❶ 相對於不需做因果推論的一組配對句子，閱讀需要做因果推論的句子時，較多腦部區域產生反應。相關研究請見：G. R. Kuperberg, B. M. Lakshmanan, D. N. Caplan, and P. J. Holcomb, "Making Sense of Discourse: An fMRI Study of Causal Inferencing Across Sentences," *Neuroimage* 33 (2006): 343–361.

個可能性是，他申請哈佛大學，而且只申請哈佛大學。另一個更常見的情況是，他申請了很多家研究所，然後再看哪一家收他。只申請哈佛大學這個舉動，顯示此人要不是超級自信，就是故意要讓自己失敗（或是兩者兼具）；申請很多個研究所，則是「想進入最佳學府深造有興趣的學問」的表現。這兩種行為，代表截然不同的性格與人生態度。

在我們看來，麥克斯似乎在暗示，華萊士只單單申請了哈佛大學，因為如果他同時還申請了別家研究所，這件事對於我們所詮釋的華萊士的行為，就變得無關緊要，所以作者應該會提到它。在讀到像這樣的陳述時，我們會自動假設已經掌握到了所有需要的資料，因此正確的因果解釋，就是最直截了當的那一個。麥克斯的文字並沒有明講華萊士只申請了哈佛大學；但是那些文字卻將我們不知不覺引導向他所做的結論。

我們的腦袋顯然比較喜歡這種額外的邏輯跳躍，勝過被明白告知每件事的原因。或許這就是為什麼那句老掉牙的忠告「用表現的，不要用說的」（Show, don't tell.），對於想讓作品更扣人心弦的作家是那麼有用。敘事的錯覺確實可能成為作者或說者的強力工具。只要把一些單純的事實打散，重新安排順序，或是中途省略或加入相關資訊，他們就可能控制閱聽人的推論。不論有意還是無意，麥克斯創造了這樣的印象：華萊士企圖自殺是因為他妹妹無情的回絕留下來陪他，以及華萊士只申請了哈佛大學研究所。當你明白敘事對因果錯覺的影響，你就能以不同的角度去讀他的文章，並看出那些結論其實不一定正確。（小訣竅：小心政治家和廣告商，他們最會耍弄這種伎倆！）

## 「我要買你的石頭！」

在電視劇「辛普森家庭」某一集裡，荷馬和花枝有一段對話，對於「把時間上的關聯解釋成因果關係」的危險性，稱得上是最佳的說明範例。[9]話說，劇中有人看到一隻熊在春田市出沒，城裡馬上組織了一支防熊巡邏隊，配備一應俱全，包括直升機，裝有警笛的卡車，以確保熊跡不再出現。

荷馬：啊……一隻熊影都沒有。防熊巡邏隊想必靈驗得像魔法一樣。

花枝：爸，這個推理聽起來好像沒錯。

荷馬：謝啦，寶貝。

花枝（彎腰撿起一塊石頭）：照你的邏輯，我也可以說，這塊石頭能防止老虎靠近。

荷馬：哦……要怎樣發揮作用？

花枝：沒有作用——就只是一塊蠢石頭。但是我沒看見老虎在附近呀，你有看見嗎？

荷馬：花枝，我要買你的石頭！

荷馬認為防熊巡邏隊能防止熊靠近，但事實上，他們沒有做成任何事——第一隻被看到的熊只是異常現象，本來就不會再出現第二隻熊。這幕戲很滑稽，因為因果關係太奇特了。石頭當然不能防止老虎靠近，但荷馬還是做了那項推論，只因為事件的時間順序誘發了因果錯覺。在其他案例，當因果關係看似合理時，人就會很自然去接受它，不會去想想看有沒有其他可能的解釋，而造成的後果可能遠超過花冤枉錢去買一顆防虎石。

二〇〇九年四月，美國最高法院召開言詞辯論庭，爭論焦點「投票權法案」是一九六〇年代聯邦政府通過的民權法之一——該法案希望能防範政治管轄權（像是公共事業單位、都市、學校董事會、郡等等）在南方各州劃分界線，設定選舉規則，偏向白人選民勝過黑人選民。該法案第五條要求，這些州在變更任何選舉程序前，要先通過聯邦政府的「初審」。德州公共事務部辯稱，既然該法案只強制某些州（大部分都是一百多年前美國邦聯的成員）達成該項要求，等於是違憲歧視這些州。

首席大法官羅柏茲（John Roberts）詢問政府律師凱泰爾（Neal Katyal）「每兩千件選舉變更申請當中，只有一件遭到駁回」這個事實所代表的意含。凱泰爾答道：「我認為這意味著第五條發揮了功效；證明它很有震懾力。」羅柏茲當時恐怕想到了防熊巡邏隊那一幕，只見他回覆道：「這個嘛，就好像以前的大象哨子。你知道，我有這個哨子可以防大象。你也曉得，一派傻話。根本沒有大象，所以一定會奏效。」

羅柏茲的觀點，表達方式雖然比較接近「辛普森家庭」而非認知心理學，但重點還是在於因果錯覺可以讓我們去假設某個事件（法案通過）造成了另一個事件（實際終止了具有歧視性的選舉規則），然而我們真正掌握的數據，在邏輯上並不足以成立這項關係。「政府的初審幾乎每一次都過關」這件事實，完全不能說明大家是否因為該法案才循規蹈矩。該法案之外的原因——例如種族主義或至少公然的種族歧視，已經隨著時間漸漸減輕，也可能造成這種改變。

關於現在是否還需要投票權法案，在此我們並沒有偏好立場；可能有需要，也可能不需要存在。但這正是我們的重點：如果我們所有的資訊只是「沒有人不遵守」，我們將無從得知這個法案到底發揮了多大用處。也有可能，即使該法案已經不存在了，大家還是繼續遵守禁令。

投票權法案引發的爭論，在公共政策上是很常見的。試問有多少法案的通過、延長或廢除，是根據「真正了解它們會對行為造成的後果」？我們常常掛在嘴邊討論「意外之後果」有多危險，但是卻很少想到，我們對於「意料之後果」有多麼欠缺了解。我們知道該法案或規定擬定前的情況，可能也知道在那之後情況有些改變，但是光憑這一點，並不能證明就是該法案造成了那些改變。若要測試該法案真正的因果效應，唯一的辦法就是去做一個實驗。在投票權法案的例子，最好的辦法就是隨機選擇幾個司法管轄區，廢除第五條，經過一段時間之後，再與沒有廢除第五條的轄區做比較，看看兩組地區通過的歧視性選舉規則的比率有多高。如果這兩組地區的歧視比率有差異，那麼就可以推論該法案具有影響。當然，該法案可能還是會違背憲法，但是有一些問題，就算是做實驗與分析數據還是無法回答的！[10]

這種「只偏愛一個說法，但忽略其他可能原因」的傾向，普遍存在眾多商業暢銷書裡面。[11]幾乎每一本書都宣稱找出導致公司成功的關鍵因素，從《追求卓越》（*In Search of Excellence*）到《從A到A⁺》（*Good to Great*），都錯在只考慮成功的公司，然後分析它們的做法。然而，他們沒有去探討是否有其他公司採用同樣做法，卻失敗了。葛拉威爾（Malcolm Gladwell）的暢銷書《引爆趨勢》（*The Tipping Point*）描述已經退流行的品牌 Hush Puppies，在它們出產的鞋子一夕暴紅之後，如何神奇的反敗為勝。葛拉威爾指稱，Hush Puppies 之所以成功，是因為被一項當紅的次文化給相中，變得很有吸引力，令人興奮。他說得沒錯，Hush Puppies 確實很令人興奮。但是「這種興奮讓它們成功」的結論，完全只是根據一項後見之明的敘事偏見，而非根據一個實驗。事實上，「讓人興奮」與「成功」之間是否真的有數據上的關聯，甚至都還不清楚呢。我們即使是想建立一個非因果的關聯，都需要知道，有多少家類似的公司在沒有讓人興奮之前，就已經業績起飛，以及又有多少家公司雖然也激起類似的興奮之情，業績卻沒有起色。唯有知道這些，才能開始考量，讓人興奮是否能帶來成功——或者該項因果實際上是否為反向而行（成功造就興奮），又或者是同時兩個方向都有（是一個良性循環）。

把年代敘事變成因果，還附帶了另一個陷阱。由於我們在感知一系列事件時，會把它們都當成時間軸的一部分，認定某個事件導致下一個事件，因此我們很難看出，幾乎所有單一結果，都是由許多互相關聯的理由或原因所造成的。時間的連續性，讓人以為複雜的決定或事件必導因於單一成因。我們嘲笑那些熱中陰謀論的人用這種方式來思考，但是他們只不過是把我們全都具有的因果錯覺，發揮得更為極端而已。以下是微軟全國廣播公司（MSNBC）新聞節目「硬球政治」（*Hardball*）主持人馬修斯（Chris Matthews），在討論二〇〇三年美國攻打伊拉克的原因時所發表的言論：

- 這場戰爭的**動機**到底是什麼？（二〇〇三年，二月四日）
- 我想知道九一一是否為導致它的**原因**，因為很多人都認為這是報復。（二〇〇三年，二月六日）
- 你相信大規模毀滅武器是這場戰爭的**起因**嗎？（二〇〇三年，十月二十四日）
- ……我們向伊拉克宣戰的**原因**並不是為了想打造更美好的伊拉克，是為了要殺壞人。（二〇〇三年，十月三十一日）
- 小布希總統說他想要在中東地區推展民主。這是伊拉克戰爭背後的**真正原因**嗎？（二〇〇三年，十一月七日）
- 你認為我們為什麼要攻打伊拉克？我指的是**真正原因**，而非表面說辭。（二〇〇六年，十月九日）
- 他們參戰的**理由**——對此他們並不後悔，從來就不是他們向我們宣稱參戰的理由。（二〇〇九年，一月二十九日）

我們在每句聲明裡都強調了某些字詞，以顯示該聲明如何預設這場戰爭一定有一個單一的動機、原因或理由。看起來也許像是在決策者心中，只根據一個理由，就做出一項決定。但是，當然啦，幾乎所有複雜決策都具有多重、複雜的理由。就本案例而言，馬修斯在搜尋所謂真正的那個原因時，也還是看出一大堆可能性：大規模殺傷武器，伊拉克支持恐怖分子，海珊的獨裁專制，以及在阿拉伯國家推廣民主的策略，這都還是些比較明顯的原因。而且它們都產生在一個新的，對於「敵人可能攻擊美國本土」很敏感的後九一一背景環境中。要是其中某個或某些先決條件不存在，這場戰爭可能就不會發生。但是在事實發生後，才想把其中之一給獨立出來，說它是這場攻擊的原因，是辦不到的。

像這樣對於原因與結果的錯誤推論，不只出現在政壇，也常出現在商場。譬如藍辛（Sherry Lansing），曾經長期被描述為好萊塢最有權勢的女性，從一九九二年到二〇〇四年間，擔任派拉蒙影業公司總裁。在她督導下，該公司發行了好幾部超級賣座的大片，包括「阿甘正傳」與「鐵達尼號」，而且她的片場曾經拿下三座奧斯卡最佳影片獎。根據《洛杉磯時報》某篇文章，經過一連串失敗計畫以及票房收益下滑，藍辛與派拉蒙就沒有再續約了。她提早一年辭職，但大家都認為她其實是因為表現不佳而遭到開除。然而，就像賣座影片不應該完全歸功於她的天才，那些爛片也不完全是被她搞砸的——每部電影都受到其他好幾百人的創意影響，而且還有好幾百個因素來決定一部電影是否能抓住觀眾的想像力（和鈔票）。

藍辛的繼任者葛瑞（Brad Grey），被讚譽為扭轉了該公司的命運。在他領軍下的頭兩部電影「世界大戰」以及「鐵男總動員」，都成為二〇〇五年非常賣座的影片。然而，這兩部電影的孕育與製作，其實都是在藍辛的任內。要是她再多撐幾個月，她就能居功了，而且很可能會繼續留任。毫無疑問，公司的總裁是應該為整家公司的表現負責，但是把公司的成功或失敗完全歸於最高領導人，正是因果錯覺的典型範例。

## 疫苗接種假說

現在，讓我們再回頭探討本章一開始所提到的故事：因為一名沒有接種麻疹疫苗的女孩，從羅馬尼亞傳教返回美國時，將麻疹帶回美國，因此散播，導致一名六歲女童在印第安納州參加一場教堂集會時染上麻疹。我們想問的是，為何有些父母拒絕讓孩子接種「有助於消滅某種嚴重且高傳染性的兒童疫病」的疫苗。我們已經討論了潛藏在因果錯覺下的三種偏差——過度反應的模式偵測機制、未經驗證而從相關跳到因果，以及我們的大腦天生喜歡按時間順序敘事的習慣設定。我們可以開始解釋，為何有些人自願選擇不要讓子女接種麻疹疫苗。答案是，這些父母、媒體、名人，甚至一些醫生，都落入了因果錯覺的陷阱。更精確來說，他們感知到一個根本不存在的模式，然後誤把一個時間點上的巧合，當成一個因果關係。

自閉症是一種很常見的兒童發展缺失，發生率約為每一百一十個孩子中會出現一名自閉症。近十年來，在美國自閉症的診斷愈來愈常見。自閉症的徵狀包括遲緩或不健全的言語和社交技巧。大部分兒童在兩歲以前都會出現「平行遊戲」（parallel play）的行為——和一起玩的其他孩子做相同的動作，但是不和他們產生直接的互動。而許多兒童在兩歲前都不太會說話。自閉症最常在幼稚園階段被診斷出來，這個階段的孩子一般都會開始和人互動玩耍，語言能力也突飛猛進。許多自閉症兒童的父母，會在子女大約兩歲時，開始留意到他們有些不對勁，在某些較罕見的案例，原本發育正常的孩子甚至會開始退化，失去社交能力。這些病徵最容易被父母發現的時間點，剛好就在他們的子女接受三合一疫苗接種後不久。換句話說，最清楚的自閉症徵狀，是在幼童接種疫苗之後變得最明顯。

現在，你應該已經能嗅出因果錯覺的預兆了。那些在尋找導致自閉症發生率上升原因的父母與科學家，相中了這層關聯，且推論成因果關係。接種疫苗前沒有注意到兒女病徵的父母，在接種完畢後發現病徵，這樣的時間順序模式，剛好符合因果敘事。此外，他們還注意到，疫苗接種率增加，大致與自閉症的診斷率增加相符合。於是，造成因果錯覺的三大因素——模式，相關，以及時間順序，全都到齊了。當然，自閉症診斷率的增加，也和索馬利亞海盜搶劫率增加一致，但是沒有人會說自閉症造成海盜猖獗（或是反過來，海盜猖獗引發自閉症）。因為這層關聯必須有一個合理的因果連結，一個表面上符合本能感覺的連結。它必須提供一個讓人驚叫「啊哈！」的經驗，才得以藉由我們的模式認知機制，進而引發因果錯覺。然而，除了感知到一個直覺的因果關係之外，還需要更多因素，才可能形成一股流行運動。它需要具權威性的專家來證明這層因果關聯。以自閉症的案例來說，需要的正是威克菲爾德醫生（Dr. Andrew Wakefield）。

威克菲爾德是倫敦的一名醫生，他在一九九八年宣稱發現自閉症與三合一疫苗有關聯。他和一群同事在知名醫學期刊《刺胳針》（*The Lancet*）上發表了一篇文章，暗示三合一疫苗與幾樁自閉症案例之間具有關聯。[12]論文出刊那天，威克菲爾德在記者會上解釋自己為什麼會這樣認為：「一九九五年，有好幾名家長與我聯繫，他們口齒清晰、受過良好教育而且憂心忡忡，對我訴說他們子女退化成自閉症的經過……他們的孩子在接種三合一疫苗之前，也就是出生頭十五至十八個月大期間，原本發育很正常。但是在經過長短不一的一段期間後，這些孩子開始倒退，喪失說話、語言、社交以及玩想像遊戲的能力，退化成自閉症。」威克菲爾德宣稱自閉症與所謂「打三倍」疫苗之間有關聯這件事，受到廣大媒體的注意，很可能因此使得某些家長開始拒絕讓子女施打三合一疫苗，結果降低了英國對麻疹的族群免疫能力。

威克菲爾德的報告根據是，在他們研究的十二名孩童中，有八名孩童的家長宣稱子女發展出自閉症是在接種三合一疫苗之後。該文也承認，他們的研究並未證明這種疫苗與自閉症有關聯。要證明這一點，必須進行一場大規模的流行病學研究，以檢驗有接種和沒有接種的孩童自閉症比率。對於威克菲爾德在記者會大肆宣傳這層關聯，賓州大學小兒科教授，同時也是知名病毒學家奧菲特（Paul Offit），在著作《自閉症的假先知》（*Autism's False Prophets*）中忍不住諷刺道：「他頂多只能對外宣稱，他沒有提出任何證據證明三合一疫苗造成自閉症，只是單純報告八名自閉症孩童家長的信念，這樣還稍具可信度。」[13]即使威克菲爾德做了一場大規模的流行病學研究，證明接種過三合一疫苗的孩子具有較高的自閉症發生率，他還是必須證明兩者之間具有因果關係。別忘了，要證明因果關係，實驗者必須將研究對象隨機分配到不同條件的組別。因此，要做出這樣的推論，威克菲爾德必須進行一場臨床試驗，讓某些孩童隨機施打疫苗，另一些孩童則是隨機施打安慰劑，然後他還必須證明這兩組孩童的自閉症發生率具有明顯差異。

不只是像這樣的臨床試驗沒有人做過，在倫理上也不可行；而且大規模的數十萬名孩童的流行病學研究已經證明，兩者沒有任何關聯。[14]接種疫苗的孩童的自閉症發生率，並沒有比未接種疫苗的孩童來得高。疫苗與自閉症間的關聯只是個錯覺——事實上什麼關聯都沒有，更別說是因果關聯了。人會感知到一個能吻合自身信念與預期的模式，而且會從一串事件中推論出一個因果關係。然而，由少數病患所提供的傳聞證據，卻能激起國際間對某種高效率疫苗的恐慌之情。

## 德雷莎修女、昆汀．塔倫提諾以及珍妮．麥卡錫都知道的事

大規模流行病學證據並不支持「疫苗與自閉症之間有關聯」，再說也沒人做過任何實驗來證明有這個關聯，因此任何因果關係的推論都只是一個幻想。如果疫苗接種和自閉症在統計學上連相關性都沒有，疫苗是不可能造成自閉症的。在這樣如山鐵證的支持下，疫苗接種率應該會回到能夠有效消除痲疹流行的程度。這種疫苗很安全，能夠有效預防痲疹，而且完全與自閉症無關。一切到此為止，不是嗎？

不是。正如希斯兄弟（Chip and Dan Heath）在他們有趣的著作《創意黏力學》（*Made to Stick*）中指出，個人軼事往往更容易被記得而長存心中，遠勝於抽象數據。他們引用德雷莎修女的一句話：「假如我看大群體，我不會採取行動。假如我只看一個人，我就會行動。」❷傳聞軼事一向比統計數字更具說服力。正是因為那些小故事擁有敘事的威力，它們對所有人都具有可觀的說服力。你或許看過《消費者報告》指出本田與豐田汽車都極為可靠。該刊物的發行者消費者

聯盟，針對數千名車主做過問卷調查，然後把他們的反應加總起來，製作出可靠的評分表。但是，你如果有一個朋友抱怨說，他的豐田汽車老是出毛病送修，而且他發誓這輩子絕不再買豐田汽車，這些怨言對你的影響力，可能會強過數千名陌生車主的集體報告。我們能夠體會一名車主的經驗，尤其是痛苦的經驗。但是對於千名車主的統計事實，卻沒有辦法感同身受。一個故事要聽起來有力、可信而且讓人難忘，必須要讓聽者產生共鳴。拍過許多暴力電影的導演昆汀・塔倫提諾曾經這樣解釋感同身受有多重要：「看到電影裡砍腦袋的鏡頭，我眼睛眨都不會眨。但是當片中某人被紙割了一道，你會忍不住叫道『哎喲！』」[15]

要克服由極具說服力的傳聞所形成的信念並不容易。請回想前面提過的一個實驗：人對於自己必須推論一個原因的一組句子記得比較牢，勝過寫得一清二楚的一組句子。傳聞軼事的作用方式大致相同，我們天生就容易將一個個案給普遍化，而對於這類推論的記憶，也是天生就牢不可破。個別案例會長駐我們心中，但是統計數字與平均值卻沒辦法。這些傳聞和小故事對我們這麼有說服力，也很合理。在演化出我們的腦袋的環境裡，我們唯一能取得的證據，就只有親身經歷以及我們信任的人所說的話。我們的祖先沒有辦法接觸到大量數據、統計資料以及實驗方法。在不得已的情況下，我們從特殊案例中吸取經驗，而不是從各種情境下的眾人反應，以及堆積如山的數據中學習。

---

❷ 英文原句：If I look at the mass, I will never act. If I look at one, I will.

知名神經科學家拉瑪錢德朗（V. S. Ramachandran）曾用下面這個比喻來解釋個案的威力：「想像一下，我如果牽了一頭豬到你房間，告訴你牠會說話。你大概會說：『哦，是嗎？證明給我看。』於是我魔杖一揮，這隻豬就開始說話了。這時你的反應可能是：『天哪！太神奇了！』你不太可能會說：『啊，但這只是一隻豬。再多證明幾隻給我看看，也許我會相信你。』」[16]如果你相信自己確實看過會說話的豬，再多「豬不可能說話的科學證據」也說服不了你。相反的，科學家恐怕得向你證明，你看過的那頭豬其實不會說話——那只是拉瑪錢德朗利用騙人手法所製造出來的幻象。此外，如果有更多人在散布類似傳聞，全都誤以為該魔術是真有其事，那麼科學的處境就更艱辛了。

如果有位朋友告訴你：「我試過這種新的營養補品，現在我精神好多了，也比較少頭痛了。」你就會推論是該種營養補品造成那些效果。而你在親自做出這項推論（或是相信了你的朋友做出的這項推論）之後，你會把它記得更牢。當一名家長跑來對你說，她的兒子如何在接種了三合一疫苗後逐漸退化，還說她相信是這種疫苗造成她兒子的自閉症，聽起來是很有說服力的，讓人記憶深刻，很難排除於想法之外。即使面對壓倒性的科學證據，以及研究數十萬人所得出的統計資料，那單單一樁個案還是擁有不成比例的重大影響力。家長知道他們所經歷過的，但是他們對科學通常沒有那麼了解。就像我們直覺以為自己很了解拉鍊的原理，但從未真正測試過這份直覺，因為沒有外力逼使我們去測試自己腦裡那些由傳聞所驅動的想法。想要揭露因果錯覺，就像要揭露知識錯覺一樣，必須有系統的測試我們的了解程度，探討我們信念的邏輯根據，以及承認因果推論可能源自不足以支持它們的證據。然而這種層次的自我檢視，我們很少能做到。

再來看另一位人物珍妮．麥卡錫，前花花公子內頁女郎，曾經是一系列暢銷MTV的女主角兼女明星，以及一個被診斷為自閉症的男童的母親。珍妮出於一番好意，想要幫助處境和她兒子一樣的小孩，卻無意間成了一個假象的代言人。當珍妮的兒子伊凡被診斷為自閉症時，她和許多家長一樣，開始尋找原因。即使有排山倒海的科學證據反駁疫苗與自閉症有關聯，她還是鎖定這條假線索做為解釋：「由於疫苗頂端的某種感染和（或）毒素和（或）真菌，迫使孩子的神經發展每況愈下，成為我們所謂的自閉症。」因為太相信自己的經驗，當她被問到做家長的是否應該讓子女接種疫苗時，她的回答非常負面：「如果我還有另一個小孩，絕對不會。」她上歐普拉的談話節目時，也發表類似的看法，對於廣大為人父母的觀眾所害怕的「疫苗會造成自閉症」給予加持。不幸的是，她的倡議加上媒體頻繁報導這種錯覺的關聯，深具影響力。後果就是對於麻疹這類疾病的族群免疫力降低，很可能造成本章開頭所描述的疫情暴發。

一位自認很了解兒子病因的母親——這樣強而有力的故事，比起證明出這種推理乃瞎扯的數十萬名孩童的幾十份調查報告，影響力卻深遠得多（而且也造就出更多動人的電視節目）。正如珍妮佛．湯普森在法庭上強而有力的證詞，導致柯頓被定罪；這則有關一位母親親身經驗的故事，讓我們無法招架，而沒有能力適當權衡證據。它訴求的是情感，是我們天生就同情受難者的傾向，是我們容易被傳聞故事過度影響的傾向。很不幸，當我們在同情他人的經驗時，會變得比較不挑剔那些經驗所傳達的訊息，而且還會把那些訊息記得更牢。這正是諸多廣告宣傳的根據

——如果能讓觀眾同情廣告中的主角，那麼眾人對這些主角的說辭就不會太嚴苛。但這則自閉症案例，卻引發了災難性的結果。

如果父母不想讓子女接種疫苗，進而讓子女冒著染上惡疾的危險，目前的法律基本是容許父母有這個權利的。然而，這項抉擇並非與世隔絕。因為你如果不讓你的孩子接種，等於也讓其他孩子在疫病暴發期間冒著接觸病原的危險。正如病毒專家奧菲特指出：「全美共有五十萬人無法接種疫苗。他們沒辦法接種，是因為正在接受癌症化療、骨髓移植，或是臟器移植，又或是因嚴重氣喘而在服用類固醇。他們必須仰賴周邊的人去接種疫苗。」像這樣的孩子，一旦接觸到麻疹病毒，很有可能死亡。

接種疫苗等於是設下路障，防止疫病的快速傳染，因為有可能成功隔離一小群帶原者。在一個族群裡，沒有接種過疫苗的人數愈多，單一感染愈有可能像滾雪球般，演變為全面暴發疫情。印第安納的麻疹案例為何這麼容易控制，主要原因就在於全美接種過麻疹疫苗的人數還是相當之高。但在媒體大幅報導威克菲爾德的英國，大規模的麻疹流行已經愈來愈普通，而且麻疹又再度被認為是一種流行病。當媒體大肆宣傳並將重心放在那些未經考證卻聲稱發現因果關係的傳聞，勝過正當的流行病學研究時，就會產生這樣的結果。

就某個程度來說，我們都必須信任二手消息來源。我們必須相信專家以及他們的建言。科學家也是人，也會受到傳聞故事以及同情心的影響。我們傾向去相信親近的人的說法，勝過不熟悉的人的說法。不過科學有一個辦法能過濾毫無根據的結論：測試結論背後的研究是否可以複製。

傳聞軼事沒辦法以大規模的科學研究方式來累積，而科學訓練能幫助我們決定哪些來源可以信賴。珍妮・麥卡錫出於一番好意，投入大量精力並運用個人魅力來吸引媒體注意，大肆報導在科學上毫無根據的自閉症病因解釋，轉移了大眾的注意力與資源，使其無法運用在更具前景與展望的相關研究上。

珍妮自己對傳聞故事的依賴，勝過科學方法與更精確的統計分析，也同時燃起她對自閉症偽療法的信念。她相信自己藉由「不含麩蛋白、不含酪蛋白的飲食，維他命營養補品，金屬排毒，以及防止酵母菌在兒子腸道過度增殖的抗真菌藥」，治好了兒子的自閉症。但是她非常震驚，醫學界和科學界竟然沒有為她兒子的奇蹟康復而雀躍：「你們應該意想不到，疾管局、美國小兒科學會或其他衛生主管機構的人，竟然完全沒有與我們聯絡，以評估並了解伊凡的自閉症是怎樣康復的。」

關於珍妮用特殊飲食療法治好兒子的自閉症，會不會給她說對了呢？或許。但可能性高不高？微乎其微。她的養生法只不過是一長串未經證明的自閉症療法中，最新近的一個。鑑於極大量的科學證據顯示，自閉症具有強烈的遺傳基礎，而且自閉症患者的腦部發育和正常小孩差異非常顯著；伊凡的病徵之所以有起色，更可能的原因是接受了廣泛的行為矯正療法（behavioral modification therapy）——這種療法對於某些自閉症孩童確實有幫助。又或者，他的徵狀只是隨著成齡增長而減輕。[17] 甚至也有可能，伊凡根本從未罹患自閉症，而是有其他徵狀類似自閉症的疾病，然後因為服用癲癇藥物而改善了病情。

科學推理工具是有辦法解決「疫苗是否與自閉症有關聯」的問題，但即使數據排山倒海，這樣的科學研究結果還是不見得會被接受。關於自閉症療法，早期有一條假線索的焦點在於胰泌素（secretin），也就是消化系統裡的一個要角。傳聞少數幾個個案有證據暗示，注射取自豬體的胰泌素，可以消除自閉症徵狀。但是超過十幾個小型臨床試驗卻顯示，它的效果並沒有比注射安慰劑（生理食鹽水）的對照組強。後來又有一個大型臨床試驗，檢測多重劑量的合成胰泌素是否有效，該試驗由一家大藥廠所贊助，希望食品藥物管理局核准這種人工合成的胰泌素上市，做為自閉症治療藥物，但是結果沒有功效。[18]這就是科學的做法：研究人員藉由隨機分配某些受測者接受該藥物治療，某些受測者接受安慰劑，然後計算結果，來測試該假說。然而，當必須推論結果時，問題就來了——**人信任的是科學，還是信任自己不完美的直覺？**他們是不是自認自己知道的比較多？

山德勒（Adrian Sandler）與同事進行了其中一個臨床試驗。他們隨機分配二十八名孩童接受一劑胰泌素，另外二十八名孩童接受一劑安慰劑。結果一點都不令人意外（或是後見之明讓我們以為如此），他們發現胰泌素完全不具任何功效。然而這個試驗更有趣的發現，來自事後與孩童家長的訪談：即使已經得知胰泌素沒有功效，還是有六九%的家長想要讓孩子注射。在另一個雙盲研究（double-blind study）中，實驗人員要求家長猜測自己的子女施打的是胰泌素還是安慰劑。[19]家長通常都相信自己能偵測出一些實驗所採用的客觀估計所沒能發現的功效，然後他們就憑著這份信念，做為繼續相信該療法的理由。就本案例而言，家長甚至沒法成功判斷出他們的子女到底有沒有注射胰泌素——他們之所以完全猜不出孩子是否注射胰泌素，正是因為胰泌素完全不具備任何看得出來的功效。

用扎實數據來對抗醫學傳聞碰到的最大問題在於，某些接受治療的患者病情會改善，但某些患者不會。而我們天生就傾向記得那些改善的個案，然後認定該療法能改善病情。通常我們無法做到的是，去比較「接受治療後病情獲得改善」的比率，與「沒接受治療病情仍有改善」的比率。如果該療法具有因果效益，那麼接受治療者比起沒接受治療者，前者病情改善的比率應該大得多。反之，如果該療法不具因果效益，那麼可能是其他未納入考量且受控的因素導致某些人的病情改善。

正如商業書籍作者很少考慮許多依照他們宣揚的做法，後來卻失敗的公司，也很少考慮到許多用其他方法同樣成功的公司。人在思考疫苗接種與自閉症的故事時，並不會把接種疫苗但沒有產生自閉症、接種前就產生自閉症徵狀，或是沒有接種但出現自閉症徵狀的孩子納入考量。如果把這些情況全都納入考量，結果就會很清楚：孩童不論是否接種疫苗，被診斷為自閉症的比率都是一樣的。這個問題還會因為典型的認知行為發展軌跡而變得更加嚴重。就像天下的父母都知道，孩子的發育不是一個連續、漸進的過程。孩子的認知發展就像他們的生理發育一樣，會突然加速。自閉症孩童也是如此。他們可能會很長一段期間沒有任何進步，但是卻在短期內，顯露很大的進展。如果家長剛好在他們嘗試某些神奇新療法時，注意到子女的進步，想當然耳，他們就會把該療法與病情改善聯結在一起。

要接受「我們認知到的某個原因只是假象」相當困難；想用科學與統計來對抗傳聞的小故事，甚至更加困難。這些傳聞軼事最厲害的地方，或許要算是它們所激發的情感。奧菲特那本探討自閉症與疫苗的權威著作，在亞馬遜網站的平均消費者評比為三．九顆星，範圍是一到五顆星。但是，在本案例中，這項平均分數並非最多顧客所給的分數。到目前為止，在一百零二位幫該書評分的人當中，沒有一個人給它中等分數（三顆星），然而有七十人給他最高星等，也有二十五人給他最低星等！

雖然，現在已經有壓倒性的證據顯示疫苗與自閉症一點關係都沒有，還是有二九％的美國人同意「為兒童施打疫苗可能為引發自閉症的部分成因」。令人稍稍感到安慰的是，儘管媒體如此關注這項不存在的原因，但並沒有影響更多人，科學在這裡只能算是部分得勝。如果二九％的家長都遵循他們的信念，不讓孩子接種疫苗，族群免疫力將會陡降，導致痲疹的全面大流行。除此之外，依賴傳聞證據多過縝密實驗的自閉症「新療法」，仍然繼續冒出來，把那些家長引入危險的歧途。我們期望各位在閱讀過本書之後，在面對這類意圖利用因果錯覺的手段時，能具備一些免疫力。

我們探討了因果錯覺可能影響我們的三種方式。第一，我們會在隨機當中認出模式，並利用這些重複出現的模式預測未來事件。第二，我們會把同時發生的事件，看成具有因果關係。最後，我們傾向於把先發生的事件，解釋為後發生事件的肇因。因果錯覺有著很深的根基。人類與其他靈長類不同的是，我們有能力執行「因果推理」。即使是幼兒都明白，當某個物體撞擊另一個物體時，可能會讓另一個物體移動。他們也有能力推論假設的原因：如果一個物體移動了，必定是某個物體造成它移動的。反觀我們的靈長類親戚，一般都無法做這樣的推論，因此牠們也很難學習肉眼看不見的因果。[20]因此，在演化的時序裡，「推論隱藏因果的能力」還是滿近期的事，而新演化出來的機制通常都需要精煉。要我們推論因果一點都不困難，真正的困難在於，我們太會推論因果了，有時候推過了頭，反而對自己不利。

# *06* 快快變聰明！

在國家美式足球聯盟二〇〇七年球季開打前，紐約噴射機隊一如往年，會做一些調整。新球員前往訓練營報到，部分老球員離隊，其他球員則忙著競爭先發名單位置，而隊上的兵書也要更新。但是有一項改變比較不尋常：總教頭曼吉尼（Eric Mangini）下令在球隊練習時，球場要播放古典音樂——尤其是莫札特的作品。「莫札特的音樂和腦波非常類似，可以刺激學習。」曼吉尼這樣解釋，他是備戰細膩出了名的教練。

很多人都和曼吉尼一樣，相信聆聽莫札特音樂能夠讓人變聰明。一位名叫坎貝爾的企業家還把「莫札特效應」（The Mozart Effect）這個名詞拿去註冊商標，用來販賣一系列的書與ＣＤ，成人和兒童的都有。坎貝爾甚至與多所醫院討論設計出能將音樂療效推展到極致的音頻系統。一九九八年，喬治亞州州長米勒（Zell Miller）說服該州立法機構，用公家的錢購買一批古典音樂錄音帶，贈送給該州所有新生兒的父母。他還播放貝多芬的〈快樂頌〉給立法委員聽，做為州情咨文演說中的一部分，然後他問道，「諸位難道不覺得剛剛變聰明了一點？」斯洛伐克有一家醫院讓育嬰室裡所有剛出生幾個小時的嬰兒戴上耳機聽音樂，希望他們的腦力提早起跑。「莫札特的音樂對於智商發育有非常良好的影響。」開發這項措施的醫生這麼說。

就目前為止，我們討論過的好幾種日常錯覺，都是揭露人對自我心智的錯誤想法，而我們也試圖說服各位，這些錯誤有可能對人類事務造成重大影響。此外，我們還建議了一些方法，希望能盡量減低這些錯誤對你人生的衝擊。也因為了解這些錯覺，我們發現的確有可能（雖說並不容易）改變我們的心態，讓我們至少有時候能夠承認並避開它們。但是，如果有一個簡單的辦法能夠克服日常錯覺，能夠提升我們的腦力，讓錯覺根本無法存在，我們會過得更好。

於是乎，「潛能錯覺」（illusion of potential）便將我們帶到了下面這個思考方向：我們腦袋裡其實蘊藏了大量尚未開發的智力，等著我們取用──只是我們不曉得方法。這個錯覺是由兩個信念加總形成的：第一，在人類心智和腦袋的表象之下，蘊藏了「能夠在各種情境、各個領域中，發揮遠超過平日水準的表現」的潛能；第二，這種潛能可以藉由簡單的技巧給釋放出來，而且這些技巧執行起來既輕鬆又快速。莫札特效應的故事就是一個最完美的範例，它展現出這種錯覺是怎樣把一個幾乎沒有科學證據的說法，轉換成一則帶動數百萬美元商機的流行傳奇。就讓我們深入探討「莫札特效應」，來揭開本章序幕。

## 莫札特的神奇效應

莫札特效應是在一九九三年十月闖進了大眾的意識，當時《自然》期刊（全球最頂尖的兩家科學期刊之一，另一家是《科學》期刊）發表了一篇一頁的文章，作者是羅契爾（Frances Rauscher）、蕭歐（Gordon Shaw）和凱（Katherine Ky），這篇文章的題目看來四平八穩，〈音樂與空間推理的表現〉（Music and Spatial Task Performance）。[1]蕭歐出身物理學家，後來興趣移轉到神經科學，他和學生合作發展出一套數學理論，關於腦部神經元如何協同運作。熱愛古典音樂的蕭歐注意到，「古典音樂的數學結構」與「他的理論所預測的神經元電流活動模式」之間，具有某些相似之處。然後他又從他感覺到的這層相似處，做出另一項預測：單單聆聽音樂，就可以強化腦袋功能——但必須是正確的音樂。蕭歐相信，莫札特所作的曲子「最能與我們天生內在的神經語言起共鳴」，且具有最大的強化功能效應，就像他後來所寫的，「莫札特的神奇天才，或許就展現在他的音樂作品充分利用了先天的大腦皮質語言。」[2]

為了測試這個理論，蕭歐雇用了羅契爾，他原本是專業大提琴手，後來轉行念心理學。他們聯手做了一個簡單的實驗，找來三十六名大學生，接受標準智商測驗組合裡的三項測驗：圖型分析、矩陣推理以及摺紙剪紙測驗。在圖型分析測驗中，受測者必須選出形狀適合的積木，來組合成題目所給予的圖型。在矩陣推理測驗中，受測者要從好幾個圖形中，選出題目圖案所缺少的那一塊，而該圖案是由另外幾個抽象圖形所組成的。至於摺紙剪紙測驗，受測者先看一個摺紙類的設計圖，上面有虛線和實線，顯示何處應該摺疊，何處應該剪裁。然後受測者再從好幾張圖片中，選出該摺紙設計圖完成後的樣貌。

在接受這些測驗前，受測者分成三組聆聽不同內容：分別是十分鐘的莫札特D大調雙鋼琴奏鳴曲，十分鐘的降低血壓放鬆法指南，或是十分鐘的寂靜無聲狀態。莫札特這首奏鳴曲被描述為「從頭到尾都很華麗……是莫札特最深奧成熟的作品之一。」該文指出，某一項測驗表現傑出的受測者，在其他項測驗的表現也同樣傑出：這些測驗彼此間有很大的相關性，正如我們對智商測驗各子部分的預期，以及我們對其他認知測驗（像是學術能力測驗）子部分的預期。因此蕭歐小組將這三項測驗合併計算，稱為「抽象推理能力」，並將它轉換成智商測驗裡的得分，而一般大眾的平均分數約為一百分。接著他們比對這三組情境下的受測者，發現靜默組得分約為一一〇，放鬆法指南組得分約為一一一，聆聽過莫札特奏鳴曲的那組則得了一一九分。

於是，聆聽莫札特似乎能讓學生變得更聰明，提高約八到九分智商。雖然九分智商看起來很少，其實不少：一名普通人（定義是智力優於其他五〇％的人）在聆聽過莫札特奏鳴曲之後，智力將會比其他七〇％的人高。這麼簡單的十分鐘古典音樂大補丸，要是能掌控其效應，將能推升一般學生的成績，超越二〇％聆聽放鬆指南或是享受沉默的學生，有可能將B等變成A等，或是將不及格變成及格。

媒體馬上興奮的報導這項科學新發現。「莫札特讓你更聰明」是《波士頓環球報》的大標題。「聆聽莫札特不只是愛樂者的樂趣，它也是腦袋的補品。」文章一開頭就這麼寫道。[3] 蕭歐、羅契爾和凱發表他們的論文還不滿一年，音樂公司就已經開始利用這股爆紅的知名度，推出標題為「靈機一動：智慧莫札特」（*Mozart for Your Mind*）、「莫札特讓你更聰明」（*Mozart Makes You Smarter*）以及「用莫札特開發大腦」（*Tune Your Brain with Mozart*）之類的新ＣＤ。諷刺的是，這些ＣＤ大都沒有收錄該實驗所採用的那首Ｄ大調雙鋼琴奏鳴曲。但是這並不重要，它們的銷售量還是直衝數百萬。米勒州長在對立法委員演說時，還引用了羅契爾的研究成果，他說：「甚至有一項研究顯示，大學生在聆聽莫札特的鋼琴奏鳴曲十分鐘之後，智商會增加九分……沒有人會懷疑聽音樂——尤其是在非常小的時候，能增進空間圖像推理能力（spatial-temporal reasoning），而這種能力正是數學、工程以及下棋的基礎。」[4]

莫札特效應團隊的後續研究，也同樣受到報章雜誌的熱烈報導。和最初那個實驗一樣，這些新實驗也都發現，受測者在聆聽莫札特奏鳴曲之後，智力表現會立即大幅提升，但是靜默或放鬆卻沒有這樣的效果。[5]與此同時，對音樂與認知有興趣的心理學家也開始檢驗這項發現，它非常吸引人，因為之前從來沒有研究顯示，只要聽聽音樂就可以對智能產生這麼大的效益。

第一個發表有關這項發現的獨立研究小組，是紐西蘭奧克蘭大學的史塔夫（Con Stough）團隊。[6]和最初的實驗一樣，他們也採用莫札特的奏鳴曲以及靜默環境，但是多加了一個新情境：舞曲，讓一組受測者聆聽十分鐘節奏藍調歌手歐尼爾（Alexander O'Neal）的*Fake 88*（House Mix版）和*What Can I Say to Make You Love Me?*（Hateful Club Mix版）。三十名受測者在經歷某種聆聽狀態後，馬上做一部分「瑞文氏高級圖形推理測驗」（Raven's Advanced Progressive Matrices test）。這項測驗被認為是衡量一般智商的絕佳測驗。史塔夫團隊發現，莫札特小組的表現只比對照組高出大約一分智商，距離羅契爾所報告的八到九分智商，差太遠了。一分差異，小到有可能來自認知能力測量的隨機變異（random variations），或來自實驗組與對照組的受測者之間的偶然差異（accidental differences）。別的研究團隊也提出了類似的經驗。[7]

一九九七年，北卡羅萊納阿帕拉契州立大學心理學教授史帝爾（Kenneth Steele），也帶著兩名學生做了一場莫札特實驗。他們採用的是「數字廣度測驗」（digit span test），測量你的短期記憶能記住多長的數字串，以便正向或反向的重複它們。這項測驗與一般智力息息相關：你愈聰明，你能回溯的數字廣度愈長。但是，聆聽莫札特對於數字廣度並沒有影響。史帝爾在第二年又試了一次，這一次的實驗設計仿效羅契爾和蕭歐於一九九五年所做的後續追蹤實驗，他們那場後續實驗得到非常大的莫札特效應。所以這次史帝爾採用的是摺紙測驗而非數字廣度測驗，但還是一樣，他沒有發現任何莫札特效應。[8]次年，美國心理學會的旗艦期刊《心理學科學》（*Psychological Science*）發表了這些新結果，標題寫著「莫札特效應之謎：無法複製」（Mystery of the Mozart Effect: Failure to Replicate），而且該學會還發表了一篇新聞稿，標題是「揭穿莫札特效應的真面目」（Mozart Effect’ De-Bunked）。不過，在蕭歐威脅要控告美國心理學會之後，這個標題立刻就被換掉，改成「莫札特效應受到挑戰」（Mozart Effect’ Challenged）。

史帝爾日後寫道，他剛開始做這個實驗時，原本預期可以重複做出莫札特效應。[9]沒錯，哪有研究人員會複製他們認為會失敗的實驗！實驗失敗的原因有很多，就算背後的理論是正確的也可能出現失敗。就本案而言，聽莫札特音樂能提升認知表現，這個理論有可能是對的，但是任何一個想要測試該理論的實驗，都有可能因設計或執行上的各種失誤，而無法支持該理論——那些錯誤都與該理論的正確與否無關。然而，經過一再失敗，沒能發現聆聽莫札特後出現任何認知上的進步，史帝爾終於相信，世間根本沒有所謂的莫札特效應。

## 媒體與事後迷思

史塔夫、史帝爾以及其他人的研究沒有受到太多矚目，但是最初發現莫札特效應的文章卻繼續發揮影響力，左右社會大眾甚至是公共政策。羅契爾還前往美國國會，在某個委員會面前，為她的發現做證。對於這個研究問題的首次發現，媒體超級重視，大肆報導，但是基本上卻不理會其他比較晚出場的結果。這項偏見一點都不令人意外——名聲總屬於最早發現者，不會屬於晚了幾個月才抵達的人，也不會屬於重複原始工作的人。但是即便在科學界，偉大與否的判斷也是回顧性的，唯有歷史才能呈現，而新聞不過是「歷史的初稿」（first draft of history）。當某項新發現被宣布時，或許很難要求新聞記者和其他觀察家表態，「我現在先不要報導這個，我要等到它起碼被別家實驗室重複驗證兩次以上。」尤其是在該研究的衝擊大到九分智商的程度，要求他們自制就更不可能了。某項科學新發現的報導，有點類似報章對待某樁知名罪案的起訴新聞，被放在頭版頭條；至於研究結果不支持該項發現的新聞，只能出現在不顯眼的報紙尾巴（如果還有人登的話），與那位知名嫌疑犯終於獲判無罪的新聞排在一起。

莫札特效應的故事繼續發酵，變得更神奇了。即使所有相關研究的實驗對象都是大學生或成年人，這則傳奇卻演變成莫札特對兒童、嬰孩乃至胎兒都有極大助益。一份中文報紙專欄寫道，「根據西方國家所做的研究，妊娠期聆聽〈女人皆如此〉或是〈C小調彌撒曲〉的嬰兒，很可能一出娘胎就比其他嬰兒聰明。」

社會心理學專家班格特（Adrian Bangerter）與希斯（Chip Heath）曾經計算報導羅契爾與蕭歐最初研究的新聞數量，發現在該文發表的一九九三年，雖然受到許多媒體的矚目，但是比起同時期《自然》期刊所發表的其他惹眼新發現，它被報導的數量並沒有比較多。（那些惹眼的新發現包括精神分裂、冥王星軌道、皮膚癌，以及男女兩性宣稱有過的性伴侶數量等。）然而，在接下來八年期間，莫札特效應論文被報導的數量，卻是上述那些新發現的十倍以上。在報導過幾次之後，媒體對其他主題的興趣便驟然降低，但是莫札特效應的相關報導卻不減反增。[10]

克里斯對莫札特效應的興趣是在一九九八年初被挑起，當時他正在寫一篇有關智商的概念的文章。社會大眾對莫札特效應的狂熱，部分也是來自媒體呈現智商的方式。智商測驗被許多人認為是一種過度簡化、武斷、不正確的，甚至是用種族主義來理解人類認知的方式。[11]還有什麼方法比「聽幾分鐘音樂，就能大幅改變分數」更能駁斥智商測驗？認知專家對於莫札特效應的接受度就不同了。克里斯注意到，無法重複羅契爾等人原始發現的研究堆積如山，反觀成功複製的研究幾乎全來自做出原始發現的那個團隊，而非獨立研究者。在科學上，凡是只有一家或少數幾家實驗室能做出某個效應，其他實驗室都做不出來（就像喧騰一時的冷融合實驗），科學家和存疑者都會開始懷疑效應的真實性。莫札特效應究竟是真的，或只是一個迷思？

克里斯決定要進行一個統合分析（meta-analysis），這是一種統計程序，把針對某項特定研究議題所有可取得之數據加總起來，以得出最佳答案。要了解統合分析的價值，最佳的方式莫過於我們在第三章提過的嘉年華遊戲：猜一個罐子裡有多少顆軟糖。如果有一大群人想要針對某個未知數量定出最佳的集體答案，最理想的做法便是，要求每個人私下各猜一個答案，然後將所有人的猜測加總起來，取其平均數。個別人士的猜測不太可能會正確，但是猜得過高和猜得過低的可能性一樣大。結果，你若把這些獨立猜測都平均起來，過高的答案將會抵消過低的答案，而你最後會得到一個較為正確的總數量估計值。[12]

同樣原理也適用於科學研究。任何研究個別來看，實驗結果都有可能因為不經意的偏差或錯誤而失真，於是對真正的效應做出不精確的估算（在本例，就是你在聆聽莫札特音樂後增加幾分智商）。然而，將好幾個研究的結果平均起來，所有因隨機誤差而導致對效應的高估或低估，將很容易被平均掉，而得出更接近真實的估算。因為它們是根據所有相關研究，因此統合分析的結果將不會特別受到單個讓人印象深刻或是過度宣傳的發現所影響，例如羅契爾和蕭歐最初發表的那篇論文。

在搜遍科學期刊，尋找與最初研究類似的實驗後，克里斯注意到——除了史帝爾在《心理學科學》期刊上的那篇文章，所有後續追蹤研究都發表在大部分研究人員從來不讀的期刊上，許多甚至連聽都沒聽過。他寫信給許多這類文章的作者，要求提供更多數據或資料，以便評估他們的結果。他在同儕評鑑的科學期刊上，總共找到十六個測試莫札特效應的實驗（包括最初那一個）。它們全都拿同一首奏鳴曲來對照沉默無聲、放鬆，或是兩者。對於每一場實驗，克里斯都計算了「有聆聽莫札特」與「沒有聆聽莫札特」兩組受測者之間的表現差異。與靜默組相比，莫札特組的表現提升大約等於智商增加一．四分，這個數值只有羅契爾和蕭歐小組所發現的六分之一。至於那些比較奏鳴曲與放鬆組的實驗，莫札特的優勢則有三分智商，差不多是原始論文結果的三分之一，但仍然是莫札特組與靜默組差異的兩倍。它們之間的微小差異，可能有值得一提的原因：放鬆會降低焦慮與亢奮，但是這種悠閒心態無助於解決困難的智商測驗題。當然，過度焦慮也不適合，一個中等快樂的環境最是理想。與放鬆組相比，靜默組的環境還比較像是中等快樂的環境，只是效果較弱——缺乏外界刺激，你的思緒可能會四處漫遊，讓你比較沒有準備好要應付困難的工作。

克里斯下了一個結論，所謂「莫札特效應」可能根本與「聽音樂具正面效應」無關。與其說莫札特讓你變聰明，不如說是靜坐或放鬆讓你變笨了！我們不妨這樣看，莫札特的音樂是一個對照組，心智刺激的程度與我們日常生活大致相當，但靜默與放鬆則造成了認知表現的「鬆懈」。但是，無論怎樣看，都沒有什麼莫札特效應可供解釋。

還有好幾個研究沒有被納入克里斯的統合分析，因為它們的對照組都不包含放鬆組或靜默組。不過，那些研究倒是揭露了另一個可能的解釋，可以用來說明莫札特組為何較占優勢。舉一個例子，英國科學家哈倫（Susan Hallam）替英國國家廣播公司安排了一個大規模實驗，總共有來自英國各地兩百家學校的八千名學童參與。這些孩子被安排聆聽莫札特五重奏，或是一段有關科學實驗的討論，或是三首流行歌曲（分別為 Blur 的 *Country House*、Mark Morrison 的 *Return of the Mack*、以及 PJ and Duncan 的 *Stepping Stone*），之後再做一些類似羅契爾小組最初實驗裡的認知測驗題。結果，聽流行音樂的孩子表現最好，聽莫札特與聽科學討論的孩子的表現則是沒有差別。有一篇討論這項發現的文章，也很輕佻的宣稱這是「布勒效應」（Blur Effect，blur 意為模糊）。[13]

多倫多大學的南泰斯（Kristin Nantais）與施倫堡（Glenn Schellenberg）研究發現，整體說來，聆聽莫札特奏鳴曲或是史帝芬．金的短篇小說〈最後的階梯〉（*The Last Rung on the Ladder*）之後的受測者，在認知測驗上的表現並無差異。但是受測者在聆聽過他們**最喜歡**的選項後，表現確實會更好。[14]這項發現最合理的解釋，一如對「布勒效應」最合理的解釋在於：當你聽到你喜歡的聲音時，情緒會變好，所以說，當你處在較佳的情緒中，你的智商測驗成績多多少少會好一些。但是這個效應與增加你的智力無關。

克里斯將他的統合分析論文投往《自然》期刊，也就是刊登最初那篇莫札特效應論文的期刊。他並不指望編輯會接受這篇論文，因為他的結論——所有確實存在的些微優勢，是來自興奮與正向的情緒，而非莫札特音樂的任何特質——可以解釋成在「質疑該期刊決定要發表最初那篇論文」。令他喜出望外的是，他們竟然接受了他的論文，於一九九九年八月刊出，而且還與史帝爾團隊另一篇報告無法重複原始實驗的論文排在一起。喜歡看好戲的媒體（即便主角是古板的學術界人士）馬上展開行動：克里斯接受CNN、CBS以及NBC的新聞節目專訪。羅契爾和史帝爾則在NBC的「今日」（*Today*）節目上公開辯論，由主持人麥特勞爾（Matt Lauer）擔任裁判。克里斯的論文甚至還讓他上了「阿噴與阿呔脫口秀：鬼扯蛋！」（*Penn and Teller: Bullshit!*）的某一集，這集的名稱很有趣，叫做「寶寶鬼扯蛋」（Baby Bullshit）。

回顧班格特與希斯所做的媒體分析。他們發現莫札特效應的相關報導在一九九九年暴增，剛好就是這些文章在《自然》期刊上發表的時候，接著事情又平息了。那麼，克里斯的統合分析以及史帝爾和施倫堡的研究，真的駁倒了莫札特效應嗎？也對，也不對。班格特與希斯發現，提及「聆聽莫札特對成年人具有正面效應」的新聞報導愈來愈少，但是誤以為「莫札特能令嬰孩變聰明」的文章卻變得更普遍了！事實上，在羅契爾和蕭歐第一篇報告問世後不過一年，這股潮流就已經開始了。在此，我們要再次聲明，從來沒有任何研究檢驗過莫札特效應對嬰兒的影響！我們針對一千五百名成年人所做的全美問卷調查，是在二〇〇九年進行的，也就是克里斯的統合分析發表後的十年。結果這次調查發現，有四〇%的人同意「聽莫札特音樂能增加你的智力」。大部分人都不同意上述說法，但是別忘了，科學證據完全不支持該說法。照道理，應該是幾乎所有人都不支持它才對，就像你如果說「平均而言，女人的身高超過男人」，幾乎沒有人會同意。

事實上，莫札特效應到現在還贏得許多人的共鳴。二〇〇七年，麥吉尼選擇古典音樂做為紐約噴射機隊練球時的背景音樂，那時的他，想必也是信徒之一。另外，沒當過父母的人，恐怕無法了解莫札特嬰兒迷思在育兒工業的滲透程度有多廣。教育程度高又聰明的朋友所送給我們的新生兒玩具裡頭，常常包括一套播放古典音樂的「莫札特」組合——經常如此，而不是特例。小小愛因斯坦公司（The Baby Einstein）於一九九七年（緊跟在莫札特效應爆紅之後）在一間地下室成立，最初資本只有五千美元，到了二〇〇一年被迪士尼收購前，銷售額已經高達兩千五百萬美元。它所出產的ＤＶＤ的名稱，像是「小小莫札特」、「小小愛因斯坦」、「小小梵谷」等等，在在暗示了：觀看這些產品，你的孩子會變得更接近天才，絕非一般普通寶寶。設計給嬰孩看的影帶，現在已經是價值每年一億美元的產業，[15]即便美國小兒科學會建議，兩歲以下的幼兒不要觀看任何電視或錄影帶。

華盛頓大學小兒科教授齊莫曼（Frederick J. Zimmerman）率領一個團隊，測試這些靈感來自莫札特效應的產品對於兒童認知能力的影響。研究人員針對華盛頓及蒙大拿兩個州，家有兩歲以下幼兒的父母進行電話調查。受訪父母要回答一系列問題，關於他們的小孩花多少時間觀看教育性電視節目、電影以及其他媒體，另一個獨立選項則是「嬰兒ＤＶＤ／錄影帶」。調查訪問的後段，父母會被問到他們的子女是否了解並且（或者）懂得運用幼兒最常用的九十個英文字彙。嬰兒（八到十六個月大）與幼兒（十七到二十四個月大）的字彙表是不相同的，因此研究人員會分別研究不同的年齡組。對於嬰兒，每天多花一小時來觀看嬰兒ＤＶＤ，字彙能力平均降低了八％。對於幼兒，觀看ＤＶＤ與字彙能力之間並不具有任何相關性。[16]

如果你對本書第五章提到的因果錯覺夠敏感，你應該會注意到，這只能算是一個相關性研究。因為研究人員無法隨機分配某些嬰兒去看影帶，某些嬰兒不看影帶，所以說，「觀看嬰兒ＤＶＤ會讓你的孩子變笨」這樣的標題是不正確的。觀看較多錄影帶的嬰兒家庭環境，很可能本來就較缺乏其他管道來建立字彙能力。齊莫曼與同事在進行統計分析時，解釋了一些可能造成觀看ＤＶＤ的孩童字彙能力較差的因素，譬如說父母的教育程度，父母念書給他們聽的時間長短，他們觀看其他媒體的時間長短，以及他們是獨自觀看還是與父母同看等等。然而，即便將這些因素全都納入解釋，觀看ＤＶＤ依舊和「字彙能力較差」相關。雖然我們沒有辦法靠這份研究推出一個有力的因果關係，但它確實不支持「觀看錄影帶或是聆聽莫札特能改進認知」這樣的信念。

就在齊莫曼小組發表這篇論文的時期，迪士尼每年可以從小小愛因斯坦品牌賺進兩億美元，他們對這篇論文反應激烈。迪士尼總裁伊格爾（Robert Iger）公開批評這項研究「有瑕疵」，因為它沒有區隔不同的嬰兒ＤＶＤ產品，言下之意：其他廠牌的ＤＶＤ也許會讓小孩字彙減少，但他們公司的產品可不會。[17]不巧，齊莫曼的一位協同作者曾對某家報紙說，他們的研究發現嬰兒ＤＶＤ對於小孩的字彙能力「有傷害」，這話馬上被迪士尼的一名發言人逮個正著。該公司確實站得住腳：正如我們前面說過的，這項研究只是關聯性的，而非因果性的，所以嚴格說來，並沒有造成傷害。

很不幸，迪士尼這名發言人因為講出更荒謬的言論，而減低了他原先要訴求的科學精確性，他說：「小小愛因斯坦是這麼廣受歡迎，而且如果使用得宜，確實能對孩子的健康與快樂產生影響。」換句話說，該產品對孩子一定有益處，是因為它「廣受歡迎」（應該是受到父母的歡迎，不難理解許多家長恐怕很感激有一件物品能讓哭鬧小娃安靜個幾分鐘，同時他們也很願意相信，自己出於善意買來的產品對子女確實有幫助）。這名發言人沒有提出任何證據（無論是關聯性或因果性證據）來支持他所聲稱的：這些ＤＶＤ使用「得宜」，將有所助益。

至於麥吉尼的莫札特實驗，最後也沒有成功。二〇〇六年，他率領噴射機隊以十勝六敗的成績打入季後賽。次年，他在球隊練習時加播古典音樂，而這年他的球隊成績變成四勝十二敗。在那之後，麥吉尼的噴射機隊總教練生涯只延續了一年，他就被解聘了。

## 未言明的謊言

莫札特效應為何能找到這麼多現成的觀眾？為何有這麼多人會幫自己的嬰兒買古典音樂ＣＤ，或是幫幼兒購買ＤＶＤ？為何大家這麼願意相信音樂和錄影帶能毫不費力的提高子女的智商？莫札特效應很高明的利用了我們的潛能錯覺。我們全都渴望變得更聰明，而莫札特效應告訴我們，我們只要聽聽古典音樂就能更聰明。坎貝爾撰寫的《莫札特效應》，就採用了一個訴求這種錯覺的副標題：「利用音樂的力量來治療身體，強化頭腦，並開發創新精神」（Tapping the Power of Music to Heal the Body, Strengthen the Mind, and Unlock the Creative Sprit）。

我們已經提過，直到現在還有四成的人相信莫札特效應，即使這與科學證據牴觸。為了避免各位誤以為這是個無傷大雅的傻信念，請考量一下它背後的含意：相信這個論調的家長，可能會認為讓子女觀看嬰兒DVD或是聆聽古典音樂，效果不輸給（甚至勝過）親子實際互動。托兒所、學校以及其他機構，可能會有樣學樣。這股播放莫札特給嬰兒聽的風尚，可能會取代一些更好、更能真正增進兒童社交與智力發展的做法。換句話說，相信莫札特效應，有可能讓孩子變得比原本還要糟，就像齊莫曼小組的嬰兒DVD研究所暗示的。

如果有這麼多的人繼續相信莫札特效應，不顧它已被揭穿的事實，那麼其他躲藏在心智能力背後，但沒有受到如此嚴厲質疑的信念又如何？在我們的全美電話調查中，我們還詢問了好幾個能顯現潛能錯覺的問題。

在我們的受訪者當中，有六一％的人同意「催眠有助於目擊者正確回想起犯罪現場細節。」這種「催眠能讓大腦進入一個記憶力遠超過平常的特殊狀態」的想法，所反映出來的信念是：人類具有可輕易開啟的潛能。但是這並不正確。催眠狀態下的人，確實會產生比正常狀態更多的「記憶」，但是這些回憶有可能是真的，也有可能是假的。[18]催眠會讓這些人得到更多的資訊，但是這些資訊不見得比較正確。事實上，人很可能就是因為「相信催眠的力量」，以致於「記起了更多事」：如果人相信自己在催眠狀態下應該有更好的記憶，那麼當他們被催眠的時候，就會更賣力的搜尋更多記憶。不幸的是，我們沒有辦法得知被催眠的人所提供的記憶是真是假——當然，除非我們確知這個人應該能夠記得哪些事。但是如果我們真能確定，那麼一開始就沒有必要採用催眠了。

七二%的受訪者同意以下說法：大部分人只用到一〇%的腦力。這項奇特的信念，早已成為諸多廣告、自助書籍以及喜劇節目裡的重要內容，它存在的時日之久，有些心理學家還藉由歷史研究去追蹤它的起源。[19]就某些方面來說，這個例子堪稱最純正的潛能錯覺：如果我們只用了一〇%的腦力，那麼一定還有九〇%的腦力等著我們去運用，只要知道怎樣去運用就好了。這項信念牽涉的問題之多，簡直讓人不知從何說起。就像有些法條因為撰寫得太不精確，以致無法施行，這項說法真應該被宣告為「不明確而無效」。首先，目前還沒有辦法認定某人使用了幾成的腦力。第二，腦組織若長期沒有產生任何活動，那麼就意味著它已經死了。所以說，如果我們真的只用了一〇%的腦力，那麼除非腦細胞奇蹟般復活，或是被移植，不然不可能增加腦力的使用比率。最後，我們沒有理由去懷疑演化（甚或是智力的設計）會讓人長出一個九〇%都浪費掉的器官。擁有一顆大腦袋，對人類的生存絕對是有危害的——為了要容納腦子而存在的大頭，幾乎沒辦法擠出產道，使得嬰兒有可能死於生產過程。如果我們只用了一部分的腦袋，天擇絕對會在古早以前就把它給縮小了。

這個「一〇%的迷思」，早在腦部造影技術（例如磁振攝影，正子斷層掃描）存在之前便已經登場了，但是對於神經科學的誤解，有可能將它強化了。在有關神經科學研究的新聞報導，經常會出現腦部活動照片（俗稱「腦色圖」），腦袋裡有很大塊區域都是暗色的，或說沒有「點亮」的五彩燈泡。然而，那些燈泡並不代表腦袋裡「有活動」的區域——它們代表的是，在某種狀態或某群人當中，更為活躍的區域（相較於另一種狀態或另一群人而言）。對於腦神經正常的人來說，整個腦袋，包括暗色區域，都是處在「打開」的狀態，具有最起碼的活動量，而你所從事的任何活動，都會在許多腦部區域裡引起活動。所以，不用說，「用更多的腦力」並不能讓你免於日常錯覺。

六五%的人顯然相信「如果有人在你背後瞪著你的後腦勺，你能感覺到他們在看你。」如果真能把眼光伸出去碰觸別人，似乎也不錯，但眼睛可無法發出這樣的射線，而且後腦也沒有感應器偵測他人的眼光。這種錯誤信念根植於以下想法：人在標準的五項感官之外，還具有尚未測出的感知能力，這種第六感是可以證明有用的。然而這個想法早就被徹底推翻了。心理學大師鐵欽納（Edward Titchener）在《科學》期刊上寫道，「我曾測試過這個……在實驗室裡做了一系列實驗，受測者宣稱自己能特異感知到有人在看他們，或是具有特異的能力『讓他們轉過身來』……這些實驗結果始終是否定的。」[20]我們沒辦法藉由瞪人讓對方轉身，也沒辦法指出何時有人在看我們，至少在不先回頭看對方的情況下，是辦不到的。[21]

為什麼有些人會相信這種超感知覺？因為我們傾向於記得那些「當我們一回頭，就看到某人」的案例，但是不記得那些「我們回頭，沒看見任何人」的案例（也不記得「有人在那兒，但我們沒注意到」，當然更不記得「沒有人在那兒，而我們也沒有注意到」的案例）。回顧第五章曾討論到，我們也很容易把一系列符合某個敘事的事件，推論為一個因果模式。如果你開始瞪視某人，然後對方剛好回過頭，因果錯覺就會引導你做出一個錯誤推論：是你讓對方回過頭的。而你在推論出一個原因之後，又特別容易把它牢牢記住。

在鐵欽納看來，既然我們很顯然是無法感覺到他人的目光，他覺得有必要說明為何自己要不嫌麻煩的去研究反駁這個想法。他特別注明，這些實驗「是為了要破除根植在大眾意識既深且廣的一股迷信。」他對於這股「第六感」信念的看法，一點都沒錯。不幸的是，鐵欽納想透過做實驗來根除迷信，並沒有收到效益。[22]長久以來，這些關於「我們能感覺到他人在看我們」的錯誤信念，盛行程度始終沒什麼改變——鐵欽納那篇《科學》期刊上的文章，發表的年代是一八九八年。

## 潛意識的偽科學

在我們的調查裡，最流行的錯誤信念是「廣告中的潛意識訊息能促使人去購物」，有七六%的受訪者相信。潛意識的說服力，有點類似「你能感覺到他人在看你」的信念，都建立在同一個想法：人類對於一些正常感官機制無法偵測到的微弱訊號格外敏感。如果我們能夠藉由微妙且無法偵測到的影響，來改變他人的信念、態度和行為，那麼我們也能藉由同樣的力量讓自己成就大事，釋放出連我們都不知道自己擁有的能力與技巧。對於潛意識說服力量的信念，是下面這個想法的基礎：我們可以藉由一邊睡覺一邊聆聽潛意識錄音帶，在不需要有意識的努力的情況下，就能開啟潛能來求新求變，幫助自己戒菸或是學習一種新語言。

你可能聽過一個一九五〇年代的知名實驗，關於在電影中插入潛意識訊息，以提升爆米花和可樂的銷售量。你可能也還記得曾經讀過一些報導指出，廣告商在照片裡嵌入性感的字眼或影像，可以激發大眾更渴望去購買他們的商品。凱伊（Wilson Bryan Key）在一九七三年出版的暢銷書《潛意識誘惑》（*Subliminal Seduction*）中，描述了許多這類潛意識「植入」的案例，以及他對這些現象背後的心理學理論。[23]凱伊的書一開頭就說到：「『潛意識知覺』（subliminal perception）是一個基本上沒有人願意相信其存在的主題，而且——如果真的存在，他們更不願意相信它具有任何實際的應用。」要是凱伊對當時大眾感受的說法沒錯，那麼我們以及其他人的調查顯示，這些年來，流行的信念可變得太多了。如今的人可是一面倒的相信潛意識訊息能影響我們的思考與行為。

那個電影實驗，是凱伊提供的第一個案例，用來支持他的觀點：訴諸潛意識的廣告對於操控我們的心思，具有極大的力量。根據凱伊的說法，該實驗是在一九五七年紐澤西州李堡（Fort Lee）一家電影院裡進行的。那個實驗總共進行了六週，在這段期間，有兩段訊息輪流隔天播放給觀眾看，分別是：「餓了嗎？吃點爆米花」以及「喝點可口可樂」。這兩段訊息都是每隔五秒插播一次，每次播出千分之三秒。實驗結果，相較於還沒有在電影中插播這些訊息之前，插播後的爆米花銷量提升了五八％，可口可樂則提升了一八％。當這項研究上了報紙後，美國國家廣播業者協會（National Association of Broadcasters）飛快下令，禁止會員採用這種伎倆，英國與澳洲更是明文立法禁止這樣做。

凱伊書中第一個彩色圖例現在非常有名。那是一張吉爾貝斯琴酒的廣告，只見一瓶打開的酒放在一只高玻璃杯旁，杯中裝著冰塊與清澈的琴酒。看起來似乎很普通，但如果仔細看，可以看到三個扭曲的字母，形成英文「sex」（性）這個字眼，淡淡的框在冰塊邊。凱伊展示這幅廣告給一千名大學生看，而其中六二％的大學生回答，自己出現性慾高張、浪漫以及興奮等感覺。但是這份研究並不能證明這些反應來自嵌在畫面中所出現的 sex 字樣，因為沒有對照組，他們沒有詢問沒看到那幅廣告的受測者的感覺如何。有可能所有酒類廣告都能引發類似的反應，又或者大學生一直都是「性致勃勃」的。

不過凱伊也報告了一個設計得比較好的實驗，對象是兩班學生，人數都是一百名，研究人員向他們出示《花花公子》雜誌上一幅男模的廣告，然後要學生為影中人的男子氣概打分數，從一到五，一分代表非常男性化，五分代表非常女性化。第一班學生只看到這幅廣告，給的平均分數是三・三分。但是另一班學生看到的廣告，卻以電影院實驗裡那個手法，潛意識的插入「man」（男性）這個字眼。結果後者平均給分為二・四分。在第一班，只有三％的學生給了一或二的高分，但是在第二班，卻有六一％的人給了這樣的高分。只不過把影像配上一個相容但無法察覺的單字，就能如此戲劇性的轉變評量結果。很不幸，就我們現在對這類實驗的種種了解，這樣的轉變未免太過戲劇性了，令人難以相信。潛意識刺激通常會有微小的影響（如果真有任何影響的話），而較大的影響多半來自於不能算是真正的潛意識刺激。[24]

那有關爆米花和可樂的研究又怎麼說？社會大眾現在會這樣相信潛意識說服技術，它可能得負直接責任。就在該研究結果宣布後一年，有一項調查發現，四一％的美國成年人都聽說過潛意識廣告。到了一九八三年，數值攀升到了八一％，他們當中大部分人都相信它有用，就像我們的調查結果。凱伊那本書寫於一九七三年，但是他並沒有特別提到，在爆米花與可樂實驗的背後，有一位名叫維克利（James Vicary）的廣告專家。凱伊不提他，可能是因為十多年前維克利曾公開承認那項研究是個騙局。他在接受《廣告時代》（*Advertising Age*）雜誌訪問時，坦承他當時的廣告生意不佳，所以就弄了一個「研究」來設法多拉一點客戶。其他研究人員曾經試著要複製維克利所宣稱的發現，但從來沒有人成功過。一個加拿大電視台在某個節目中，不斷閃示「現在打電話」的字樣，但是電話也沒有增加。當時收看該節目的人，事後被問到他們認為自己看到了什麼。沒人說得出正確答案，但是很多人表示當時覺得很餓或是很口渴。[25]

如果你和我們一樣，第一次聽到維克利的「研究結果」，大概也是在上高中或大學的時候，但是從未被告知那個實驗是造假的。看到現在，你應該也能感覺到有一個模式助長了未開發潛能這類信念的盛行：先是有人宣稱找到能滲透人腦祕密的新方法，接著這種說法被大肆宣傳，彷彿有了自己的生命般開始長大。但是那些能駁斥這些說法的後續研究，卻幾乎完全沒有受到注意。關於「我們是否真能掌握意識裡沒有看見的字眼或影像的意義」❶，科學家已經辯論不只一個世紀了。[26]但是就算我們可以掌握它們的意義，也不代表那些刺激超短暫的訊息就能支使我們去做我們原本不會做的事，例如買更多的爆米花或汽水。然而即便缺乏潛意識說服的證據，世人還是繼續相信這類心智操控是有可能的。那些標榜能改變你的頭腦或消除你的惡習（像是吸菸、飲食過度）的自助錄音帶的製造商，可沒有被「證實出它們其實毫無助益」的雙盲、對照實驗給阻擋下來。[27]

凱伊的著作《潛意識誘惑》，是建構在以下這個前提上：潛意識溝通的影響力量甚至有可能超越外顯的視覺說服，因為我們如果沒有意識到某項廣告訊息，便無法把它打一個折扣，或是仔細思考它是如何試圖影響我們的行為。這種對於「微妙影響具有強大效果」的信念，正是潛能錯覺的一個關鍵部分。在一九八四年總統大選期間，ABC新聞主播詹寧斯（Peter Jennings）在提到共和黨候選人雷根時，面帶笑容的比率，高於他提到民主黨候選人孟岱爾。（NBC和CBS的主播在提及兩黨候選人時，笑容一樣多。）根據一個小規模的民調顯示，一九八四年美國總統大選，在克里夫蘭地區的ABC收視者投票給雷根的可能性，比該地NBC和CBS收視者高出十三個百分點。在麻州威廉斯鎮（Williamstown），這項差異為二十一個百分點，在賓州伊利（Erie）差異更是高達二十四個百分點。[28]詹寧斯微笑的模式真能讓他的觀眾偏愛雷根嗎？做這項研究的人認為是這樣，葛拉威爾也一樣，他在暢銷書《引爆趨勢》中，這樣解釋該項調查的結果：「微笑和點頭並非潛意識訊息。那是非常直接的，是表現於外的。只是極為微妙……投票給

---

❶ 潛意識刺激之創始研究：R. R. Hassin, M. J. Ferguson, D. Shidlovski, and T. Gross, "Subliminal Exposure to National Flags Affects Political Thought and Behavior," *Proceedings of the National Academy of Sciences* 104 (2007): 19757–19761.

雷根的ABC收視者，絕對不會，而且永遠不會，告訴你他們投票給雷根是因為詹寧斯每次提到雷根總統時就露出微笑。」[29]但是，在全美投票者所擁有的這次總統大選經驗中，觀看詹寧斯只能算是其中很小的一部分，而報章媒體對選舉的報導方式也是諸多影響人民選票的因素之一。

想想看以下哪一種情況比較可能是真的：詹寧斯的面部肌肉使得雷根的選票躍升了十三到二十四個百分點，還是觀看ABC新聞的選民早就擁有一些屬性，這些屬性使得他們比較偏愛收看該電視網的新聞，也使得他們比較可能投票給雷根。在我們看來，更合理的想法是，這三大電視網因為節目組成的關係，本來就會吸引不同的觀眾群，而在那個年代，ABC的觀眾群就是比CBS和NBC的觀眾來得保守些。另一個可能的解釋為，這些百分比差異只是小樣本市調所產生的統計偏差，納入民調的選民人數，只有現代政治民調人數的十分之一。為何有這麼多人，可能也包括做那項調查的研究團隊，寧願相信因果解釋，就像凱伊所宣稱的潛意識廣告，因為它援用了在我們意識之外的神祕影響力。

## 鍛鍊你的頭腦？

如果真能透過潛意識訊息或是催眠，來釋放我們未開發的心智能力，那麼或許也有其他辦法，能在不太辛苦的情況下強化我們的能力。除非過去幾年你住在山洞裡，你一定也聽過或看過以下這段任天堂遊戲「腦鍛」（Brain Age）的電視廣告：

演員一：天哪，我們多久沒見了啊？（擁抱老朋友，然後轉向他太太）。親愛的，這是我的老朋友大衛。我們是高中同學。

大　衛：（也轉向自己的太太）老婆，這位是……呃……是……

旁　白：你是否也遇過這種情況？快用「腦鍛」來運動你的腦袋。每天訓練你的腦袋幾分鐘。等到完成幾項困難的運動與謎題之後，你就能長保頭腦靈光。

認知訓練已經成為一門蓬勃的產業，利用人害怕認知能力會隨著年華老去而衰頹，來賺進鈔票。「腦鍛」和它的續集「腦鍛二代」自從二〇〇五年問世以來，總共已經賣出三千一百萬套。心景公司（Mindscape）的產品「腦力訓練」（Brain Trainer）在網站上宣稱「每天花十到十五分鐘，利用簡單的運動和謎題來進行頭腦鍛鍊操，你想在學業以及生活上更為成功所需要的技巧，都能獲得改善。」

現在，你們已經知道了莫札特效應，一〇%腦力的迷思，以及潛意識說服力，你們可以看出這些廣告為何如此有效，也可以開始讓自己產生免疫力。它們之所以有效，是藉由操弄我們對快速修正的渴望，期待有現成的萬靈丹幫我們解決所有問題。只要每天玩這些遊戲幾分鐘，你的舌尖就能更順暢的轉出適當的字眼或名字，你就能克服有限的記憶力，而你的整個腦袋都會變得更年輕。正如廠商推銷聽莫札特音樂有提升智能的功用，對渴望幫助子女的家長具有莫大的吸引力，認知訓練遊戲是靠著我們渴望改進心智的心理，來大賺其錢。後者的吸引力就某方面來說，甚至更有力，因為它們應允的是一座頭腦的青春之泉，能讓我們回復到昔日曾有的狀態，一個記憶力更好、思考更有效率的狀態。我們對於這些遊戲所宣稱能釋出的「潛在能力」並不陌生，因為我們年輕時的某個階段都擁有過，那是真真實實的能力，不只是潛在的能力。

這些公司夠聰明，知道應該要把焦點聚集在老化上。大部分的認知能力項目，包括記憶力、注意力、處理速度以及轉換任務的能力，在成年期都會隨著歲月而下降。[30]這些變化很容易察覺，也很令人沮喪。我們愈是經常忘記和老婆或老公的對話，或是想不起朋友的名字，我們就愈是渴望能恢復原有的能力與技巧；就像頂尖運動好手在年近四十的時候，往往都會碰到技巧急速下降；一般人在中年時期，也會眼睜睜看著自己的諸多心智能力開始走下坡。即便是下棋的能力（要靠經年累月練習建構各種模式與情境，才能養成），精英階層仍然是由年輕好手所把持——譬如說，當前全球前五十名西洋棋高手當中，年過四十的只有三人，而且大約三分之二都只有二十來歲。

不過，並非所有思考能力都會衰減，而且有些能力完全不會衰退。以累積知識和經驗為基礎的認知能力，年老之後依然能保留不少，有時候甚至還會進步，尤其是那些不特別看重處理速度的能力。像基亭那樣的診斷專家，也就是我們在第三章介紹的那位小兒科「怪醫豪斯」，年紀愈大，能力只會更強；因為見識過的怪病愈多，他就愈能從腦袋裡日益擴張的熟悉案例資料庫中看出相似點。但是話說回來，一名七十歲的老醫生，比起三十歲的醫生，就算診斷疾病的能力更強，卻有可能會比較難叫出該疾病的名稱，或是比較慢才學得會最新療法。老狗也能夠學習新把戲——只是比較難，而且比較慢。

既然認知訓練計畫都是直接訴諸潛能錯覺，讀到這裡，你恐怕會想要把它們全都徹底丟光光。但這也不是明智之舉。就像某人如果有偏執妄想，並不代表絕對沒有人在跟蹤他。對於任何宣稱能處理複雜問題的簡單療法，我們都應心存懷疑，而且對於任何宣稱不需費力即能養成的技巧，也應該要謹慎。然而，那句俗話「用進廢退」，還是有幾分道理的。所以啦，大腦訓練計畫到底有啥用？

這些計畫大部分都會提供一組像遊戲般的認知任務，像是算術（在限定時間內）、找字彙及數獨等等。這些遊戲被選用來強調你的推理和記憶能力，而且通常很有趣，也很有挑戰性。這些計畫會顯示你經過一段時間後，在每個項目上有多大的進步，有時甚至會幫你打一個「腦適能」（brain fitness）分數。這些計畫所宣稱的腦力訓練，所謂有多少人能藉由這類簡單任務而獲得進步，大致還算公允。

如果你玩這類遊戲，而且持之以恆，你一定會進步的，不論年紀多大。勤快練習任何事務都會讓你表現更好。然而，腦力訓練的目標應該更寬廣，不只是為了改進你在某些特定任務上的表現。正如你練舉重不只是為了要舉更重的物品，你玩腦力訓練遊戲，也不只是為了把這些腦力訓練遊戲玩得更精。根據行銷人員的說法，你可以利用遊戲來改進日常活動中的思考和記憶能力。

照理，「腦鍛」應該要幫你記起老朋友的名字，幫你找到車鑰匙，以及同時處理兩件任務，而不只是讓你更會做數獨。

有些研究甚至調查，是否簡單的感知和記憶訓練，有助於日常生活裡的心智瑣事。雖說很多研究都證明，年輕時較常進行認知活動的人，年老時認知能力會維持得比較好，但是這類研究只能說是具有相關性的。[31]想想看因果錯覺，可以提醒我們，兩個因子有可能同時發生，但彼此卻沒有因果關係。要研究腦力訓練對日常認知能力的效應，唯一的辦法就是做一個實驗，隨機分配某些人接受腦力訓練，另外一些人則做為對照組，然後估算訓練結果。過去這十年來，許多臨床試驗都做過這類研究。

就目前為止，這方面最大規模的研究始於一九九八年，它隨機將兩千八百三十二名老年人分成四組：字彙記憶訓練組、問題解決組、處理速度組，以及不進行任何認知訓練的對照組。這個大型試驗是由美國國家衛生研究院贊助，由許多大學、醫院以及研究機構的科學家通力完成，名稱為「活動試驗」（ACTIVE trial, Advanced Cognitive Training for Independent and Vital Elderly）。實驗訓練期大約六週，期間每組人員必須練習某項特定任務共十節，每節一個小時，訓練結束後就要接受檢測，包括實驗室任務以及現實生活裡的任務。[32]

不令人意外的是，如果你接受了視覺搜尋組十個小時的訓練，你的視覺搜尋能力當然會變好。如果你在字彙記憶組受訓十個小時，你在字彙記憶方面自然也會有更好的表現。大部分接受訓練的人，尤其是接受處理速度訓練的人，訓練之後能力馬上提升，而且這項進步可以持續好幾年。不過，改進只限於他們受訓的特定項目，而不能擴及沒有受過訓練的實驗室任務。也就是說，接受字彙記憶訓練，幾乎完全不能改進你的處理速度能力，反過來也是一樣。

根據後續調查，確實有些許證據顯示參加「活動試驗」的人，將進步帶入現實生活裡。參加訓練組的人所回報的日常生活碰到的問題，比沒有接受訓練的對照組來得少。當然，就本案例而言，參加訓練的人知道自己受過訓練，預期應該要進步，因此某些自我回報的收穫，也可能是安慰劑效應。

不幸的是，「活動研究」的結果與其他研究頗為一致。訓練通常只對受訓項目有效。譬如說，你玩「腦鍛」遊戲，那麼對於該遊戲軟體中的特定項目，你的表現就會變好，但是這些新技巧並不能轉移到其他種類的任務上。事實上，在現今汗牛充棟的認知訓練文獻中，幾乎沒有研究記錄到「能力可以轉移到實驗室以外的任務上」，而且大部分都只能在範圍極窄的實驗室任務之間轉移——轉到另一項非常接近的任務上。[33]如果你想提升數獨能力，而且你又很喜歡做數獨，那麼你絕對應該做更多數獨題目。但是如果你認為，多做數獨可以讓你的頭腦保持靈光，幫你避免亂放車鑰匙或忘記服藥，你恐怕就是著了潛能錯覺的道了。玩字謎遊戲也是一樣，對於那些相信腦力鍛鍊能讓頭腦保持敏銳，延緩痴呆以及其他老化造成的認知影響，我們要提供一個良心的建議：很不幸，常做字謎遊戲的人，頭腦衰退速度與較少做字謎遊戲的人不相上下。[34]練習能改進特定技能，而非一般的能力。

## 激發潛能的真正方法

請不要誤會。我們可沒有主張「人類心智能力毫無提升的潛力」。我們的智能從來就沒有被凍結住。我們全都擁有極大的潛力去學習新技術，去增進我們的能力。事實上，神經科學研究已經證明，成人腦袋的可塑性（因應訓練、受傷或是其他狀況而改變結構的能力）比我們原先認為的大得多。錯覺是出在以為輕而易舉就能釋放這種潛能，以為我們可以一下子就發掘它，或是不用太費力就能將它釋放出來。獲致非凡心智能力的潛能確實存在於每個人身上。大部分沒有經過任何訓練的人，在剛聽完一串數字後，都能記得大約七個數字。然而，有一名大學生經過自我訓練，能夠一口氣記得七十九個數字。[35]他的表現太厲害了，揭露出他具有非凡的數字記憶潛能，但那是經過數百小時訓練與演練的結果。❷原則上，大部分人都具有同樣的潛能，只要練習夠多，就能做到。

天才不是一出生就已經養成了的——還需要時間去發展，而且會依循一個可預見的軌跡。莫札特早年的作品可不是什麼曠世傑作，費雪（Bobby Fischer）剛開始學下棋時，更是犯過無數個錯誤。兩人都可能具有非凡才華等著去發展，但是少了訓練和練習，他們不會有後來的大成就。此外，他們的成就也僅限於他們受訓的領域。鍛鍊數字記憶力不能幫助你記得名字。不過，在某個領域裡的專精技能，確實能改善許多**同領域內**沒有特別受訓的其他能力。

認知心理學先鋒德葛魯特（Adriaan de Groot）、蔡斯（William Chase）與賽門（Herbert

Simon）做了一系列經典實驗，證明當西洋棋大師能利用自己的專業技巧時，可記憶的項目遠超過七件。[36]我們也重複過他們的研究，對克里斯的友人沃夫（Patrick Wolff）做了些測驗，沃夫是西洋棋界的特級大師，曾贏得全美冠軍兩次。我們把沃夫請到實驗室，讓他看一幅不知名、下到一半的大師棋局，為時只有五秒鐘。然後我們給他一個空棋盤和一套棋子，請他根據記憶重建剛才那幅棋局。很驚人的，他幾乎百分之百都能正確重建棋子數目為二十五或三十枚的棋局，這個數量遠超過一般人最多七件的短期記憶限制。

看他表演這招好幾趟之後，我們請他解釋他是如何辦到的。首先他指出，西洋棋大師所受的訓練並不包括「看幾秒鐘棋盤後，擺設棋局形勢」。他說，他之所以能快速理解棋局形勢，並將棋結合成一組一組的，根據的是棋子之間的關係。所以基本上，他是藉由辨識出熟悉的圖型，然後把好幾枚（而非一枚）棋子塞進同一個記憶位置裡。由於他已經是西洋棋專家，他也發展出其他技巧——心理意象、空間推理、視覺記憶——來幫助他更上一層樓，而這些技巧也都有助於增加他的能力，讓他在進行這類記憶任務時，表現勝過他人。然而，身為西洋棋高手，並不能讓你成為一般性的想像、推理或記憶高手。事實上，當我們秀給他看棋子數目相同、但卻隨意排放的棋盤時，他的記憶力就不比一般初學者高明了，因為他豐富的下棋經驗以及棋形資料庫在這種

---

❷這個學生花了兩百多個小時，費時二十個月進行這個訓練課程。他原本的記憶項目容量（digit span）也約為七個項目。

情況下，對他沒有幫助。同樣原理也適用於那名將數字記憶力擴展到七十九位數的學生——他的新記憶空間是專門組合數字的，因此即便訓練了好幾個月來記數字，他在接受字母測驗時，還是只能記得六個物件。換句話說，他訓練自己記憶數字的潛能，但是這個訓練並不能轉移到其他技巧上。

西洋棋大師把他們的專才用在許多不同的下棋任務上，可以表現得非常之好，即使他們之前從未做過那些任務。其中最戲劇化的案例之一，莫過於下盲棋了。頂尖棋手都有能力矇著眼睛下整盤棋，看都不必看棋盤一眼——只要告訴他們對手下了哪一步（用西洋棋術語），他們就會宣布自己要如何回應。特級西洋棋大師都能夠以高超技法同時進行二或更多盤的盲棋，即使他們以前從來沒有這樣做過。要達到這種水準，所需要的非凡西洋棋記憶力與想像力，多少都會隨著棋手技能的提升而自動增進。

克里斯和另一位也是西洋棋大師的心理學教授赫斯特（Eliot Hearst）合作了一個研究，估算西洋棋特級大師在不能看見棋盤的情況下，表現會差多少。[37]你可能會想，由於必須去記每個棋子的位置，造成記憶的額外負擔，他們必定會犯下更多錯誤。克里斯利用一場特殊西洋棋錦標賽來印證這個想法，這個錦標賽從一九九二年開始，每年在摩納哥舉行一次。該錦標賽有來自全世界十二名頂尖高手，包括多名世界冠軍角逐者，每一對棋手對弈兩次：一次在正常狀態，一次下盲棋。既然是同一對棋手來進行一般和盲棋對弈，兩種情況下的犯錯數目差異，必定是情況造成，而非競爭對手造成。

從一九九三到一九九八年，該錦標賽共進行了四百場一般棋賽與四百場盲棋，平均每盤棋每位棋手大約走四十五步。克里斯利用世界上公認最佳西洋棋下棋軟體之一的「費里茲」（Fritz），來搜尋選手所犯下的重大錯誤。毫無疑問，費里茲一定會漏掉某些極小的差錯，但是要它抓大錯誤和明顯的錯誤，則是輕而易舉。

在正常對弈情況下，這些特級大師平均每三盤棋會犯下兩項錯誤。這裡指的都是重大錯誤，是那種在頂尖大師對弈情況下，有可能（而且經常如此）出現一著錯滿盤輸的失誤。不過，令人驚訝的是，下盲棋的犯錯率完全一樣。這些西洋棋特級大師把自己的潛能鍛鍊得如此精湛，他們可以連看都不看棋子，便施展技藝。當然，對於那些有志釋出潛能的人來說，這是天大的好消息。壞消息則是，他們沒有辦法只靠著聽音樂，或是選勵志自助書籍，就搖身變為西洋棋大師。大師能有今天，靠的是專注研究以及反覆練習起碼十年以上。人腦的潛能很大，而且你也能夠利用它，但是需要時間，也需要努力。

## 打電玩會愈打愈聰明？

主張把下棋列入學校課表的人辯稱：「下棋可以讓你變聰明」，但卻拿不出大型且有適當對照組的實驗，提供扎實的證據來支持這個說法。到底有沒有任何證據顯示，某項技巧能廣泛轉移到不是你所練習的任務與領域？

二〇〇三年，羅徹斯特大學的葛林（Shawn Green）和巴維利爾（Daphne Bavelier）發表了一組非常引人矚目的實驗，[38]認知心理學家不禁開始重新思考有關技巧轉移的局限。這些研究的主要結論是：打電玩可以改進你從事許多基本認知任務的能力，而且這些任務都與你所打的電玩無關，至少表面上顯得無關。他們最早做的四個實驗顯示，電玩高手（過去六個月來，每週至少玩四小時電子遊戲的人）在某些注意力和感知任務測驗的表現，均勝過電子遊戲新手。雖然這種比對很有趣也很刺激，但正如我們在第五章討論過的，單是一項關聯並不能支持一個因果推論。因為很可能只有注意力和感知力超強的人，才會變成電玩迷，又或者是電玩高手與新手之間具有另一項差異，造成他們在認知表現上的差異。丹尼爾的同事，佛羅里達州立大學心理學教授布特（Walter Boot），提出一項可能的因素：「能夠一邊應付大學課業，同時還花許多時間打電玩的人，和那些需要花更多時間來念書的人是不一樣的。」想要釐清這些混沌因素，弄清楚打電玩是否真的能夠改善我們的注意力和感知力，唯一的辦法就是去訓練電玩新手，然後再比對他們的認知能力是否有進步。

葛林和巴維利爾的最後一個實驗就是這麼做的。他們召募一批電玩新手，也就是在過去六個月內很少或甚至沒有打電玩的人，將他們隨機分配成兩組。第一組連續十天，每天花一小時來玩「榮譽勳章」（*Medal of Honor*）遊戲，這是一種快節奏的第一人稱射擊遊戲，玩家透過遊戲主角的眼睛來觀察周遭世界。第二組則是花同樣多時間來玩「俄羅斯方塊」，一種二維的電子遊戲。在開始這項訓練前，每人都先接受一系列基本的認知、知覺以及注意力任務測驗，等訓練結束後，他們再次接受同樣系列的任務測驗。譬如說，其中一項任務叫做「可用視野」（Useful Field of View），方式如下：一個簡單的物體出現在受測者眼光所在之處，只停留瞬間，然後受測者必須判斷它的屬性（例如它是否為一輛汽車，或是一輛貨車）。但在同時，還出現了另一件物體，位置與他們眼光所在之處有一些距離，而他們也必須判斷這項邊緣物體出現在何處。這個任務主要是測驗人是否能在把注意力集中於視覺中央物體時，仍能分一部分注意力給邊緣區域。

葛林和巴維利爾的假設是：打行動電玩能讓人在這項任務表現更好，因為這類遊戲要玩得好，玩家需要專注比較寬廣的視野。相反的，「俄羅斯方塊」對於這項測驗可能沒有助益，因為這個遊戲不需要玩家把注意力分配給邊緣視野。實驗結果確認了他們的預測：練習「榮譽勳章」的受測者在好幾項注意力及知覺測驗上顯現出重大進步，但「俄羅斯方塊」小組則完全沒有顯示任何進步。接受過「榮譽勳章」遊戲訓練後，受測者在視野任務的正確度，是接受訓練前的兩倍。訓練前，他們能正確答出邊緣目標位置的比率約為二五%，訓練後，他們的正確率超過五〇%。

這項發現如此驚人，登上了《自然》期刊，因為它似乎打破了一道牆，這道牆原本是隔在兩種不同的改進心智練習方式之間。假設你非常努力想成為解決數獨題目的專家，你把所有空閒時間都花在解數獨題目上。當然，你做數獨題目會愈來愈快、愈來愈正確。不只如此，你可能會發現自己在做 KenKen 方塊（一種新的數獨遊戲變體）時，能力也進步了——雖說你在練習數獨這段期間並沒有玩過 KenKen。你玩 KenKen 的能力之所以會進步，應該是「狹窄轉移」（narrow transfer）的範例，意思是某項技巧的進步會轉移到另一項高度雷同的技巧上。如果發現練習數獨可以改進你心算小費價錢、報所得稅或是記電話號碼的能力，那才令人吃驚呢。改進後面提到這些技巧需要「廣泛轉移」（broad transfer），因為和數獨在表面上的相似度很低。玩「榮譽勳章」後，你變得愈來愈善於發現類似第一人稱射擊遊戲裡的目標，是典型的狹窄轉移案例。玩「榮譽勳章」後，你開車時注意周遭的能力如果改進了，那麼這就好比「玩數獨，改善記電話號碼的能力」。它屬於廣泛轉移，是很有價值的，因為它改進的不是特訓的認知項目。不只如此，在本案例中，是藉由玩某個有趣又吸引人的遊戲來改善不同的技巧。俗話說「熟能生巧」，如果這裡的「熟」，指的是勤打電玩的話，我們敢說，各位一定很願意遵守這句格言。

葛林和巴維利爾的實驗暗示：電玩訓練可能有助於讓人釋出與各式各樣技術有關的潛能，但卻不需花費太多力氣來練習那些特定的技術。一般說來，確實很難看出為什麼被動的聽十分鐘莫札特，就能改變某種與音樂（甚至聽覺）毫不相干的認知能力（像是空間推理）。但是電玩就不一樣了，打電玩的人需要主動運用各種認知技巧，再說花十小時練習需要專注一大片視野的電玩，能改進受訓者執行需要注意廣大範圍的任務，聽起來也不算太不合理，即便該任務與電玩在許多方面並不相像。

這個實驗最驚人之處，或許在於**訓練時間只需要十小時**。想想看其中蘊含的意義：我們這輩子「以第一人稱角度專注周遭環境，快速下決定，然後執行那些決定」的時間，遠超過這個時數。我們在做許多日常事務的時候，例如開車，都需要注意大範圍的視野——你得一邊留意車子前方，一邊留意旁邊的街道。而你在過去六個月內開車的時數，極可能遠超過十小時。就算你沒有，你很可能也做過其他需要類似技巧的事務——例如從事某項運動，或是穿越一條人群擁擠的街道，都需要做出類似的快速決定，並注意周遭環境的事務遠超過十小時。所以啦，為何花十小時打某種電玩遊戲，能對基礎認知技巧產生如此重大的效果？

其中一個可能的答案是，打電玩其實不能對不大相關的工作造成戲劇性的進步。正如莫札特效應的案例，葛林與巴維利爾最初的研究可能只是特例——後續研究可能會證明，練習打電玩並不如最初所想的那般有效。但是也有可能，打第一人稱的電玩遊戲真的可以讓人稍加努力就釋出潛能。比起諸多其他用到相同認知能力的事務，打電玩確實需要更投入，也更激烈，所以有可能提供遊戲以外，在知覺方面更具生產力和效率的訓練。

最近巴維利爾小組又採用更密集的訓練，通常是三十到五十個鐘頭，發現電玩有更多的認知效益。這些研究顯示電玩能力可以轉移到許多不同的基礎感知能力上。有一項研究發現，電玩訓練可以改善對比敏感度（contrast sensitivity），也就是偵測出「某個亮度與背景很接近的物體輪廓」（例如一個走在暗夜街道上的黑衣人）之能力。[39]另一項研究顯示，行動電玩訓練可以加強邊緣視野裡的字母辨識能力，也就代表著提升了視覺空間解析度（spatial resolution）。[40]有鑑於這些技巧是非常基礎且根本的知覺能力，這些發現比起最初的視野研究又更加驚人了。這些發現所意味的是，練習電玩就好比戴上眼鏡——它能全面性改善你的視覺能力。譬如說，對比敏感度增加，應該能讓你在夜間開起車來更輕鬆。雖說這些後續研究裡的訓練時間更長，但也證明了更廣泛的能力轉移可以影響許多現實生活的技能。儘管如此，這些文章完全沒有證實任何能力轉移到真實世界裡的工作表現，也因為缺乏直接證據，作者的說辭都謹守本分，沒有宣稱任何超出實驗室範圍的影響力。

和莫札特效應一樣，這些電玩研究結果最令人憂心之處，在於大部分證據都來自單一研究團隊。但是不像莫札特效應，這些研究結果一直都是發表於頂尖的同儕評審科學期刊，而非名不見經傳的科學刊物。然而更大的問題在於，要重複訓練研究並不容易。莫札特效應研究很容易進行——把受測者請進實驗室一個小時，讓他們聽一聽莫札特的音樂，做幾項認知測驗就結了。你只需要備妥音響和紙筆。反觀電玩訓練的規模就大得多。每位參與者都得在實驗室人員的監督下，訓練滿規定的時數。這項實驗需要全職研究人員，更多台電腦，更多經費付給參與者以補償他們投入的時間，以及寬敞的空間來容納受測者接受測驗。很少有實驗室會投入這麼多力氣去做這類型研究，而且那些不具代表性的實驗室，也拿不到經費或資源來快速重複這種研究。

就我們所知，由獨立實驗室（與最初研究團隊無關聯的實驗室）成功重複葛林－巴維利爾主要結果的論文發表只有一篇。在這項研究中，多倫多大學的馮晶（Jing Fen）、史班思（Ian Spence）以及培瑞特（Jay Pratt）證明打行動電玩十小時，可以改進對簡單圖形旋轉的空間想像力以及對非直視物體的注意力。此外他們還發現，女性（平均而言，空間測試成績較男性差）因電玩訓練而改進的幅度更大。[41]

還有一項研究雖然沒有直接重複葛林和巴維利爾的實驗，但也算是證明練習打電玩具有正面效應，該研究採用的是另一種電腦遊戲，而且實驗對象也不同：老年人。[42]這個研究想要處理的題材是大腦訓練最重要的誘因：幫助老年人保留並改善認知功能。在這個實驗裡，認知神經科學家巴賽克（Chandramallika Basak）與同事隨機分配一組老年人玩「王國興起」（*Rise of Nations*），另一組則是不接受訓練的對照組。「王國興起」是一種步調緩慢的策略思考型遊戲，玩家需要不斷追蹤諸多資訊，並來回運用不同的策略元素。研究人員的假設是，這種策略型電玩訓練有助於改進所謂的「執行功能」，也就是將認知資源分配給多重任務與多重目標的能力。研究發現，有滿大量的電玩能力轉移到各種可在實驗室測量出來的執行功能上。考量這種電玩遊戲所需要的能力，這樣的結果也算合理，但是因為該研究並未將其他電玩遊戲納入做為比較，所以也有可能效益與練習該種遊戲無關，甚至與練習任何電玩都無關。訓練組的老年人可能純粹就是比較有意願想進步，因為他們知道自己接受的特殊訓練屬於實驗的一部分，而這份意願就有可能使得他們在老年人表現最差的任務項目，獲得最大的進步。

關於葛林與巴維利爾的實驗結果如何詮釋最恰當，只能留待將來有人能獨立且一致的重複該實驗。有一個大規模研究計畫就試圖這麼做，主持人為電玩專家布特，並沒有得到和早先實驗相同的結果。[43]丹尼爾也參與了這項研究的設計工作，是布特這篇論文的協同作者。最初的電玩實驗以及馮晶團隊的重複實驗，都只能算是相當小規模的：每一種不同情況小組的受測者人數都不超過十人，而且每人受訓時間也只有十小時。布特的研究採用的受測者數量是前者的兩倍以上，每人受訓時間也是前者的兩倍以上，每一種電玩遊戲訓練都超過二十小時。此外，他還採用一組規模更大的認知測驗題，將葛林－巴維利爾以及其他二十多個研究所採用的認知測驗題一網打盡。單單這組測驗題，就得花兩小時才做得完，而每名參加者在實驗之初、實驗中途以及實驗結束後，都得接受一次完整的測驗。布特不但採用了原創實驗裡的「俄羅斯方塊」和「榮譽勳章」，也採用了巴賽克實驗裡的「王國興起」。和巴賽克一樣，他也認為練習策略型電玩不會增強注意力與知覺力，但是可以提升解決問題和推理的能力，或許再加上記憶的能力。此外，布特還增加了一個完全不接受任何訓練的對照小組，以便清楚估算出人單純因為重做一次認知測驗（他們在訓練前後都接受一次測驗）而造成的進步有多大。所以這個研究是專門設計來測試，除了最初研究提出的詮釋之外，還有沒有其他說法能詮釋最初研究的正面結果——以及訓練能釋出潛能的可能性。

先前那些證明練習打電玩具有正面效益的實驗，最奇怪之處莫過於，它們的對照組成員第二次認知測驗成績完全沒有進步。在葛林與巴維利爾的原創實驗中，玩「俄羅斯方塊」（雖然也是電玩遊戲，但不是那種快節奏、第一人稱的「動作」電玩）的受測者，受訓完畢後，第二度接受認知項目測驗的成績完全沒有進步。馮晶小組重複該實驗，也得到一樣的結果：對照組成員再次接受認知測驗時，表現並沒有改進。在巴賽克以及巴維利爾小組後續研究的大部分正向結果實驗中，也都有這種現象。但是就我們對練習與學習的了解，這樣的結果很難說得通；一般人在參加第二次同類型考試時，成績幾乎總是會進步。這種進步是很平常的，「腦鍛」裡的任務如此，其他大腦訓練軟體裡的任務也是如此。事實上，這類例行的練習效應，正是那些宣稱「使用者腦力會進步」的計畫賴以支持自家說法的「證據」。

「對照組成績沒有進步」為什麼這麼要緊？因為練習打電玩有正面效應的證據，來自與對照組成績比較的結果。要支持打電玩可以改善認知能力的說法，必須有一個實驗來證明，練習打電玩的人的進步，大於接受其他訓練或是沒有接受訓練的人。因此，如果對照組完全沒有進步，要證明實驗組有進步就容易多了。要是對照組如預期般進步，那麼，能歸功於打電玩的效益就會相對降低。

布特的實驗和其他人的不同，他的對照組從第一次到最後一次測試，有顯示出典型應有的進步。練習動作電玩的人在認知測驗方面也有進步，但是進步的幅度和對照組一樣，意思是說，練習打電玩對於認知能力並不具有特殊功效。這場重複實驗的失敗意義尤其重大，因為無論是訓練的量、受測人數以及對照組數量，布特都加倍了——這些都使得該研究的設計更有力，讓它更能決定性的驗證「葛林－巴維利爾所提出之廣泛轉移」。葛林等人最初充滿希望的想法，稍加練習打電玩就能產生巨大效應，並不像是有待證明。這些不同的研究當中，用來解釋結果的方法或許具有些微差異；但是如果該效益是這麼微弱，也就很難想像電玩可以做為解決認知能力衰退的萬靈丹。[44]

想當初，葛林與巴維利爾那篇《自然》期刊論文裡最初的四場實驗，證明在電玩訓練能讓人獲益的測驗項目上，電玩專家的表現不斷勝過電玩新手。既然訓練效益似乎很單薄，現在你或許會想問，為什麼那些專家的認知測驗表現一直勝過新手。其中一個解釋為，專家與新手之間的認知能力差異，或許需要遠超過十甚至五十小時的訓練，才能發展出來。這些研究裡的電玩專家，單是每一週打電玩的時間往往遠超過二十小時！但是，如果需要投注這麼大的努力才有辦法將電玩技巧轉移到一般知覺能力上，練習打電玩是否還值得呢（如果你還沒迷上電玩的話）？只為了在做選擇性注意測驗題時，速度能加快一點點，你就得投入數百小時去練電玩，或許並不值得——你如果把那個時間拿來鍛鍊你想加強的技巧，成效可能會更好。既然「電玩訓練最後有助於我們的日常生活」（譬如說，讓我們開車更安全）這種說法還缺乏直接證據，練習打電玩的潛在好處就更不確定了。

還有一個更微妙的隱憂：電玩專家在這些認知項目的表現根本就沒有特別好，即使他們在實驗室裡的表現比較強。怎麼可能會這樣？因為有可能是其他與認知能力無關的因素強化了他們的表現。布特在接受丹尼爾採訪時，提出一個科學文獻裡很少有人討論的可能性：

> 電玩專家表現得比較好，有可能是因為他們是藉由自己的專長而被選進這個實驗的。透過針對電玩老手的廣告或傳單召募來的受測者，知道自己會入選的原因，是因為擅長打電玩，是因為自己有特出之處——而這可能會讓他們更有動機、更加專注，而且對自我表現的期許也更高。由於媒體渲染，特別是那些玩家聚集的部落格，他們深知自己被認為應該有更好的表現。反觀非電玩專家，有可能連自己參加的是一項電玩研究都不知道呢。

換句話說，電玩專家表現勝過新手，有可能不是因為他們天生比較擅長這類測驗題，也不是因為他們擁有數千小時的電玩經驗，而是因為他們知道該研究是針對電玩專長，而他們被預期應該表現較佳。❸這種「預期效應」是這類實驗裡一個眾所周知的老問題。解決這個問題的其中一個辦法是，在招募實驗對象時，不要提及電玩，而且只有在實驗對象都做完認知測驗後，才測試他們的電玩實力。這麼一來，受測者就沒有辦法知道該研究是針對電玩專長。但是很不幸，這是一種很沒效率的研究方法，因為你可能需要額外測試很多實驗對象，才能招攬到數量足夠的電玩專家與新手。

但是不論用什麼方法招募實驗對象，從專家和新手的表現有所差距就推論出電玩與認知能力上的因果關係，都是件危險的事——要做出適當的因果推論，訓練有無為必要的實驗操作條件。要小心媒體對這類專家效應的錯誤報導：新聞記者常常宣稱電玩造成進步，但事實上他們所描述的研究只不過顯示電玩專家與新手的表現有差異。有些作者大力鼓吹，電玩的益處遠超過提升注意力或知覺力，還包括強化一般智力、社交能力、自信心以及邏輯思考，這些說法更欠缺實質證據。[45]

---

❸ 這種現象被稱為「霍桑效應」（Hawthorne effect），是指當人知道自己成為觀察對象，而改變行為的傾向。

## 訓練大腦不如動動身體

為了推銷「腦鍛」，任天堂網站上有一段話，說明該產品如何強化腦袋功能：

人人都知道，運動可以預防肌肉流失，而長期運動則可以改善身體健康。同樣道理也適用於你的腦袋。「腦鍛」就是以「認知運動可以改善通往頭腦的血流」為基礎來設計的。每天只需要花幾分鐘的遊戲時間就足夠了。休閒時間全耗在健身房鍛鍊肌肉的朋友，別忘了——你的腦袋也和肌肉一樣，渴望做做運動。

結果，最後那句話是對的，但不是任天堂行銷人員原本的意思。他們原本是在暗示，你如果想要保持良好的腦袋功能，就需要多做認知運動。然而實際上，有氧運動對腦袋的益處很可能遠大於認知運動。[46]丹尼爾在伊利諾大學的同事，認知神經科學家克拉瑪（Arthur Kramer）主持過一個有關體適能如何影響認知能力的研究，是全球最著名的相關研究之一。[47]這個日後發表在《自然》期刊上的實驗，將一百二十四名很少運動、但身體還滿健康的老年人隨機分成兩組，分別接受為期六個月的訓練：一組做有氧適能，參加者每週步行三小時；另一組做無氧運動，參加者每週花同樣時間進行伸展和塑身運動。雖然兩種運動方式都對身體有益，可以全面增強體適能，但是就改善心臟健康以及增加腦部血流來說，有氧運動的效果更勝一籌。

一如預期，這兩個小組的老年人身體都變得更健康了。不過，比較讓人驚訝的是，每週只要稍稍步行幾個鐘頭，同樣能大大改進認知測驗的成績，尤其是依賴計畫和多工任務等執行功能的認知測驗題。伸展和塑身運動卻不具有認知方面的助益。克拉瑪小組還針對二〇〇一年所有關於「有氧適能訓練對認知的效益」臨床實驗，進行了一個統合分析；研究結果證實，這類型體適能訓練對認知能力確實很有幫助。[48]

但是運動的好處遠不只限於改善行為與認知能力。隨著年齡增長，大多數成年人的腦袋都會逐漸喪失部分灰質。（這可能是伴隨老年而來的認知衰退的原因之一。）在另一個認知臨床試驗裡，克拉瑪同樣將一群老年人隨機分派到有氧運動及無氧運動小組訓練六個月，不同的是，這次受測者在體適能訓練之前與之後，要接受核磁共振腦部造影檢查。[49]結果非常令人驚訝：只不過每天行走四十五分鐘，每週走三趟，所保住的前額葉灰質數量，就遠超過進行伸展和塑身運動的人。有氧運動確實能令你的腦袋更健康也更年輕。

聽起來或許違反直覺，但是最能讓你保有心智能力的活動，幾乎完全與認知無關。直接訓練你的腦，效果可能還不如鍛鍊你的身體，尤其是採用有氧適能方式來運動。而且這些運動甚至不需要做得太賣力。你不需要參加鐵人三項運動，只要每週以還算快的速度步行個三十分鐘幾趟，就足以讓你的執行功能更好，頭腦更健康。儘管任天堂宣稱你需要運動你的腦，但現在看起來，坐在椅子上玩認知遊戲的好處，遠不如每週上街走幾趟路。運動能藉由增進你腦袋本身的適能，來全面改善認知能力。至於動腦解謎，並無益於提升你的壽命、健康或外表。

結語

# 直覺的迷思

看完一篇企業總裁的特寫報導後，你學到了什麼？你希望找出他們為何會有今天：他們如何爬到現在的位置，他們做決策的靈感是什麼，他們的經營風格為什麼能讓他們成功。最重要的是，你期待向某位做事方法（或許還包括整體生活方式）值得仿效的人物來學習。

正如第四章曾經討論過，唯一能確定你是否了解某件事的辦法，就是實際接受測驗。現在就讓我們來測試一下。請各位將你們從本書學到的日常錯覺的知識，運用在以下這篇企業家泰勒的報導上。其中某些錯覺很明顯，但另外一些就比較微妙了。且看各位是否能把它們都揪出來。

＊　＊　＊

泰勒正要去上班。他身材矮壯，理著小平頭，有一雙銳利的藍眼睛，挺直腰桿坐在駕駛座上。雖然是一家年銷售量九億美元的私人企業「嵌合體資訊系統公司」（Chimera Information

Systems）的總裁，他並沒有雇用私人司機。因為你的車如果只是一輛布面椅套的豐田 Camry，而非全套皮革及上等木料內裝的賓士或凌志轎車，雇用一位司機未免太不相稱了。泰勒每天通勤時間為五十分鐘。途中，他會用手機聯絡公司裡的幾名高階經理，了解各個軟體研發計畫、行銷計畫以及銷售進度的最新進展——這些全都趕在他進公司之前完成。

你只需要跟著泰勒打轉幾個小時，就足以明白為何他的公司營收能以每年四五%的速率成長，以及為何他能獲選去年全美中西部最佳創意暨效率的經理人。根據產業分析師，「泰勒在二○○三年時搬進辦公室一角」，就是讓嵌合體公司從平凡無奇的庫存管理軟體攤商，變身為 Web 2.0 專用中介軟體（middleware，用於溝通公司網站與私人資料存放系統）第一品牌研發商的理由。泰勒接下來希望開發出能讓最小的網路零售商——包括全球數十萬家 EdsArgyleSocks.com 以及 eBay 網上店鋪，都能用來與亞馬遜或沃爾瑪等大公司進行供應鏈控管的軟體。據泰勒說，這個二十億美元的市場機會現在就等在那裡。

今天，泰勒將要和財務長芙琳特討論一週內就要公布的公司季盈餘。泰勒口音裡那種輕微的德州長尾音，是他生長在聖安東尼奧市的結果。他們的談話稍微中斷了一下，因為芙琳特得暫時離開電話，叫助理去跑一份泰勒剛剛建議的新的分析報告。在這個空檔，泰勒暫時關閉通話，解釋他當初為何要捨棄其他幾位出身常春藤盟校而且經驗更豐富的候選人，來聘用芙琳特做財務長，儘管她從未在大公司擔任過財務主管。

「差不多是兩年前的事了，但是我記得很清楚，好像昨天才發生似的。」泰勒說：「當時情況一團糟……我們需要趕在下次董事會前找到一個新的財務長，而董事會就快到了，但是那週我有好幾天都得到外地去拜訪客戶。所以我就在一個星期日早上把他們全都找來。」四名最後入圍的候選人都按照規定，衣履光鮮的在週日上午九點現身。在這場最終「測驗」的面試中，泰勒發給每位候選人一台裝有簡報軟體的手提電腦，要求他們臨場準備發表一篇五分鐘的演講，主題是為什麼應該選擇他或她來擔任嵌合體公司的財務長。而且他告訴大家，每位候選人都將在會議室裡，對著他以及其他候選人發表演講。「聽到我這麼說，他們下巴都快掉下來了……」泰勒回憶。「他們想必都緊張得要命。」泰勒只給他們十分鐘來準備電腦幻燈片。「我要芙琳特第一個講，當時我想她大概會嚇得屁滾尿流。但是她沒有。她發表了一場我這輩子聽過最棒的演講。當時我心裡一直在想，她在我刻意安排的高壓力情境下，是多麼有自信。我也讓其他人講，但是我早就知道我中意她，面試一結束，我當場就聘用她了。」

泰勒在嵌合體公司內一向以快速了解複雜意念與資料著稱。「任何文件，我只需要讀一遍，差不多就能完全了解，而且還能記得裡頭所有細節，」他告訴我們。《存貨世界》（*Inventory World*）最近有一篇關於泰勒的報導：「泰勒說他對嵌合體公司所有產品運作的方式都瞭若指掌，往往勝過公司內的研發人員，研發人員經常被他所提出的軟體架構及標準等相關問題弄得下不了台。」

他是求知欲很強的讀者——除了公司內的報告、貿易期刊，以及商業書籍，他也讀最新的科學和歷史，甚至偶爾還會讀讀吸血鬼小說，以便了解正值青春期的女兒們在迷些什麼。他曾經從讀過的商業及科學文獻中擷取出幾十個想法，用在嵌合體公司內。為了提升軟體工程師的創意及生產力，他命令手下經理每天都要公開播放三十分鐘的古典音樂；在播放音樂的背後，下意識傳達的訊息是敦促員工務必要做到最好。

泰勒在高中學會玩撲克，而且進了大學後，還展現出這方面的天分，很快就成為兄弟會例行撲克賽裡的最大贏家。畢業後，他有好幾年以職業撲克玩家的身分，在錦標賽和巡迴賽裡打牌。如今，他在董事會的會議室（而非賭場），找到了他的冒險行動，但是他偶爾還是會上網，以「royalflushCEO」的名號玩玩撲克牌。他過去的撲克經驗對於他現在的商場策略有沒有影響？譬如說，騙過對手放棄一手好牌，是否相當於對某個尚未證明的技術或市場，進行高風險但也可能高回饋的投資？「不是這麼一回事。」泰勒說：「當我在為嵌合體公司做重大決策時，並不會想到撲克牌裡的一些招數。我比較會想到從這種牌戲裡學到的總體教訓。撲克圈有句俗話：『想得愈久，想得愈錯』（think long, think wrong）。意思是說，有時候你對某項決策想得愈多，愈有可能做出錯誤的選擇。我看過葛拉威爾的《決斷二秒間》，它教導我，當你面對的是一項複雜的重大決策時，你必須要聽從心底的本能，信任你的直覺。」

當泰勒決定把公司的未來賭在針對老媽老爸網路事業所開發的物流軟體上，他依賴的就是直覺。他從閱讀中得知，他並沒有充分運用他的腦力。他的左腦一直忙著分析各種選項的成本效益細節，使得他那比較情緒化的右腦從來沒機會插手大局。「對於是否要這麼做，嵌合體公司內部有兩組不同的聲音。」他在那天稍晚與該計畫小組開完會之後這麼說道。有一群人對於這個新計畫非常狂熱，但另一群人則提出數不完的反對原因。泰勒必須來裁奪這些意見，做出最後的決定。「這一次，打從一開始我就告訴自己，絕對不要被市場、價格、時程表等細節給阻撓了。咱們的行銷部人員準備了一份目標客戶資料——一位三十五歲的單親媽媽，在自家的一間空臥室裡經營 eBay 網站生意。我想著那名母親，想著她的小生意對她的家人和未來是多麼重要，然後我想像她靠著我們的軟體，做生意賺到更多的錢。當下我便知道，跳進這個市場是對的。」

產品發表設定在當年年底。開車回家途中，泰勒顯得比他在辦公室時輕鬆，但是並沒有完全在休息。他又開始講電話了——這次是打給孩子。

＊　＊　＊

如果你還看不出來，告訴你，剛才這篇文章是虛構的——百分之百虛構。泰勒和芙琳特都不存在，嵌合體資訊系統公司其實正是拼湊的嵌合體。我們建構這個虛假的人物圖像，以模仿經常出現在商業報紙上的人物特寫報導。文中充滿的常識性概念、假設以及信念，在在呈現出泰勒是一個有點不尋常，但無疑非常成功的企業主。然而，這裡要測試的並不在於你是否看出這篇描述是假的。

我們故意把本書前面討論過的六個日常錯覺都編進泰勒的故事中。你能不能把它們都找出來呢？且讓我們回顧一下泰勒，以及該文的「寫手」有哪些地方受到日常錯覺的影響：

- 一大早開車上班途中，泰勒就以不停講電話揭開新的一天。我們在第一章讀過，**注意力錯覺**會神不知鬼不覺讓我們自以為有辦法同時兼顧好幾件事，成效不輸分開來做。
- 在接受「採訪」時，泰勒提起一段非常詳細的記憶，有關他怎樣聘用財務長的過程，強調自己臨時宣布一個意外的測試，是多麼聰明。他也許認為自己記得這段插曲「就像昨天才發生的事」，但是我們在第二章學過，即便是對最印象深刻的事件，我們的**記憶**都很容易扭曲——即使我們自信絕對沒記錯。
- 對於泰勒來說，他在決定雇用財務長時，**自信心**是一個很重要的指標：芙琳特之所以能脫穎而出，擊敗更有經驗也更有學識的候選人，正是因為她所散發出來的自信。但是就像我們在第三章告訴各位的，當年珍妮佛指控柯頓犯下他其實沒有犯的罪行，害他坐了冤獄時，她在證人席上正是散發出類似的自信。
- 泰勒為何能成為這般優秀的經理人？根據泰勒自己的說法，都要歸功於他對嵌合體公司相關知識的了解既深又廣；其他人也稱讚他有能力迅速了解複雜的資料。但是正如第四章所闡釋的，我們總是習慣**高估自己的知識**（尤其是對事物的運作方式），往往飛快就做出重大決策。然而我們如果了解自己真正知道的東西是多麼有限，下決策前先停下來想一想，對我們會更有益。

- 是什麼造就了嵌合體公司近年來的成功？分析家認為是泰勒本人——在他擔任總裁之前，該公司一點都不出眾，但現在卻成為領導品牌。根據第五章，我們現在能夠認出某些**因果錯覺**來自於事件發生的先後順序：單就「嵌合體公司在泰勒上任前的表現不如泰勒上任後」這件事實，並不足以證明該公司是因為他的到來而有進步。該公司在那段期間的其他變化，或是公司外部的變遷，例如該產業的整體進步，都有可能是造成進步的原因。
- 特寫報導中還提到泰勒播放古典音樂給員工聽，下意識鼓勵他們嘗試運用更多未曾啟用過的腦力。看來他也受到我們在第六章所討論的**潛能錯覺**的影響。

早先我們提過，日常錯覺有一項共通點：它們全都會讓我們認為自己的心智能力與容量超過真實的水準。還有一個共通線索將這些錯覺串聯在一起。在每一種錯覺，我們都會誤把「心智做某件事的容易程度」，與「心智做該事的優秀程度」混為一談。套句心理學術語，我們把「處理資訊的流暢度」，視為一個信號，顯示「我們正在處理大批資訊」，而且「非常正確與嫻熟」。但是毫不費力的訊息處理，並不盡然表示其中沒有錯覺。譬如說，回憶對我們來說幾乎一點都不困難。我們可以感覺到回憶有多簡單，但卻感覺不到我們的回憶被扭曲了多少。這些扭曲潛藏在我們心智活動之下，是我們沒有意識到的。然而我們卻把這種可以感知到的流暢回憶，歸功於我們記憶的正確、完整以及永恆。我們對知覺、注意力、自信、知識以及許多其他心智流程的認識上，流暢度也扮演了類似的角色，而我們都已經知道，這正是導致日常錯覺的原因。[1]

我們並不是說日常錯覺天生都是壞的，或說那只不過是人類心智軟體中的缺陷，如果設計得好一點就可以避免。雖然這些錯覺是因為我們的心智局限而產生，但這些局限通常具有互補性的好處。正如第一章指出，造成漏看大猩猩的不注意視盲，正是我們在正常狀況下集中注意力於主要目標上（以大猩猩案例來說，即為計算傳球數目）所帶來的不可避免的後果。如同許多其他情境，這種專注力非常重要，因為它能增強我們的能力，讓我們有辦法執行原本很困難的任務。

近年來，許多心理學家提出，我們的思想流程可以分為兩種：一種是快速且自動的，另一種是緩慢而深思的——這兩種都有可能造成錯覺。與知覺、記憶以及因果推論有關之快速的自動化思考，具有極大的局限；尤其當我們更高階的、深思的抽象推理能力沒有辦法看出快速性思考將我們帶入歧途，而適當調整更正時，這些局限會釀成嚴重的後果。換句話說，我們邊開車邊講電話更容易發生事故的原因，一方面是我們的注意力有限，另一方面則是我們沒有發覺自己的這種局限。[2]

受這些日常錯覺所苦的人，可不只上述虛構故事中的泰勒以及「陳述者」本人，其實每個人都一樣。當我們照單接收像泰勒那樣的故事時，我們全都成為這些錯覺的受害者。日常錯覺是如此深植人的心智習性中，令我們渾然不覺，它們強化了一些「常識」，而這些「常識」會導致我們接受泰勒這種故事。

這種常識還有一個名字：直覺。我們會直覺性的接受和相信的這些事，乃源自於我們的集體假設和共同認知，而直覺會自動對我們的決策產生影響，讓我們不假思索、不進行深入性思考。直覺告訴我們：我們注意到的超過於實際；我們記得的事，比我們真正的記憶來得詳細且禁得起考驗；有自信的人比較能幹；我們知道的事超過我們真正知道的；同時發生與互為相關即可證明其因果關連；我們的腦袋擁有大量能輕易被釋放的潛能。然而，在上述陳述中，直覺都是錯的，而且我們如果盲從，很有可能因此破財，失去健康，甚至喪失生命。

但最近流行的不是這樣的說法。在社會大眾乃至部分心理學家間，很流行一種說法：直覺性的思考與決策勝過分析法。直覺思考法較快，也較容易，這點當然沒錯。而且「直覺法可能比較正確」的想法也較為有趣且誘人，因為它與社會長久以來推崇「理性和邏輯是最正統客觀的思考」不符。在上文最後，我們就看到泰勒吸收了這種逆向思維。他引用了一句早年玩撲克時的格言——「想得愈久，想得愈錯」，以及他所讀過的《決斷二秒間》；他忽視部屬所做的種種分析，選擇跟著感覺走，而他的感覺告訴他，客戶將會從他的新產品中獲利。他把公司的未來賭在自己的直覺上，但是他自己倒是很平靜——開車回家途中，又再度講起電話來。

泰勒的決定，看起來像是把投資人的錢以及公司員工的前程當作賭注，非常可怕。但可悲的是，描述一位根據本能做出高達十億美元投資決策的公司總裁，實際上一點都不牽強。商業雜誌經常都在歌頌這類「果斷的」領導。譬如說，《長程計畫》（*Long Range Planning*）雜誌在描述知名的艾波比公司（ABB, Asea Brown Boveri）總裁巴尼維克（Percy Barnevik）時，就是這樣盛讚他：「見到他本人……馬上就能讓人體認到何謂果斷、原創的管理方式，而行使這種管理最重要的莫過於有能力做出迅速、自信的決策。」[3]

關於由直覺驅動的商場冒險行為，我們只舉一個非常具體的案例，摩托羅拉公司發展銥衛星電話這項決策，依據的就是公司高層一個直覺的「遠見」：客戶只需要一具行動電話，就能在世界上任何一個角落講電話。儘管摩托羅拉公司自己的數據顯示，這樣做不符合經濟效益。這種電話一具要價三千美元，每分鐘通話費要三美元，而且沒有辦法在室內以及有高樓大廈的都市裡使用。這種產品最適合的用戶是口袋裡閒錢太多的沙漠游牧民族，但是對其他人都不實用。根據一份公司的外部分析，即使銥衛星電話能占有全世界開發中國家的所有國際電話市場，收入還是不足以支付該系統所需要的設備費用，更別提它的營運費用。銥衛星電話推出不到一年就玩完了，最後損失金額將近五十億美元。[4]

## 當第一印象為錯誤印象

懷斯（Thomas J. Wise）是十九世紀末到二十世紀初的知名英國收藏家，專門收藏善本及手稿。他的私人藏書目錄就有十一大本，他把這些藏書稱為「艾胥利圖書館」（Ashley Library）。

大約在一八八五年，一位名叫本寧特（W.C. Bennett）的作者向懷斯展示了好幾本私人印行版本的《葡萄牙十四行詩集》（*Sonnets from the Portuguese*），那是女詩人伊利莎白・白朗寧（Elizabeth Barrett Browning）在與羅伯・白朗寧（Robert Browning）相戀時所寫的一系列知名詩作。（包括名句"How do I love thee? Let me count the ways..."。）這本書被認為最早出現在她的一套兩冊的詩集裡，於一八五〇年問世。但是本寧特這本標記著「非公開發行」的四十七頁小冊子，日期卻是一八四七年，使它成為之前沒人曉得的，更早印行的該十四行詩版本。懷斯明白它的稀有價值，便以十英磅買下一本。而且他還通知好幾位收藏家同好，大家跟著買，把本寧特的存貨都買光了。

關於懷斯怎樣拿到白朗寧詩集的故事，已經獲得證實，因為他的友人佛曼（Harry Buxton Forman）以及一名叫做戈斯（Edmund Gosse）的作者，都有很詳盡的描述。在那之後，懷斯又陸續發現並發行了一些先前不為世人所知的名家作品，包括丁尼生、狄更斯以及史帝文生等人的小品。許多私人收藏家以及圖書館馬上把它們搶購起來；懷斯的名氣與財富雙雙水漲船高。最後他成為英格蘭最富盛名的善本收藏家以及書誌學者。

然而，在十九世紀末與二十世紀初，部分美國書商對於不斷有新發現的作家私人印刷版本問世開始感到納悶。一八九八年，史密斯（George D. Smith）在《書的市價》（*Price Current of Books*）中這麼寫道：「目前許多人都懷疑其中有某些是假造的——但是這些疑慮儘管其來有自，卻是不能說的……也許丁尼生的《最終競技》（*The Last Tournament*）確實值得三百元，但奇妙的是，每一位丁尼生收藏家最近都拿到了一本！」然而幾十年來，即便有一些零星的質疑聲音，這些書冊還是普遍被視為真品。

一九三〇年代，兩名年輕的英國書商卡特（John Carter）和波拉德（Graham Pollard）對於懷斯的某些發現動了疑心。他們展開一個非常詳盡的研究計畫，蒐集並分析所有證明白朗寧十四行詩冊的證據。他們在這個詩冊裡，分別找出八個地方，與已知的白朗寧及其作品事實不一致，或是與典型的善本不一致。譬如說，這些冊子全都找不到作者的親筆題字，全都沒有以當時流行的方式來裁切或裝訂，而且在白朗寧夫婦所遺留下來的信件、回憶錄或其他文獻中，也全無片語隻字提到這本私下印行的小冊子。

卡特和波拉德下一步是直接訴求科學分析。雖說一九三〇年代的鑑識科學和現在沒得比，但還是有辦法用顯微鏡來檢查那本十四行詩冊的紙張。所有在一八六一年以前於英國製造的紙張，都是由破布、稻草，或是一種叫做西班牙草（esparto）的材料所製成。木漿是在一八七四年之後才有的。卡特與波拉德將那本白朗寧詩冊放在顯微鏡下，結果看到紙張纖維中含有大量經化學處理過的木漿。根據這個，再加上其他仔細蒐集的證據，他們下了一個結論，這本被大家公認於一八四七年印行的十四行詩集，絕對是在一八七四年以後偽造的。他們又對其他五十本冊子進行類似的分析，找到決定性的證據，證明其中二十一本是以類似方式偽造的。

這兩名書商在一九三四年發表了他們的研究結果，那是一本有四百一十二頁的專書，書名為《十九世紀特定書冊之紙張性質調查》（*An Enquiry into the Nature of Certain XIXth Century Pamphlets*）。他們只差一點就要明白指控懷斯偽造，但即便沒有明說，根據他們的研究結果，毫無疑問懷斯有罪。懷斯在三年後過世，直到死前，他都否認所有指控。後續調查發現，懷斯還曾經盜取大英圖書館諸多善本的書頁。直到今天他還是很有名氣，但不再被視為偉大的收藏家或是書誌學者；相反的，他被公認為史上最厲害的文獻偽造專家之一。

懷斯怎麼有辦法把這場騙局搞得這麼大？因為個別的私人買家與圖書館員在評估他的單項收藏品時，沒有機會去分析懷斯整套的收藏品，而且他們也沒有化學分析的技術。分開來觀察，那些收藏品看起來都滿像真的，而且每一件都能恰到好處的填補該作者整體作品裡的某個缺口。要揭發這樣的騙局，靠直覺是沒有多大用處的。這種騙局，唯有靠演繹邏輯來偵破，以所有新發現的書冊模式做為基礎，仔細比較其他歷史資料與事實，再加上對該物件進行科學研究。懷斯的故事以及卡特與波拉德所進行的偵查，顯示了深思與分析能打敗直覺，獲得勝利。眾多專業收藏家因為聽從心底的感覺而小小破財，也讓懷斯的珍本書愈來愈多；然而，嚴格的分析揭露了他們的錯誤。

諷刺的是，最有名的幾個證明錯覺威力的案例中，就有一個與偵測偽造有關。葛拉威爾的暢銷書《決斷二秒間》（副書名為*The Power of Thinking Without Thinking*）一開頭就是一個小故事：一名藝術品專家一眼就看出一尊被認為來自古希臘時代的少年立像（kouros）是贗品，然而科學家卻錯把它鑑定為真品。[5]葛拉威爾強而有力的敘述，活靈活現呈現了一個「直覺戰勝分析」的案例。然而正如我們一再看到的，單單一個鮮活的證明案例，只有在我們仔細思考過我們沒有掌握到的資料後，才有可能做為證據——但是，去思索一則故事裡缺少的東西並非我們的天性。少年立像的案子可能算是例外。畢竟，有多少次是科學家判定某件藝品為真，但藝品專家卻直覺就看出是假的？像懷斯那樣的案子——直覺被分析給駁倒，可能普遍得多。除此之外，這兩個故事都沒有告訴我們的是，在藝品為真品的情況下，是直覺還是分析比較正確。

懷斯的故事只是「深思與科學分析壓倒有瑕疵的直覺判斷」的案例之一；但是，就像葛拉威爾的少年立像沒有證明直覺戰勝分析，我們的懷斯案例也沒有證明分析永遠強過直覺。直覺有其功用，但是我們認為在沒有良好證據證明直覺比較優越的情況下，不應該把它捧到分析的頭上。我們相信，下決策的成功關鍵在於，知道何時應信任你的直覺，何時應提防它，改為扎扎實實通盤思考。

## 挑選果醬 vs. 指認搶匪

有沒有哪些情況是深思反而讓人頻頻做出差勁的判斷，比不上快速決定與直覺反應？有的，現在我們就來看一個經典的實驗案例。假想有人邀你參加一個測驗，試吃五種不同品牌的草莓醬。在嚐過所有五種果醬後，你先花幾分鐘時間，把喜歡或不喜歡每種果醬的原因寫下來，之後你才對它們進行評等。評等分數從一到九。假如我們以《消費者報告》雜誌品味專家的評分為正確度依據，你的判斷會有多正確呢？

心理學家威爾森（Timothy Wilson）與史谷勒（Jonathan Schooler）找來大學生當作測試對象，結果發現學生對果醬的評比和專家幾乎完全不同。照理他們應該分得出哪種果醬好，哪種果醬差——這個實驗所採用的果醬品質差很多，在《消費者報告》所測試的四十五個品牌中，分別排名第一、十一、二十四、三十二以及四十四。難道這些學生都嚐不出果醬的好壞，或是大眾的味覺與專家差異甚大？完全不是這麼回事。該實驗還安排了另一種情況，受測者不需要寫下自己喜歡或厭惡每種果醬的理由，而是寫一些與果醬完全無關的東西：像是他們選擇大學主修科系的原因。寫完後，這群受測者也進行果醬評等，而儘管他們在嚐完果醬後並未思考這些果醬，但是他們的評等結果卻與專家的結果非常接近。[6]

為何對果醬進行思考會讓我們判斷變差？有兩個原因。首先，思考果醬並不能提供我們更多與果醬有關的資訊——一旦嚐過果醬，我們就已經取得所有可以取得的味覺資訊了。第二，也是我們認為更重要的原因在於，果醬偏好主要來自情感反應，而非邏輯分析。情感反應通常會自動產生，且非常快速，反觀分析推理則是緩慢深思的過程。關於某食物的滋味如何，是一種發自肺腑的判斷，不能靠著認知該食物來改進。思考該食物，只會產生更多不相干的資訊，反而妨礙了直覺的情緒反應。

雖然品味偏好比較依賴情感而非邏輯，但是決定要不要開發某項新產品，則似乎是「把情感擱一邊，多花時間去分析」的好時機。但是差異並非都這麼明顯。一般說來，當沒有太多客觀立場可供人判斷某項決策是否正確時，直覺是無敵的。但即便有客觀標準，直覺反應有時候也還是勝過分析。且讓我們來回憶一下第三章珍妮佛・湯普森的案例，她一再自信滿滿的指認無辜的柯頓是強暴她的人。而她這麼自信的原因之一，就在於案發時她全神貫注於記憶歹徒的容貌，一來是為了讓自己分心，二來也是為了將來有機會協助警方逮捕對方。她曾經瞥見對方的容貌與身體好幾眼，事後她曾描寫當時如何鞏固細節記憶，以便把資訊記錄在心裡——像是歹徒的身高、鼻子形狀、皮膚色調。難怪她會這般自信——她在一生中最痛苦的時刻，非常努力去記憶對方的長相。

不幸的是，用文字來思考某人的外貌，事實上反而會減損你事後認出對方的能力。雖然這種可能性早在一九五〇年代就有人知道了，[7]但直到一九九〇年代才引起矚目，因為有一系列實驗為它取了個新名稱：「語文遮蔽效應」（verbal overshadowing）。[8]其中一個實驗，受測者先觀看三十分鐘的銀行搶劫影帶，裡面有一個鏡頭拍到搶匪的容貌。實驗組受測者看完後，先花五分鐘來描述搶匪的臉孔——「愈詳細愈好。」對照組受測者則花五分鐘來做其他不相干的事。在這之後，所有受測者都試著從八張容貌類似的個人照片中指認搶匪，接著再寫下他們對於自己的指認多有把握。

這個流程是在仿照刑事案件的處理流程（就像珍妮佛的案子）。按照慣例，警察會先要求目擊證人詳細描述嫌疑犯，然後該證人再試著從一張眾人列隊的照片中指認嫌犯。在這個實驗裡，處理與案件不相干事物的受測者，有六四%能正確指認出嫌犯。但是那些先寫下嫌犯詳細容貌特點的受測者，結果怎樣呢？他們指認正確的機率只有三八%！筆記上的語言資料，反而把最初以視覺感知那張臉孔所獲得的資料給遮蔽了。而結果證明，在這種情況下，語言資料比較不正確。諷刺的是，我們的直覺卻會告訴我們，去分析一張面孔，將有助於幫我們把它記得更牢，但是至少在這個案例中，把分析擺在一邊，讓比較自動的圖型辨識流程去處理，效果會更好。這個實驗並沒有將情感評價（emotional evaluation）納入考量，只是一項客觀的記憶測驗，但是深思沒有幫助。

當你在意識層面能取得所有需要的資料時，深思將會勝過直覺。在這樣的案例中，分析能夠產生「有助於讓你做出更佳決策」的新資訊。讓我們最後再回顧一次西洋棋賽。在第六章，我們描述了一項驚人的發現：西洋棋超級大師不論是矇著眼睛下棋或看著棋盤下棋，表現都一樣好。此外，西洋棋大師和超級大師也有能力下極速棋，在不超過五分鐘（或更短）的時間內走完整盤棋。克里斯以前總是輸給一位超級大師，對方走完整盤棋的時間加總起來不到一分鐘，但卻可以給克里斯五分鐘的時間。這怎麼可能？

目前最被看好的理論是，下棋專家辨識的是棋盤上由棋子群所組成的熟悉圖案，這些圖案與他們心中的下棋策略、戰術相連，甚至也與某些情況下他們喜歡採用的特殊走法相連。在極端的案例中，如果他們的圖案辨識能力太好，而且對手又太弱，超級大師就有辦法在幾乎完全不用分析的情況下贏得棋賽。基本上，他們即使完全依賴直覺，依然可以下得很好。

還記得克里斯與同事赫斯特曾利用電腦程式來搜尋超級大師在盲棋賽裡發生的錯誤嗎？他們在該項研究的另一個實驗中，比較一般錦標賽情況（每盤棋為時五個鐘頭）與快棋情況（整盤棋差不多一個鐘頭），但兩者都不包括盲棋。如果下棋技術完全來自快速直覺的圖案辨識，那麼超級大師在五個小時棋局所犯的錯誤，應該和一小時棋局一樣才對。然而，在快棋情況下，他們犯下的錯誤卻升高了三六％，增加的幅度相當大。[9]下棋時，有較多時間思考，確實能讓你做出更佳的走棋決定——不論你是世界冠軍、超級大師還是業餘棋手。所以要在棋賽中做出好的決策，需要的一定不只是直覺的圖案辨識。同樣道理也適用於我們生活中的其他決策。

## 科技救得了你嗎？

指出日常錯覺的特性以及可能造成的危害，比起找出解決它們的辦法容易多了。但是，我們還是看出有三種廣泛的做法，或許能減輕這些錯覺對我們生活的衝擊。

首先，學習去了解日常錯覺的運作方式——譬如說，藉由閱讀本書，將有助於讓你在未來留意到它們，並避免成為受害者。不過，刻意去監督自己心思的能力，畢竟還是有限的。我們已經將我們認為最佳的預期以及避免日常錯覺的辦法告訴各位了，但是單單靠這種知識是不能完全解決這個問題的。

第二，你可以試著透過訓練來強化認知能力。然而，正如我們討論過的，認知訓練不太可能讓我們進步到消除日常錯覺，原因有兩個：一、我們無法只靠著做頭腦體操、打電玩或是聽古典音樂，就提升整體腦力；二、凡是能夠透過訓練來改善的認知能力，可能都無法幫助你駕馭日常錯覺。頭腦體操就某些方面來說，對你可能有益，甚至它本身就有功用，但是卻沒有辦法帶給你一個不受錯覺干擾的人生。

科技在未來可能可以幫助我們避開日常錯覺。事實上，已經有一些生活案例顯示科技能幫助我們克服頭腦的局限。譬如說，書寫就能幫助人類更精確、更大量的保存歷史資料，勝過藉由記憶與口傳方式。同樣的，計算機的發明也減低了因腦袋處理數字的能力有限而造成的數據錯誤。

這類發明對於改善我們的生產力與生活品質確實舉足輕重。但是這只能處理我們認知系統的局限，無法處理會困擾認知系統的錯覺。錯覺是我們誤判自身局限的結果，而這些判斷，才是我們必須調整的。科技能幫助我們，但是我們必須準備接受，有時候自動產生的判斷勝過我們自己的判斷——這是困難又有爭議的一步。

但還是一樣，我們不認為科技發明能完全解決這個問題。取代人類判斷的一個補救辦法，可能在於改變周遭環境，好讓我們的局限變得不那麼關鍵。換句話說，我們如果知道自己的認知極限在哪裡，我們就能重新設計周遭環境，以避免錯誤直覺造成的後果。譬如說，現在你們都已經讀過注意力錯覺，我們希望能說服諸位，不要再一邊開車一邊講電話。但是，隨著電話演變為上網工具及掌中電玩，讓我們分心的誘惑只會增，不會減。要克服注意力錯覺，最佳對策莫過於減少誘惑：把車裡的電源轉換器移除，或是把手機放進你無法隨手拿到的包包裡。

再怎麼大量的訓練，也不能幫我們注意到身邊所有事物，而且不論我們怎樣用心，有關「我們注意到了什麼」的那種直覺式的（也是錯誤的）信念，仍沒有辦法隨手拋棄。但是，擁有關於注意力錯覺的知識，我們大可主動出擊，重新組織我們的生活環境，以減輕被錯覺誤導的可能性。我們認為這一點也適用於其他的日常錯覺，但願比我們有創意的人將來願意接受挑戰，設計出解決之道，幫助我們克服心智局限，還要克服我們對於自己心智局限的日常錯覺。

## 提防你身邊的大猩猩

各位已經來到本書的尾聲了。正如伍迪．艾倫說過，每當他拍到那些經典喜劇的結尾時，「我都希望能留下一個肯定的訊息。但是我沒有。你們願不願意接受兩個負面訊息呢？」

我們要傳達的其中一個訊息，確實是負面的：小心你的直覺，尤其是有關自己的心智如何運作的直覺。我們心智系統中的快速認知部分，是經過演化來解決某些問題的，而它們在解決這類問題時，再傑出不過了。但是今天我們所面對的文化、社會以及科技，遠較老祖先所面對的複雜。在許多情況下，直覺根本不適用於解決現代社會的問題。在決定信任直覺而捨棄理性分析之前，請各位務必三思，尤其是對重要事物，而且也請小心那些告訴你直覺是幫你下決策的萬靈丹的人。還有，如果有人要求你觀看錄影帶，計算籃球傳球數目……

但是，除此之外，我們也有一則肯定的訊息要傳達。那就是：如果你盡力去提防生活周遭裡看不見的大猩猩，你將可以做出更好的決策，甚至過更好的生活。我們最初把本書命名為「大猩猩就在我們身邊」時，原本只是為了好玩，但是就其喻意而言，我們身邊確實也有一堆大猩猩。由於注意力錯覺，我們有可能沒注意到就在面前的重要事物。現在你已經知道這種錯覺了，你將比較不會認定「凡是可以看見的東西，你都看到了」。由於記憶錯覺，你自認對某些事物記憶的程度，可能超過真正記憶的程度。如今你知道這種錯覺了，你將會對自己的記性，以及其他人的記性，少信賴一點。而你在碰到重大情況時，也會嘗試去驗證自己的記憶。你將會看出，自信者的表現通常反映出他們的個性，而非他們的知識、記性或能力。你將會警惕，不要自認對某主題的了解超過實際上的了解，而你會願意先測試自己的了解程度，以免誤把熟悉當作知識。你不會再認為自己知道某件事的因果，如果你知道的只不過是在它之前或之後所發生的事。如果有人宣稱只要簡單的幾招就能開發你的腦袋潛能，你將心存懷疑。但是你也知道，一旦用對方法來研究或練習，你有可能成為了不起的專家。

克里斯有一次在講堂上出作業給學生，叫他們找出一個由日常錯覺扮演關鍵角色的有趣事件，不限時空背景。結果學生交出一份五花八門的名單：包括布魯克林警察開槍事件，規模驚人的馬多夫龐氏騙局，被宣告死亡的人在太平間醒來，甚至還包括越戰以及挑戰者號太空梭爆炸。

你也可以做做看。找個機會停下來，透過我們給你的眼鏡來觀察人類行為。同時也試著追蹤自己的思考與行為，確定你的直覺與發自內心的決策是否得當。在驟下結論之前，請試著盡量放慢、放鬆，並檢視自己的假設。

你在思考外界時，如果都能意識到日常錯覺的存在，你對自己將不像以前那般肯定，但是對於自己的心智如何運作，會有新的洞見，而且對於人為什麼會有各種行為，也會有新的理解方法。這些行為通常不是因為愚昧、傲慢、無知或是缺乏專注。那是因為日常錯覺，而日常錯覺能影響所有人。最後，我們希望每當你要貿然下判斷之前，都能先思考一下這種可能性。

新版後記

# 後來，你看見大猩猩了嗎？

自從《為什麼你沒看見大猩猩？》英文版於二〇一〇年出版以來，就大部分內容而言，我們當時提出的說法現在依然成立，本書的基本主題和論點也無需改變，但有幾個我們討論過的想法，在過去這幾年已有新的進展，有些案例也受到挑戰。藉由這篇新增後記，讓我們有機會重溫本書，並更新內容。

我們注意到，在本書出版後，「看不見的大猩猩」一詞開始成為日常用語。譬如說，一份關於注意力最新研究的報導，標題就叫做「新式擋風玻璃顯示器可能釋放出一頭『看不見的大猩猩』」。[1] 一名顧問的自我宣傳有這麼一句話：「策略教練能在你的企業中看出『看不見的大猩猩』」。[2] 另外，嘻哈歌手布林克曼（Baba Brinkman）在專輯《人類天性嘻哈指南》（*The Rap Guide to Human Nature*）中唱道，「你看不見我——我是看不見的大猩猩／你的視覺盲點充滿你的心／你看不見我——但是如果你看不見我／想想看還有其他什麼是你看不見的。」[3]

對於我們的研究發現變得如此有名，連書名都被當成一種隱喻，我們深感榮幸。當然，概念被減化成陳腔濫調後，更可能受到誤解和誤用。如果這種用法持續蔓延，我們希望「看不見的大猩猩」還是能保留原本的中心意含，那就是：「一樣東西如果你留心在意，就很容易注意到，但是你的注意力如果被其他事情分散了，你就可能完全忽視。」也就是說，看不見的大猩猩是一個非常戲劇性的範例，顯示我們可能由於不注意視盲，而忽略事物到什麼樣的程度。

在有關不注意視盲最重要的新研究裡，有一項是我們的同事耶魯大學蕭爾教授和他的研究生沃德（Emily Ward）所完成的。[4]大猩猩實驗以及其他不注意視盲實驗，最早可回溯到奈瑟團隊以及梅克與洛可等人的研究，他們都不排除另一個合理的可能性，那就是觀眾其實有感知到預期之外的事物，只不過還沒來得及回報給意識或記憶之前，就遺忘了。對於此一現象的這種詮釋，稱為「不注意失憶」（inattentional amnesia），因為它的焦點在於事件過後可能沒有記住，而非事件發生當下沒有感知到。

沃德和蕭爾把這兩種可能性區分開來，他們巧妙運用了莫斯特所引進的電腦版測驗：讓受測者觀看螢幕上移動的黑色和白色英文字母L和T，並計算它們橫越過中央一條水平線的次數。在這項測驗的某些段落中，會出現預期之外的紅或藍色十字，在螢幕上同樣沿著那條水平線移動。當第一個出現十字的段落結束後，受測者會被問及是否注意到有一個十字，大約三分之一的人都說沒有，這在不注意視盲實驗裡是滿典型的結果。但是接續的測驗則和以前的研究不同，受測者被告知，每當注意到螢幕上出現「不同的或意料之外的東西」，就要按一下空白鍵。經過三次出現十字的測驗後（受測者都立刻予以回報，因為他們現在已有所預期），最後一次測驗多加了一個英文字母E，而且是從反方向移動過來，結果十三%的受測者完全沒有回報它。

如果不注意視盲真的是記憶上的問題，那麼事先警示受測者注意非預期事物，而且讓他們在一看見這些東西的時候就能回報，應該就會消除這種現象。在這種狀況下，「注意到非預期事物」與「回報它」之間沒有延遲，所以並不需要動用記憶。但是既然許多E仍然沒有被回報，不注意視盲看來也不能算是沒有記住非預期事物的結果。

沃德與蕭爾的研究和以前的不注意視盲研究，還有一個很重要的差異：當受測者進行到會意外出現E的測驗時，早已充分意識到意外事物可能隨時出現。畢竟他們早就被告知，一看到意外的東西就要按下某個鍵，而且已經在測驗中抓出十字好多次了。他們曉得其他東西也可能出現，但是並沒有學會要普遍「預期非預期事物」。相反的，沃德與蕭爾實驗的受測者反而學會要預期十字出現。事先曉得非預期事物可能出現，仍無法讓你注意到所有非預期事物：我們看到的，大部分是我們預期會看到的，如果我們懷抱錯誤的預期，就有可能漏失非預期事物，即使事先曉得它們可能會出現。

丹尼爾在原始大猩猩實驗的後續研究裡，把這個事實解說得很清楚。[5]和最初的實驗一樣，他拍了一部短片，兩支隊伍各由三名女學生組成，在舞台上走動並傳球，然後有一隻大猩猩通過，一邊搔著胸脯。然後他添加了兩項新的非預期事件：黑T恤隊有一名隊員離開舞台，以及當大猩猩出現時，一道幾乎布滿整個背景的簾幕從紅色變為金色。

丹尼爾實驗裡的受測者都看過或聽說過先前的錄影帶，曉得要預期一隻大猩猩出現，而他們果真都注意到這支影帶裡的大猩猩。但是，事先知道一隻大猩猩可能出現，並沒有增加他們注意到另外兩個非預期事件的機會。預期某個特定的「非預期事件」，確實能幫你注意到那個事件，但是卻不能普遍增加你對所有非預期事件的注意力。事實上，從丹尼爾的受測者似乎可以得出一項暗示，亦即預期會出現而且也看到一頭大猩猩的人，比起不曉得原始大猩猩實驗的人，更可能不會注意到另外兩個非預期事件（丹尼爾的錄影帶入圍二〇一〇年度最佳錯覺大賽的決選名單，這個比賽是全球視覺科學界的盛事，丹尼爾當時身著黑猩猩服裝上台展示這段影片。各位讀者可以上網觀看，名稱叫做 Monkey Business Illusion 或是 Dan's Talk，網址是 www.theinvisiblegorilla.com/videos.html）。

後來發現，要求人把注意力兵分兩路，一邊專注於某件任務，同時又要保持開放的心胸去偵測所有非預期事件，是不可能做到的。不過，我們通常能夠藉由把注意力分給兩顆腦袋，來彌補認知能力上的這項限制。譬如說，當警察出勤某項可能有危險的任務時，通常由其中一人接近盤查對象，另一人則留在比較遠的後方。第一位警官能專注於盤查對象的行為細節，第二名警官則負責留意情境與周遭的變化。用這種方式把注意力分開，一般說來是解決問題很有用的方法。不論何時，「狹域的聚焦」和「廣域的察覺」之間，總是必須有所取捨，把這些責任分攤在不同人員或隊伍身上，好過於受到注意力錯覺挾制，幻想單靠一個人的頭腦也能做得面面俱到。

## 重現康里追捕嫌犯的現場

在本書第一章，我們藉由康里的案例來闡述注意力錯覺。康里是波士頓的一名警官，因為聲稱沒有看到同儕警官考斯被痛毆，即使考斯被毆打的地點距離他承認路過的地方只有幾步之遙，所以被判定是在扯謊而遭定罪。我們主張，康里確實有可能站在他聲稱的位置卻沒有注意到毆打事件，因為他當時的注意力都集中在追捕一名謀殺嫌犯。在我們寫完康里與考斯的案例後，克里斯把這一章拿到他在聯合學院一門講座課堂上，和學生一起討論。他們的討論最後轉向一個問題：大猩猩實驗與康里遭遇到的情境，到底可否相提並論。當你在觀看大猩猩錄影帶時，你處在一間明亮安靜的房間裡，坐定在椅子上，心情平和的接受測驗，看你能不能注意到某些有趣的事物。反觀康里，當時正在追捕嫌犯，他奔跑著，壓力很大，兼且身處黑暗的戶外，卻被指望能注意到某件激烈的情緒事件。這兩個情境，在概念上確實有些相似之處——聚焦在一件任務上，可能會遺漏某件非預期的事件——但是也有許多不同之處。

社會心理學對旁觀者效應的經典實驗（研究人員安排設計意外事件，然後計算有多少受測者會出手干涉或協助），讓克里斯和學生發覺他們也可以安排一場比大猩猩錄影帶更符合康里情境的實驗。我們要求受測者尾隨一名參與實驗的學生背後，沿著校園裡的一條小徑跑步。他們被告知要和前面的跑者保持十公尺的距離，並默默計算跑者以手碰頭的次數。這些要求就和大猩猩實驗裡的計算傳球次數一樣，但此處用意在於模擬康里需要追蹤並監視嫌犯的動作，以確保對方沒有掏出武器，或扔棄證物之類的。

到了小徑的盡頭，我們便詢問受測者跑者摸了幾次頭。大部分人都計算得很正確（正確答案為九次）。接下來，我們會問他們在跑步期間是否注意到任何不尋常的事，然後又特別指明問他們是否看到有人在打架——這是這項實驗版本的「你是否看見大猩猩」關鍵問題。當然，我們預先安排了三名學生進行一場打鬥，就在他們路過的途中，由兩名學生假裝對另一名學生拳打腳踢。為了確保奉公守法的好市民不會頻頻打電話報警，妨礙我們蒐集數據，我們特別把打架場地安排在聯合學院校園的某個兄弟會處所後面。我們推測——事後證明滿正確的——大家看到大學生在兄弟會後面打架，比較可能會認為是惡作劇性質而非犯罪事件。但是除了這一點，打架本身看起來挺真實的，而且也夾雜了一些咒罵、吼叫或別的聲音。

當我們在晚上進行這個實驗，也就是最逼近康里遭遇的情境下，有三分之二的受測者沒能注意到打架。然而，即使換成打鬥更容易被看見的大白天，還是有將近一半的人（四四%）沒看見。當我們設計出更困難的計算任務，要求受測者計算時區分左手和右手摸頭的次數，這時有五八%受測者沒注意到白天的打鬥。甚至在受測者完全不必計算次數的實驗中，也有二八%的受測者漏掉了打鬥！兩年後，我們重做了這個實驗，為ＢＢＣ科學系列節目「地平線」（*Horizon*）

錄影，[6]讓攝影機以受測者觀點來拍攝這場奔跑實驗，其中的打鬥場景在畫面中清楚可見，而且持續了好幾秒鐘。

所以實驗結果支持以下的想法：康里有可能說的是實話。但是如同大猩猩實驗一樣，就算預料到會有此結果，我們還是被這個發現給嚇了一大跳。仔細想想：即使他們只需要跟著跑者，不必計算任何東西，在光天化日之下，還是有大約四分之一的受測者沒能注意到打鬥。克里斯在進行這個實驗時，雖然已經合作完成了你正在讀的這本書，他還是覺得很難相信，這群健康、聰明又良善的成年人竟會漏看這麼明顯的事件。注意力錯覺就像其他錯覺一樣，不論我們有多了解，它在某種程度上依然陰魂不散。

當我們完成研究，也將成果以科學論文發表之後（標題是「如果你沒注意到鬥陣俱樂部，你就無從談起」〔You Do Not Talk About Fight Club If You Do Not Notice Fight Club〕）。[7]我們回去找調查此案的波士頓記者萊爾，他曾經賣力報導康里的案件，並在十年前將康里帶到丹尼爾在哈佛大學的實驗室。雖然我們做這些實驗並不是為了證明康里的說辭——說實話，我們對這個實驗能否成功並沒有太大的把握——我們希望萊爾能把我們的發現告訴康里，他轉告了。萊爾寫了一本關於這個案件的書《柵欄》（*The Fence*），目前正打算要拍成電影。或許等電影上映後，能讓社會上更多人意識到不注意視盲的特殊重要性，以及行為科學的普遍實用價值。

## 傳訊不急於一時

過去五年來，我們對許多觀眾解說過我們的研究，而最常出現的話題之一，就是關於手機、多工任務以及開車不專心所帶來的影響。大眾也已經大大意識到這個議題。歐普拉便發起了一個反對邊開車邊發簡訊的運動，而美國很多州已明文禁止這項行為。汽車廠商則打出令人悚然的廣告，提醒駕駛人「傳訊不急於一時」。遺憾的是，這些狀況反襯出的正是真實事件。在二〇一四年四月，一名三十二歲婦女把車子開到逆向車道，和一輛卡車相撞，因而慘死；在發生撞車前不到一分鐘，她才剛剛更新了臉書近況：「快樂的音樂令我快樂」。稍早她自拍了一張正在駕車的照片，並放上網。[8]

新近有相當多與使用電話相關的分心研究，而且沒有一個研究認為，「一邊開車、駕飛機、行船或進行任何需要專注的事務，一邊使用電話」，會是一個好主意。但是如果我們不從口袋裡取出手機，只依賴溫和的震動或鈴聲來通知我們收到新郵件、簡訊、社交通訊軟體或其他信息，情況又如何？我們可能會認為，這種程度的分心應該很安全，因為我們並非做出回應，沒有讀取信息或是回電話。佛羅里達州立大學的斯托塔特（Cary Stothart）與同事做了一個聰明的研究，探討這種直覺的想法是否正確。[9]

他們採取警覺測驗，安排受測者看一長串數字通過電腦螢幕，每當看見不是三的數字，就按一個鍵。由於大部分數字都不是三，大家會習慣一次又一次的按鍵，然後在三突然出現時，便不小心弄錯。要避免這類執行上的錯誤，需要集中注意力。這一百六十六名受測者並不曉得他們被隨機分成三組。進行測驗的電腦預先設定好會發送四則簡訊到第一組人員的手機裡，以及打四通語音電話給第二組，對第三組則不進行任何干擾（做為對照組）。受測者事先並未被告知，在測驗進行當中應如何處理他們的手機來電，或是如何應對收到的通知。結果接到訊息的受測者（不論是哪一種訊息），犯下的錯誤都超過沒收到任何訊息的受測者，呈現出注意力降低的狀況。重點在於，這項研究結果純粹只採計實驗過程裡沒有接電話、回應短信或甚至看一眼手機的受測者來做比較；也就是說，只不過被動接收到通知，就足以造成明顯的分心和較差的認知表現。

還好，手機和電腦的操作系統都很容易讓我們設定你想收到哪些通知。每當你收到簡訊，或是在臉書、推特上被標記時，你真的都需要立刻得知嗎？想想看，既然那些通知似乎會耗掉你的專注力，或許你應該花幾分鐘把這些通知減到最低。更理想的是，手機軟體應該要有一項顯眼的「駕駛模式」設定，就好比「飛航模式」，用合理的默認來限制只通知真正緊急的訊息。

## 消失的引擎

在本書第二章，我們討論到改變盲，用一個現在已經很出名的「門板實驗」來說明；該實驗是由丹尼爾和同事勒文一起做的，當時他們還在康乃爾大學念研究所。所謂改變盲，是指人沒能注意到視覺範圍內的某樣事物發生了變化，會出現這種情形，通常是因為變化發生時他們沒有注意。我們發覺，很多讀者似乎難以區分改變盲與不注意視盲。以下是一個分辨兩者差異的方式：不注意視盲涉及的是「沒能注意到某件完全看得到的事物」，因為另有任務吸引了當事人的注意。改變盲則是「沒能注意到某件事物與先前不一樣」。你無法完整看到改變發生的時刻——改變盲來自沒有能力在心裡比較「當下」與「一段時間前」的情景。在門板實驗中，改變發生在門板後，也就是當第一名實驗人員掉包成第二名實驗人員時。改變本身是一樁無法目擊的事件，人只能藉由比較「記憶中原本的實驗人員」與「門板通過後的實驗人員」，來偵測到改變。然而，在「鬥陣俱樂部」的不注意視盲實驗裡，打鬥一直都在那裡任人觀看。沒有留意到打鬥，是因為他們專注於最主要的目標：跟蹤跑者，並計算他摸了幾次頭。

在諸多重要的改變盲實驗中，有一個實驗本書沒有討論過，那是英屬哥倫比亞大學視覺科技專家倫辛克教授所做的研究。[10]倫辛克用影像編輯軟體來改變照片裡的重要部分，例如把一架停在跑道上的噴射飛機的引擎移除。然後他讓受測者快速交替觀看原始以及改動後的照片，之間插入了一個空白畫面，因此照片就好像在「閃爍」。在本範例中，引擎的出現和消失之間，隔了一個空白畫面。一架噴射飛機沒有引擎，照理應當引起注意，是吧？令人驚訝的是，受測者即便被明白告知要找出影像裡有所改變的東西，他們還是花了整整一分鐘才找到。只有在費力的逐一掃描影像各個部分，尋找上個影像和下個影像各部位間的差異後，他們才終於看出哪裡改變過。

丹尼爾發現，要誘發改變盲其實不需要非得閃現兩張圖片才行。他利用軟體讓原始照片和改動照片形成淡出淡入的過程，因此螢幕上的影像就會漸漸出現或消失，或是慢慢從某個顏色轉變成另一個顏色，過程大約十秒鐘。雖然改變是可見的，要是你知道該往哪兒看的話（或是說得更正確點，如果你知道該把注意力擺哪兒），但是它無法吸引你的注意力。即便沒有事物令你分心，而且即便你就在搜尋改變，改變盲還是可能發生。

正如我們在第一章指出的，我們想要寫這本書，部分是因為其他人在我們的大猩猩實驗裡發現到既深且廣的含意。我們認為，改變盲所牽涉的可能也遠超過視覺短期記憶的範疇。想想看，世界上有多少事物持續在變動之中：政治體系、經濟、生態系、人際關係……名單長得沒完沒了。就抽象層面而言，人對此心知肚明，就像匆促樂團（Rush）所唱的，「持續變動是為常態。」管理大師會針對掌握變革的重要性提出建言，商學院則企圖傳授因應變動時代的領導技能。

但是如果你根本沒有注意到變革，你將無法掌握它或是做出任何應對。改變盲研究顯示我們有可能漏失許多改變，尤其當它們是漸進發生，或是我們並未注意的時候。很多公司或甚至整個產業都曾經突然「驚覺」於新的局面：某個競爭者神不知鬼不覺的奪取了市占率，或是某個新產業「不知打哪兒」冒了出來，打亂了原有的商業模式。很多美國人直到二〇〇〇年代初期，才意識到中國經濟的規模、範圍以及全球影響力。但是中國的重要性早已穩定增長了很長時間，當二〇一〇年它超越日本成為全球第二大經濟體（以每季國內生產總值來計算）的時候，對留意中國的西方人士而言根本不意外。事實上，中國的ＧＤＰ已經持續成長幾十年了，換句話說，改變早就呈現在眼前，只是很少人注意罷了。

還有哪些重大變遷一直沒有被大眾注意，直到突然迫在眉睫，成為一場大災難？希臘債務危機算是一個。會不會有其他先進的經濟體，或許甚至比希臘的規模更大，也走上相同的命運呢？另外，ＩＳＩＳ在中東的崛起又是另一個案例。一個甚至十年前還不存在的非國家組織，竟能控制這麼大片領土，直到二〇一四年初，這似乎還是令人無法想像的事。然而伊拉克的摩蘇爾卻淪陷了，而後全球的注意力才被這樁已經漸漸發展了多年的改變給吸引過來。

有趣的是，對於這些個案（中國、希臘、ＩＳＩＳ），有些專家和專業刊物在變化發生時就看到了，也記錄了下來。同樣情況也發生在二〇〇八年的金融海嘯：一小群精明的投資者以低廉價格，為不動產抵押債券可能崩盤的狀況——這對大眾而言似乎遠在天邊——買保險，因而獲利。[11]要偵測到漸進的變化並非不可能，但是其中的困難超乎我們的了解。這是因為記憶錯覺的作用。

## 自信心與知識錯覺

二〇一一年，諾貝爾獎得主康納曼推出一本書《快思慢想》，是社會科學有史以來最重要且最具影響力的研究之一，具有里程碑的意義。我們深感榮幸，他在該書第一章描述了大猩猩實驗，並引用我們的書。二〇一五年初他在一場訪談中，[12]提及他的研究所討論過的認知偏差，康納曼說：「如果我有一根魔杖，我想消除什麼？過度自信。」

這個話題包含一個概念：過度相信自己的能力，是廣泛的自信心錯覺裡的一個面向，這其中還包括了我們容易對他人所展現的信心寄予過度的厚望。根據我們收到的評論，有些讀者分不清楚自信心錯覺和接下來那一章的知識錯覺的差別。這兩種錯覺都關係到我們的信念和實際有多吻合，但兩者不同。其間的差別在於：自信心錯覺是我們把某人的技術或能力設想得太過高超，也就是關於我們或他人執行某項任務或展露某項特點時會有何表現，例如下棋或懂不懂得幽默。至於知識錯覺，則是我們表現出一副對某個特定主題或情況了然於心，然而實際上的理解程度卻不如展現出來的程度。

近年來，知識錯覺的研究發展蓬勃。某些最有趣的研究想要證明，由於網路搜尋資訊愈來愈容易和快速，可能會讓我們誤以為自己一向就懂得那些事理，或是減低我們未來學習或記住這些事物的機會。阿泰（Stav Atir）、羅森維格（Emily Rosenzweig）和唐寧（「毫無才能且毫無自知之明」效應的共同發現者）做了一個新研究，發現自認具備某領域專長的人，會聲稱自己曉得的知識比他們可能知道的多；在這個研究中，他們聲稱了解實驗人員瞎掰出來的專有名詞是什麼意思！[13]

我們期待這個領域有更令人興奮的進展。但是我們也必須承認，如果《為什麼你沒看見大猩猩》這本書裡有什麼是我們希望能改動的，那就是第四章末尾關於假想的氣象預報員安娜和貝蒂的討論。還記得針對那四天裡的每一天，安娜說有九〇%的機率會下雨，但是貝蒂對同樣那四天卻給出七五%的下雨機率。結果四天裡有三天下雨（七五%），所以——技術上而言——貝蒂的預測比安娜精準。然而，這並不表示貝蒂是比較優秀的氣候預報員。不說別的，那個九〇%的預測可能會讓更多人出門時攜帶雨傘或雨衣，於是「更有機會在三個下雨天裡有備無患」，將能彌補「沒下雨卻過度準備的那一天」。但是更為切中要點的，是下面這個絕佳論點，那是由我們最敏銳的讀者之一，荷蘭的威爾達（Gerben Wierda）提出的：「既然在事後看來，一個下雨天等於百分之百的下雨機率，非雨天等於百分之零的下雨機率，安娜有三次錯了一〇%，以及一次錯了九〇%，加總起來共錯誤率一二〇%。貝蒂有三次錯了二五%，以及一次錯了七五%，總共是一五〇%。所以貝蒂比安娜更不準。安娜其實做出更優秀的預測，在四次裡對了三次。實情是，『四天裡有七五%的日子會下雨』和『每天下雨機率七五%』，根本是不一樣的。」我們仍然認為人偏好更明確、肯定的預報，勝過模稜兩可、不確定的預報，而且這項偏好會培養出知識錯覺，但是安娜與貝蒂的實驗不能為這個論點提供有力的佐證。

## 愛上自己的手機？

我們在討論神經科學亂入和腦色圖的時候，敘述過韋斯伯格（Deena Weisberg）與同事所做的研究：當受測者在聽取心理現象的解說時，如果其中附帶了與主題無關的大腦資訊，他們就會覺得那項解說比較有說服力。韋斯伯格小組的論文名稱為「神經科學解說的誘人魅力」。我們認為這個現象很可能是真的，但是我們必須注意其他研究者對最初的發現提出了批評（譬如一篇名為「誘人魅力的『誘人魅力』」的論文），[14]而且還需要進行更多研究才能證明，人對於和大腦有關的陳述所寄予的信心，超過和心智有關的陳述。不過，最近社會大眾對於過度氾濫的「流行神經科學」產生反彈，厭惡任何事物動不動就冠上「神經」這個字眼，或是標榜「某某神經科學」，這可能可以引導大家較為恰當的懷疑以過度簡化大腦運作為立論基礎的詮釋。

我們覺得很幸運的是，神經科學家本身也有意願要恰當詮釋和應用他們的研究發現與技術。自從「神經行銷學」大師林斯壯（Martin Lindstrom）在《紐約時報》上宣稱，腦部影像代他證明了蘋果手機的用戶「真的是」愛上了自己的手機，德州大學的波爾德瑞克（Russell Poldrack）召集四十五名同僚（克里斯也是其中之一）簽署了一封抗議信。波爾德瑞克在信上說明，林斯壯在邏輯上犯下的錯誤主要出在仰賴「逆向推論」，也就是藉由觀察人腦中哪個區域被活化，來推論當事人的心智或情感狀態。林斯壯辯稱，由於他的發現證明當受測者凝視蘋果手機的影像時，大腦中一個叫做腦島的構造就會被活化，而從前的研究顯示，人在凝視心上人的時候，腦島會活化，因此他的受測者必定是愛上自己的手機。問題在於，除了愛情之外，還有很多東西都能活化腦島；它更常與負面情緒扯上關係，像是厭惡，所以我們也能把林斯壯的實驗詮釋為人嫌惡自身對蘋果手機的狂熱，因為想起了自己如何沉迷於各種軟體、遊戲和即時通訊。事實上，兩種詮釋都不能保證一定正確，但是由林斯壯這類言論所創造出來的知識錯覺（很可能是被神經科學亂入和腦色圖給煽動的），卻讓它們一開始就博得了大眾的矚目。[15]

最後，我們必須從一個嚴峻的觀點來下總結。我們在本書中所報導的全美電話調查（而且後來我們用線上取樣也得到同樣的主要結果）顯示，[16]二九%的人相信，疫苗對於造成自閉症負有部分責任。對接種疫苗的恐懼，是因果錯覺所引發的，結果導致許多已開發國家的民眾不允許或是拖延孩子接種能防制致命疾病的疫苗。今年，美國有一名孩子死於麻疹，這是十二年來的頭一個，[17]而這種疾病在開發中國家遠比已開發國家來得致命。就像神經科學亂入和開車分心，我們察覺到這個議題的浪潮可能也正在反轉中：反對接種疫苗漸漸被視為邊緣的、不科學的信仰，而非正當的表達懷疑。譬如，加州最近修改了疫苗接種法，好讓父母不再有權不讓子女接種疫苗，除非有正當的醫療理由。麻州和西維吉尼亞州也採取了類似的政策。[18]

我們期盼這股潮流能夠持續。正如我們在本書中一再強調的，我們希望藉由呈現這類研究，能讓每個人對日常影響我們重大決策的各種錯覺，提高警覺，並幫助大家面對生活所有層面都能做出更好的決定。想要掌握本書相關議題的最新發展，最好的辦法就是密切追蹤我們的臉書（www.facebook.com/TheinvisibleGorilla）和推特（@cfchabris、@profsimons）。我們竭誠歡迎各位的質疑與評論。

# 致謝

二〇〇四年九月三十日，我倆在麻州劍橋領取搞笑諾貝爾心理學獎。獲獎理由在於「證明當人夠專注時，很容易就會對其他事物視而不見──即便是穿著大猩猩服裝的女人。」一兩天後，我們步行前往麻省理工學院的某間講堂，準備發表一場簡短的演說，主題是我們的大猩猩實驗。途中我們談到，大猩猩錄影帶在我們的專業領域認知心理學之外的知名度愈來愈高。當時愈來愈多人跑來告訴我們，那卷錄影帶不僅點出人類視覺的一種癖性，而且也讓他們對自己心智的運作──或是運作失常，有了更新也更廣的洞見。在那之前，我們一直把大猩猩錄影帶想成只與視覺感知和注意力有關，但在那個時候，我們開始明白，它或許能幫助我們去思考一般的認知限制。在通往講堂的步行過程中，我們打下了這本書的基礎：去探索認知局限的意義，以及我們對它們的覺察（或是未覺察）。也因此，我們第一個要感謝的人，便是搞笑諾貝爾獎的創辦者兼主持人亞伯拉罕（Marc Abrahams），謝謝他頒「獎」給我們，因為那個獎激發了這項計畫。而我們也要感謝葛拉威爾，若非他於二〇〇一年在《紐約客》上描述我們的大猩猩實驗，引來更多人的注意，我們恐怕是不會得獎的。

對於奈瑟教授，我們欠下的恩情甚至更大，因為正是他的創新研究，激發了我們去進行大猩猩研究。在丹尼爾研究所的最後一年，奈瑟回到康乃爾大學任教，讓丹尼爾逮到一個千載難逢的良機，得以和學術上的偶像談話、爭辯以及學習。那些對話激發了丹尼爾的靈感，嘗試重複驗證奈瑟在哈佛大學的研究。若非奈瑟給予靈感，大猩猩實驗根本就不會發生。

我們這本書還在萌芽的階段，好些人便已經提供了意見。這些早期的有功人士包括 Michael Boylan、Bill Brewer、Neal Cohen、Marc Hauser、Stephen Kosslyn 以及 Susan Rabiner。撰寫本書期間，我們接到許多與各個主題相關的寶貴資料，它們來自 Adrian Bangerter、George Bizer、David Baker、Walter Boot、David Dunning、Larry Fenson、Kathleen Galotti、Art Kramer、Justin Kruger、Dick Lehr、Jose Mestre、Michelle Meyer、Stephen Mitroff、Jay Pratt、Fred Rothenberg、Alan Schwartz、John Settlage、Kenneth Steele、Richard Thaler 以及 Frederick Zimmerman。

許多人願意接受我們額外的採訪，算做本書研究的部分內容。雖說其中有些人並沒有出現在最終的定稿內，但是在我們對日常錯覺的思考當中，依然有他們的貢獻。在此要感謝他們撥冗接受我們的採訪，謝謝 Walter Boot、Bill Brewer、Daniel Chabris、Steven Franconeri、Jim Keating、Ed Kieser、Leslie Meltzer、Stephen Mitroff、Steven Most、Tyce Palmaffy、Trudy Ramirez、Leon Rozenblit、Melissa Sanchez 以及 Michael Silverman。

對於我們的寫作，也有許多人曾經提供意見，有些人讀過幾章草稿，有些人讀過全本手稿不只一次。其中，第一個也是最重要的，是我們在 Crown 出版部的編輯 Rick Horgan 以及他的助理 Nathan Roberson，感謝他們協助我倆組織我們的文章，兼顧流暢通順、吸引讀者的同時，仍能奠基於科學。此外，還有諸多人士對特定章節提出充滿見解的評論，也改正了我們的錯誤想法，他們是：Walter Boot、Nancy Boyce、Daniel Chabris、Jack Chen、Nicholas Christakis、Diana Goodman、Jamie Hamilton、Art Kramer、James Levine、Allie Litt、Steve McGaughey、Lisa McManus、Michael Meyer、Michelle Meyer、Steven Most、Kathy Richards、Leon Rozenblit、Robyn Schneiderman、Rachel Scott、Michael Silverman、David Simons、Paul Simons、Kenneth Steele、Courtnie Swearingen 以及 Richard Thaler。此外，我們要特別感謝 Steve McGaughey、Michelle Meyer、Kathy Richards、David Simons 和 Pat Simons，謝謝他們仔細閱讀了整本書，並給予詳盡的回饋意見。

我們在進行全美社會大眾對心智運作的信念調查時，也曾獲得許多人士的協助，與克里斯合作最初版本問卷的是 Kristen Pechtol，幫忙測試的是聯合學院的學生。SurveyUSA 的 Jay Leve 對我們的問卷提供了許多有關措詞的縝密意見，以及我們進行數據分析所需要的額外統計資料。

我們的文稿代理人 Jim Levine，大力協助我們精心製作本書的出書計畫，將所有日常錯覺統合成一則連貫的故事。此外，「日常錯覺」（everyday illusion）這個新詞，也是由他想出來的。我們還要感謝丹．艾瑞利（Dan Ariely，《誰說人是理性的！》一書作者），謝謝他介紹我們認識代理人 Jim。感謝 Steven Pinker 和 Daniel Gilbert 親切協助我們撰寫出書計畫。Levine-Greenberg 的

Elizabeth Fisher 不但在統籌國際版權銷售方面幫了大忙，而且帶領我們一路歷經複雜的國際版權交涉過程。

若非我們服務的研究機構展現包容彈性，而且願意支持我們，這項出書計畫將永遠無法完成，感謝聯合學院（克里斯）以及伊利諾大學（丹尼爾）的心理學系。另外，丹尼爾還要謝謝伊利諾大學的高等研究中心（Center for Advanced Study），在我們開始研讀本書相關資料的時候，讓他輪休。

既然我們是以科學研究來解釋日常錯覺，我們的成功仰賴許多其他科學家。雖然本書描述了很多我們自己的研究，但是那些研究可不是憑空冒出來的，而且我們也不是獨力做出它們的。在此，我們要向眾多合作者以及協同作者致謝，沒有他們，我們大部分的研究都無法完成。更廣泛的說，對於研究被本書引用或討論過的科學家同仁，我們也要致上謝忱，即使他們大都並不知悉。關於本書對他們的想法與研究的詮釋，雖說他們可能不見得完全同意，我們還是希望做到公允報導他們的重大科學貢獻。另外，克里斯想要感謝影響他一生的柯思林教授，在克里斯進研究所之前，讀研究所期間以及從研究所畢業後，柯思林教授都是他的恩師，指導他的科學思維，支持他探索屬於自己的獨立研究方向。丹尼爾則要向長期合作夥伴勒文致謝，他對後設認知的想法與著作，有助於激發我們提出諸多貫穿本書的論點。

最後，我們都要向家人致上謝忱。克里斯要感謝妻子 Michelle Meyer，兒子 Caleb，以及雙親，Daniel 與 Lois Chabris，謝謝大家的關愛與支持，也謝謝大家在寫書期間對他多所包容。丹尼爾要感謝妻子 Kathy Richards，以及子女 Jordan 和 Ella，謝謝他們忍受如此多的漫漫長日以及趕工的週末。他還要感謝父母 Pat 與 Paul Simons，以及兄弟 David Simons，謝謝他們協助他釐清思緒，在他思緒不清時與他爭辯。

我們衷心希望沒有遺漏任何應該感謝的人士，但是如果我們有所遺漏，拜託，請相信我們的疏忽是因為「日常錯覺」，而不是故意怠慢。

# 文獻出處

## 第一章


1 Dick Lehr, "Boston Police Turn on One of Their Own," *Globe*, December 8, 1997.

2 U. Neisser, "The Control of Information Pickup in Selective Looking," in *Perception and Its Development: A Tribute to Eleanor J. Gibson*, ed. A. D. Pick, 201–219 (Hillsdale, NJ: Erlbaum, 1979).

3 Arien Mack and Irvin Rock, *Inattentional Blindnes*, (Cambridge, MA: MIT Press, 1998)

4 D. T. Levin and B. L. Angelone, "The Visual Metacognition Questionnaire: A Measure of Intuitions About Vision," *American Journal of Psychology* 121 (2008): 451–472.

5 CSI: Crime Scene Investigation, Season 2, Episode 9, "And Then There Were None"

6 D. Lehr, *The Fence*, (New York: HarperCollins, 2009), 270.

7 O. Johnson, "Fed Court: Convicted Hub Cop's Trial Unfair," The Boston Herald, July 21, 2005, p. 28.

8 R. Pirsig, Zen and the Art of Motorcycle Maintenance (New York: William Morrow, 1974), p100.

9 D. Memmert, "The Effects of Eye Movements, Age, and Expertise on Inattentional Blindness," *Consciousness and Cognition* 15 (2006): 620–627.

10 H. H. Hurt Jr., J. V. Ouellet, and D. R. Thom, *Motorcycle Accident Cause Factors and Identification of Countermeasures*, Volume 1: Technical report. Traffic Safety Center, University of Southern California, 1981.

11 Hurt et al., *Motorcycle Accident Cause Factors*, 46.

12 S. B. Most, D. J. Simons, B. J. Scholl, R. Jimenez, E. Clifford, and C. F. Chabris, "How Not to Be Seen: The Contribution of Similarity and Selective Ignoring to Sustained Inattentional Blindness," *Psychological Science* 12 (2000): 9–17.

13 P. L. Jacobsen, "Safety in Numbers: More Walkers and Bicyclists, Safer Walking and Bicycling," *Injury Prevention* 9 (2003): 205–209.

14 S. B. Most and R. S. Astur, "Feature-Based Attentional Set as a Cause of Traffic Accidents," *Visual Cognition* 15 (2007): 125–132.

15 M. A. Fuoco, "Multiple Injuries, Few Answers for Roethlisberger," *The Pittsburgh Post Gazette*, June 13, 2006 (www.post-gazette.com/pg/06164/697828-66.stm)

16 E. Fischer, R. F. Haines, and T. A. Price, "Cognitive Issues in Head-Up Displays," NASA Technical Paper 1711, 1980.
R. F. Haines, "A Breakdown in Simultaneous Information Processing," in *Presbyopia Research*, ed. G. Obrecht and L. W. Stark (New York: Plenum Press, 1991).

17 "Runway Safety Report: Trends and Initiatives at Towered Airports in the United States, FY 2004 through FY 2007," *Federal Aviation Administration*, June 2008.
18 E. Fischer, R. F. Haines, and T. A. Price, "Cognitive Issues in Head- Up Displays," NASA Technical Paper 1711 (1980): 15.
19 I. Larish and C. D. Wickens, *Divided Attention with Superimposed and Separated Imagery: Implications for Head-up Displays*, Aviation Research Laboratory Technical Report ARL-91-04/NASA-HUD-91-1, 1991.
20 D. A. Redelmeier and R. J. Tibshirani, "Association Between Cellular-Telephone Calls and Motor Vehicle Collisions," *New England Journal of Medicine* 336 (1997): 453–458.
D. L. Strayer, F. A. Drews, and D. J. Crouch, "Comparing the Cell- Phone Driver and the Drunk Driver," *Human Factors* 48 (2006): 381–391.
S. L. Clifasefi, M. K. T. Takarangi, and J. S. Bergman, "Blind Drunk: The Effects of Alcohol on Inattentional Blindness," *Applied Cognitive Psychology* 20 (2005): 697–704.
21 E. Goodman, "We Love, Hate Our Cell Phones," The Boston Globe, July 6, 2001.
M. S. Wogalter and C. B. Mayhorn, "Perceptions of Driver Distraction by Cellular Phone Users and Nonusers," *Human Factors* 47 (2005): 455–467.
22 W. J. Horrey and C. D. Wickens, "Examining the Impact of Cell Phone Conversations on Driving Using Meta-Analytic Techniques," *Human Factors* 48 (2006): 196– 205.
23 B. J. Scholl, N. S. Noles, V. Pasheva, and R. Sussman, "Talking on a Cellular Telephone Dramatically Increases 'sustained inattentional blindness' " [Abstract], *Journal of Vision* 3 (2003): 156 ( journalofvision.org/3/9/156/) I. E. Hyman Jr., S. M. Boss, B. M. Wise, K. E. McKenzie, and J. M. Caggiano, "Did You See the Unicycling Clown? Inattentional Blindness While Walking and Talking on a Cell Phone," *Applied Cognitive Psychology*.
24 F. A. Drews, M. Pasupathi, and D. L. Strayer, "Passenger and Cell Phone Conversations in Simulated Driving," *Journal of Experimental Psychology: Applied* 14 (2008): 392–400.
25 E. C. Cherry, "Some Experiments upon the Recognition of Speech, with One and with Two Ears," Journal of the Acoustical Society of America 25 (1953): 975–979.
A. Treisman, "Monitoring and Storage of Irrelevant Messages in Selective Attention," *Journal of Verbal Learning and Verbal Behavior* 3 (1964): 449–459.
26 A typical study of the inefficiency of multitasking is J. S. Rubinstein, D. E. Meyer, and J. E. Evans, "Executive Control of Cognitive Processes in Task Switching," *Journal of Experimental Psychology: Human Perception and Performance* 27 (2001): 763–797.
27 These findings are reported in D. Memmert, "The Effects of Eye Movements, Age, and Expertise on Inattentional Blindness," *Consciousness and Cognition* 15 (2006): 620–627; and D. Memmert, D. J. Simons, and T. Grimme, "The Relationship Between Visual Attention and Expertise in Sports," *Psychology of Sport and Exercise* 10 (2009): 146– 151.
28 T. E. Lum, R. J. Fairbanks, E. C. Pennington, and F. L. Zwemer, "Profiles in Patient Safety: Misplaced Femoral Line Guidewire and Multiple Failures to Detect the Foreign Body on Chest

Radiography," *Academic Emergency Medicine* 12 (2005): 658–662.
29 D. B. Spring and D. J. Tennenhouse, "Radiology Malpractice Lawsuits: California Jury Verdicts," *Radiology* 159 (1986): 811–814.
30 W. James, The Principles of Psychology (New York: Henry Holt, 1890).
31 J. M. Wolfe, T. S. Horowitz, and N. M. Kenner, "Rare Items Often Missed in Visual Searches," *Nature* 435 (2005): 439–440.

## 第二章

1 H. Ebbinghaus, *Memory: A Contribution to Experimental Psychology*, trans. H. A. Ruger and C. E. Bussenius (New York: Columbia University, 1885/1913).
H. L. Roediger III and K. B. McDermott, "Creating False Memories: Remembering Words Not Presented in Lists," *Journal of Experimental Psychology: Learning, Memory, and Cognition* 21 (1995): 803–814.
2 J. H. Flavell, A. G. Friedrichs, and J. D. Hoyt, "Developmental Changes in Memorization Processes," *Cognitive Psychology* 1 (1970): 324–340.
3 G. A. Miller, "The Magical Number Seven, Plus or Minus Two: Some Limits on Our Capacity for Processing Information," *Psychological Review* 63 (1956): 81–97.
4 J. Deese, "On the Prediction of Occurrence of Particular Verbal Intrusions in Immediate Recall," *Journal of Experimental Psychology* 58 (1959): 17–22.
Roediger and Mc-Dermott, "Creating False Memories."
5 W. F. Brewer and J. C. Treyens, "Role of Schemata in Memory for Places," *Cognitive Psychology* 13 (1981): 207–230.
6 F. C. Bartlett, *Remembering: A Study in Experimental and Social Psychology* (Cambridge: Cambridge University Press, 1932).
7 D. T. Levin and D. J. Simons, "Failure to Detect Changes to Attended Objects in Motion Pictures," *Psychonomic Bulletin and Review* 4 (1997): 501–506.
8 改變盲（change blindness）一詞最早出現於：R. A. Rensink, J. K. O'Regan, and J. J. Clark, "To See or Not to See: The Need for Attention to Perceive Changes in Scenes," *Psychological Science* 8 (1997): 368–373.
9 改變盲視盲（change blindness blindness）一詞最早出現於：D. T. Levin, N. Momen, S. B. Drivdahl, and D. J. Simons, "Change Blindness Blindness: The Metacognitive Error of Overestimating Change- Detection Ability," *Visual Cognition* 7 (2000): 397–412.
10 Levin et al., "Change Blindness Blindness"
11 D. J. Simons and D. T. Levin, "Failure to Detect Changes to People During a Real-World Interaction," *Psychonomic Bulletin and Review* 5 (1998): 644–649.
12 D. T. Levin, D. J. Simons, B. L. Angelone, and C. F. Chabris, "Memory for Centrally Attended Changing Objects in an Incidental Real-World Change Detection Paradigm," *British Journal*

*of Psychology* 93 (2002): 289–302.

13 關於「改變盲」的研究彙整，請見：D. J. Simons and M. Ambinder, "Change Blindness: Theory and Consequences," *Current Directions in Psychological Science*, 14 (2005): 44–48.

14 Simons and Levin, "Failure to Detect Changes to People."

15 Levin et al., "Memory for Centrally Attended Changing Objects."

16 M. Rich: "Christmas Essay Was Not His, Author Admits," *The New York Times*, January 9, 2009.

17 K. A. Wade, M. Garry, J. D. Read, and S. Lindsay, "A Picture Is Worth a Thousand Lies: Using False Photographs to Create False Childhood Memories," *Psychonomic Bulletin and Review* 9 (2002): 597–603.

18 D. L. M. Sacchi, F. Agnoli, and E. F. Loftus, "Changing History: Doctored Photographs Affect Memory for Past Public Events," *Applied Cognitive Psychology* 21 (2007): 1005–1022.

19 S. J. Sharman, M. Garry, J. A. Jacobson, E. F. Loftus, and P. H. Ditto, "False Memories for End-of-Life Decisions," *Health Psychology* 27 (2008): 291–296.

20 K. Frankovic, "To Tell the Truth to Pollsters," cbsnews.com, August 15, 2007 (www.cbsnews.com/stories/2007/08/15/opinion/pollpositions/main3169223.shtml).

21 F. W. Colgrove, "Individual Memories," *American Journal of Psychology* 10 (1899): 228–255.

22 R. Brown and J. Kulik, "Flashbulb Memories," *Cognition* 5 (1977): 73–99.

23 D. L. Greenberg, "President Bush's False 'Flashbulb' Memory of 9/11/01," *Applied Cognitive Psychology* 18 (2004): 363–370.

24 U. Neisser and N. Harsch, "Phantom Flashbulbs: False Recollections of Hearing the News About Challenger," in *Affect and Accuracy in Recall: Studies of "Flashbulb" Memories*, ed. E. Winograd and U. Neisser (Cambridge: Cambridge University Press, 1992).

25 J. M. Talarico and D. C. Rubin, "Confidence, Not Consistency, Characterizes Flashbulb Memories," *Psychological Science* 14 (2003): 455–461.

26 Levin et al., "Change Blindness Blindness."

27 對記憶精確度的直覺與其經驗感受性強弱之相互影響，請見：W. F. Brewer and C. Sampaio, "Processes Leading to Confidence and Accuracy in Sentence Recognition: A Metamemory Approach," *Memory* 14 (2006): 540–552.

28 T. Sharot, M. R. Delgado, and E. A. Phelps (2004), "How Emotion Enhances the Feeling of Remembering," *Nature Neuroscience* 7 (2004): 1376–1380.

## 第三章

1 C. Darwin, *The Descent of Man* (London: John Murray, 1871), 3.

2 D. Lehr, *The Fence* (New York: HarperCollins, 2009), 39–40.

3 R. J. Herrnstein and C. Murray, The Bell Curve: Intelligence and Class Structure in American Life (New York: Free Press, 1994), pp. 247–249.

4 J. Kruger and D. Dunning, "Unskilled and Unaware of It: How Difficulties in Recognizing One's Own Incompetence Lead to Inflated Self-Assessments," *Journal of Personality and Social Psychology* 77 (1999): 1121–1134.

5 有關審美的相關文獻整理請見：N. Etcoff, *Survival of the Prettiest: The Science of Beauty* (New York: Doubleday, 1999).

6 D. Horgan, "Children and Chess Expertise: The Role of Calibration," *Psychological Research* 54 (1992): 44–50.

7 駕駛們普遍認為自己駕駛技術優於平均之證據：O. Svenson,"Are We All Less Risky and More Skillful Than Our Fellow Drivers?" *Acta Psychologica* 47 (1981): 143–148.

吸引力自我評估研究：M. T. Gabriel, J. W. Critelli, and J. S. Ee, "Narcissistic Illusions in Self- Evaluations of Intelligence and Attractiveness," *Journal of Personality* 62 (1994): 143–155.

吸引力評估事後分析研究：A. Feingold, "Good- Looking People Are Not What We Think," *Psychological Bulletin* 111 (1992): 304–311.

8 「冒牌者症候群」（Impostor Syndrome）相關研究：

M. E. Silverman, *Unleash Your Dreams: Tame Your Hidden Fears and Live the Life You Were Meant to Live* (New York: Wiley, 2007), 73–75.

M. F. K. R. de Vries, "The Danger of Feeling Like a Fake," *Harvard Business Review* (2005).

9 D. Baird, *A Thousand Paths to Confidence* (London: Octopus, 2007), 10.

10 R. M. Kanter, *Confidence: How Winning Streaks and Losing Streaks Begin and End* (New York: Crown Business, 2004), 6.

11 A. Tugend, "Secrets of Confident Kids," *Parents*, May 2008, pp. 118–122.

12 http://millercenter.org/scripps/archive/speeches/detail/3402

13 K. Mattson, "*What the Heck Are You Thinking, Mr. President?" Jimmy Carter, America's "Malaise," and the Speech That Should Have Changed the Country* (New York: Bloomsbury, 2009).

14 J. B. Stewart, *Den of Thieves* (New York: Simon & Schuster 1991), 117, 206; J. Kornbluth, *Highly Confident: The Crime and Punishment of Michael Milken* (New York: Morrow, 1992).

15 https://www.cia.gov/library/reports/general-reports-1/iraq_wmd_2004/index .html

16 W. H. Rehnquist, *The Supreme Court: How It Was, How It Is* (New York: William Morrow, 1987).

17 James Surowiecki, *The Wisdom of Crowds* (New York: Doubleday, 2004)

18 C. Anderson and G. J. Kilduff, "Why Do Dominant Personalities Attain Influence in Face-to- Face Groups? The Competence-Signaling Effects of Trait Dominance," *Journal of Personality and Social Psychology* 96 (2009): 491–503.

19 "Arrest of the Confidence Man," *New-York Herald*, July 8, 1849, chnm.gmu.edu/lostmuseum/lm/328/ (May 2, 2009).

20 F. W. Abagnale and S. Redding, *Catch Me If You Can* (New York: Grosset & Dunlap, 1980).

21 C. F. Chabris, J. Schuldt, and A. W. Woolley, "Individual Differences in Confidence Affect Judgments Made Collectively by Groups" (poster presented at the annual convention of the Association for Psychological Science, New York, May 25–28, 2006).

22 自信心為一普遍性人格特質之相關研究：
G. Schraw, "The Effect of Generalized Metacognitive Knowledge on Test Performance and Confi dence Judgments," *Journal of Experimental Education* 65 (1997): 135–146.
A-R. Blais, M. M. Thompson, and J. V. Baranski, "Individual Differences in Decision Processing and Confidence Judgments in Comparative Judgment Tasks: The Role of Cognitive Styles," *Personality and Individual Differences* 38 (2005): 1707–1713.

23 D. Cesarini, M. Johannesson, P. Lichtenstein, and B. Wallace, "Heritability of Overconfi dence," *Journal of the European Economic Association* 7 (2009), 617–627.

24 D. D. P. Johnson, *Overconfidence and War: The Havoc and Glory of Positive Illusions* (Cambridge, MA: Harvard University Press, 2004).

25 Chabris et al., "Individual Differences in Confidence"

26 "The Case of the Missing Evidence" (www.blog.sethroberts.net/2008/09/13/the-case-of-the-missing-evidence/)

27 C. G. Johnson, J. C. Levenkron, A. L. Sackman, and R. Manchester, "Does Physician Uncertainty Affect Patient Satisfaction?" *Journal of General Internal Medicine* 3 (1988): 144–149.

28 醫生穿著對病患信賴度影響之相關研究：
B. McKinstry and J. Wang, "Putting on the Style: What Patients Think of the Way Their Doctor Dresses," *British Journal of General Practice* 41 (1991): 275–278.
S. U. Rehman, P. J. Nietert, D. W. Cope, and A. O. Kilpatrick, "What to Wear Today? Effect of Doctor's Attire on the Trust and Confidence of Patients," *The American Journal of Medicine* 118 (2005): 1279–1286.
A. Cha, B. R. Hecht, K. Nelson, and M. P. Hopkins, "Resident Physician Attire: Does It Make a Difference to Our Patients?" *American Journal of Obstetrics and Gynecology* 190 (2004): 1484–1488.

29 S. M. Kassin, P. C. Ellsworth, and V. L. Smith, "The 'General Acceptance' of Psychological Research on Eyewitness Testimony: A Survey of the Experts," *American Psychologist* 44 (1989): 1089–1098.

30 www.innocenceproject.org/understand/Eyewitness-Misidentification.php (February 21, 2009).

31 R. C. L. Lindsay, G. L. Wells, and C. M. Rumpel, "Can People Detect Eyewitness-Identification Accuracy Within and Across Situations?" *Journal of Applied Psychology* 66 (1981): 79–89.

32 S. Sporer, S. Penrod, D. Read, and B. L. Cutler, "Choosing, Confidence, and Accuracy: A

Meta-analysis of the Confidence-Accuracy Relation in Eyewitness Identification Studies," *Psychological Bulletin* 118 (1995): 315–327.

33 G. L. Wells, E. A. Olson, and S. D. Charman, "The Confidence of Eyewitnesses in Their Identifications from Lineups," *Current Directions in Psychological Science* 11 (2002): 151–154.

## 第四章

1 J. L. Simon, "Resources, Population, Environment: An Oversupply of False Bad News," *Science* 208 (1980): 1431–1437.

2 R. Lawson, "The Science of Cycology: Failures to Understand How Everyday Objects Work," Memory and Cognition 34 (2006): 1667–1775.

3 L. G. Rozenblit, "Systematic Bias in Knowledge Assessment: An Illusion of Explanatory Depth," PhD dissertation, Yale University, 2003.

4 B. Worthen, "Keeping It Simple Pays Off for Winning Programmer," *The Wall Street Journal*, May 20, 2008, p. B6 (online.wsj.com/article/SB121124841362205967.html).

5 P. B. Carroll and C. Mui, Billion Dollar Lessons: What You Can Learn from the Most Inexcusable Business Failures of the Last 25 Years (New York: Portfolio, 2008), 142.

6 The classic volume on the positive nature of most self-deception is S. E. Taylor, *Positive Illusions: Creative Self-Deception and the Healthy Mind* (New York: Basic Books, 1989).

7 D. Lovallo and D. Kahneman, "Delusions of Success: How Optimism Undermines Executive Decisions," Harvard Business Review (July 2003): 56–63.

B. Flyvbjerg, "From Nobel Prize to Project Management: Getting Risks Right," *Project Management Journal* (August 2006): 5–15.

C. R. Sunstein, *Infotopia: How Many Minds Produce Knowledge* (Oxford: Oxford University Press, 2006)

R. W. Hahn and P. C. Tetlock, *Information Markets: A New Way of Making Decisions* (Washington, DC: AEI Press, 2006).

8 R. Buehler, D. Griffin, and M. Ross, "Exploring the 'Planning Fallacy': Why People Underestimate Their Task Completion Times," *Journal of Personality and Social Psychology* 67 (1994): 366–381.

9 Davis, "Blue Flameout: How Giant Bets on Natural Gas Sank Brash Hedge-Fund Trader," *The Wall Street Journal,* September 19, 2006, p. A1 (online.wsj.com/article/SB115861715980366723. html)

10 「亮麗五十」績優成長股理論相關文獻：D. N. Dreman, "The Amazing Two-Tier Market," *Psychology and the Stock Market: Investment Strategy Beyond Random Walk* (New York: Amacom, 1977), Chapter 8.

「狗股理論」相關文獻：Michael O'Higgins, *Beating the Dow: A High-Return, Low-*

*Risk Method for Investing in the Dow Jones Industrial Stocks with as Little as $5000* (New York: HarperCollins, 1991).
「F4」（Foolish Four）策略：Robert Sheard, *The Unemotional Investor: Simple Systems for Beating the Market* (New York: Simon & Schuster, 1998).
11 R. N. James III, "Investing in Housing Characteristics That Count: A Cross-Sectional and Longitudinal Analysis of Bathrooms, Bathroom Additions, and Residential Satisfaction," *Housing and Society* 35 (2008): 67–82.
12 M. Piazzesi and M. Schneider, "Momentum Traders in the Housing Market: Survey Evidence and a Search Model," Stanford University manuscript, 2009, www.stanford.edu/~piazzesi/momentum%20in%20housing%20search.pdf (August 17, 2009).
13 E. Glaeser, "In Housing, Even Hindsight Isn't 20-20," The New York Times Economix blog, July 7, 2009
14 R. Lowenstein, "Triple-A Failure," *The New York Times Magazine,* April 27, 2008
15 R. H. Thaler, A. Tversky, D. Kahneman, and A. Schwartz, "The Effect of Myopia and Loss Aversion on Risk Taking: An Experimental Test," *Quarterly Journal of Economics* 112 (1997): 647–661.
16 B. Barber and T. Odean, "Trading Is Hazardous to Your Wealth: The Common Stock Investment Performance of Individual Investors," *Journal of Finance* 55 (2000): 773–806.
17 R. A. Rensink, "The Dynamic Representation of Scenes," *Visual Cognition* 7 (2000): 17–42.
G. Gigerenzer, "From Tools to Theories: A Heuristic of Discovery in Cognitive Psychology," *Psychological Review* 98 (1991): 254–267.
18 B. Popken, "Do Coat Hangers Sound as Good as Monster Cables?" The Consumerist blog, March 3, 2008, consumerist.com/362926/do-coat-hangers-sound-as-goodmonster-cables (June 29, 2009).
19 D. S. Weisberg, F. C. Keil, J. Goodstein, E. Rawson, and J. R. Gray, "The Seductive Allure of Neuroscience Explanations," *Journal of Cognitive Neuroscience* 20 (2008): 470–477.
20 D. P. McCabe and A. D. Castel, "Seeing Is Believing: The Effect of Brain Images on Judgments of Scientific Reasoning," *Cognition* 107 (2008): 343–352.
21 P. Hughes, "The Great Leap Forward: On the 125th Anniversary of the Weather Service, A Look at the Invention That Got It Started," Weatherwise 47, no. 5 (1994): 22– 27.
22 J. P. Charba and W. H. Klein, "Skill in Precipitation Forecasting in the National Weather Service," Bulletin of the American Meteorological Society 61 (1980): 1546– 1555.
23 R. A. Price and S. G. Vandenberg, "Matching for Physical Attractiveness in Married Couples," *Personality and Social Psychology Bulletin* 5 (1979): 398–400.
24 G. Keren, "On the Calibration of Probability Judgments: Some Critical Comments and Alternative Perspectives," Journal of Behavioral Decision Making 10 (1997): 269–278.
G. Keren and K. H. Teigen, "Why Is p = .90 Better Than p = .70? Preference for Definitive Predictions by Lay Consumers of Probability Judgments," *Psychonomic Bulletin and Review*

8 (2001): 191–202.
25 P. E. Tetlock, *Expert Political Judgment: How Good Is It? How Can We Know?* (Princeton, NJ: Princeton University Press, 2005).
26 A. Davis, "Amaranth Case Shows Trading's Dark Side," *The Wall Street Journal*, July 26, 2007, p. C3.
J. Strasburg, "A Decade Later, Meriwether Must Scramble Again," *The Wall Street Journal*, March 27, 2008, p. C1 (online.wsj.com/article/SB120658664128767911.html).
G. Zuckerman and C. Karmin, "Rebounds by Hedge-Fund Stars Prove 'It's a Mulligan Industry,' " *The Wall Street Journal*, May 12, 2008, p. C1 (online.wsj.com/article/SB121055428158584071.html).

## 第五章

1 Evidence that people can recognize their friends by their gait alone comes from J. E. Cutting and L. T. Kozlowski, "Recognizing Friends by Their Walk: Gait Perception Without Familiarity Cues," *Bulletin of the Psychonomic Society* 9 (1977): 353–356.
2 R. Rosenthal, "Half a Minute: Predicting Teacher Evaluations from Thin Slices of Nonverbal Behavior and Physical Attractiveness," *Journal of Personality and Social Psychology* 64 (1993): 431–441.
3 N. Hadjikhani, K. Kveraga, P. Naik, and S. Ahlfors, "Early (M170) Activation of Face-Specific Cortex by Face-like Objects," *Neuroreport* 20 (2009): 403–407.
4 D. A. Redelmeier and A. Tversky, "On the Belief That Arthritis Pain Is Related to the Weather," *Proceedings of the National Academy of Sciences* 93 (1996): 2895–2896.
5 D. Weeks and J. James, *Secrets of the Superyoung* (New York: Villard Books, 1998).
6 S. G. West, "Alternatives to Randomized Experiments," *Current Directions in Psychological Science* 18 (2009): 299– 304.
7 J. M. Keenan, S. D. Baillet, and P. Brown, "The Effects of Causal Cohesion on Comprehension and Memory," *Journal of Verbal Learning and Verbal Behavior* 23 (1984): 115–126.
8 R. B. Cialdini, "What's the Best Secret Device for Engaging Student Interest? The Answer Is in the Title," *Journal of Social and Clinical Psychology* 24 (2005): 22–29.
C. Heath and D. Heath, *Made to Stick: Why Some Ideas Survive and Others Die* (New York: Random House, 2007).
9 The Simpsons, Episode 723, "Much Apu about Nothing," first aired May 5, 1996
10 Ayres, *Super Crunchers: Why Thinking-by-Numbers Is the New Way to Be Smart* (New York: Bantam Books, 2007), Chapter 3.
11 P. Rozenweig, *The Halo Effect . . . and the Eight Other Business Delusions That Deceive Managers* (New York: Free Press, 2007).
12 A. J. Wakefield et al., "Ileal-Lymphoid-Nodular Hyperplasia, Non-specific Colitis, and

Pervasive Developmental Disorder In Children," *Lancet* 351 (1998): 637–641.

13 Paul A. Offit, *Autism's False Prophets: Bad Science, Risky Medicine, and the Search for a Cure* (New York: Columbia University Press, 2008), p. 55.

14 H. Honda, Y. Shimizu, and M. Rutter, "No Effect of MMR Withdrawal on the Incidence of Autism: A Total Population Study," *Journal of Child Psychology and Psychiatry* 46 (2005): 572–579.

K. M. Madsen, A. Hviid, M. Vestergard, D. Schendel, J. Wohlfahrt, P. Thorsen, J. Olsen, and M. Melbye, "A Population-Based Study of Measles, Mumps, and Rubella Vaccination and Autism," *New England Journal of Medicine* 347 (2002): 1477–1482.

L. Dales, S. J. Hammer, and N. J. Smith, "Time Trends in Autism and in MMR Immunization Coverage in California," *Journal of the American Medical Association* 285 (2001): 1183–1185.

B. Taylor, E. Miller, C. P. Farrington, M.-C. Petropoulos, I. Favot-Mayaud, J. Li, and P. A. Waight, "Autism and Measles, Mumps, and Rubella Vaccine: No Epidemiological Evidence for a Causal Association," *Lancet* 353 (1999): 2026–2029.

C. P. Farrington, E. Miller, and B. Taylor, "MMR and Autism: Further Evidence Against a Causal Association," *Vaccine* 19 (2001): 3632–3635.

15 D. Ansen, "Pulp Friction," *Newsweek*, October 13, 2003.

16 V. S. Ramachandran and S. Blakeslee, *Phantoms in the Brain: Probing the Mysteries of the Human Mind* (New York: Harper Perennial, 1999), xiii.

17 R. Muhle, S. V. Trentacoste, and I. Rapin, "The Genetics of Autism," *Pediatrics* 113 (2004): e472–e486.

E. DiCicco-Bloom, C. Lord, L. Zwaigenbaum, E. Courchesne, S. R. Dager, C. Schmitz, R. T. Schultz, J. Crawley, and L. J. Young, "The Developmental Neurobiology of Autism Spectrum Disorder," *Journal of Neuroscience* 26 (2006): 6897–6906.

J. M. Campbell, "Efficacy of Behavioral Interventions for Reducing Problem Behaviors in Autism: A Quantitative Synthesis of Single-Subject Research," *Research in Developmental Disabilities* 24 (2003): 120–138.

18 D. Armstrong, "Autism Drug Secretin Fails in Trial," *The Wall Street Journal,* January 6, 2004 (online.wsj.com/article/SB107331800361143000.html?)

19 A. D. Sandler, K. A. Sutton, J. DeWeese, M. A. Girardi, V. Sheppard, and J. W. Bodfish, "Lack of Benefit of a Single Dose of Synthetic Human Secretin in the Treatment of Autism and Pervasive Developmental Disorder," *New England Journal of Medicine* 341 (1999): 1801–1806.

J. Coplan, M. C. Souders, A. E. Mulberg, J. K. Belchic, J. Wray, A. F. Jawad, P. R. Gallagher, R. Mitchell, M. Gerdes, and S. E. Levy, "Children with Autistic Spectrum Disorders. II: Parents Are Unable to Distinguish Secretin from Placebo Under Double-Blind Conditions," *Archives of Disease in Childhood* 88 (2003): 737–739.

20 D. C. Penn, K. J. Holyoak, and D. J. Povinelli, "Darwin's Mistake: Explaining the Discontinuity Between Human and Nonhuman Minds," *Behavioral and Brain Sciences* 31 (2008): 109–178.

## 第六章

1 F. H. Rauscher, G. L. Shaw, and K. N. Ky, "Music and Spatial Task Performance," *Nature* 365 (1993): 611.

2 G. L. Shaw, *Keeping Mozart in Mind*, 2nd ed. (San Diego, CA: Academic Press, 2004), 160.

3 R. A. Knox, "Mozart Makes You Smarter, Calif. Researchers Suggest," *The Boston Globe*, October 14, 1993.

4 "Random Samples," *Science*, January 30, 1998. (www.scienceonline.org/cgi/content/summary/279/5351/663d)

5 F. H. Rauscher, G. L. Shaw, and K. N. Ky, "Listening to Mozart Enhances Spatial-Temporal Reasoning: Towards a Neurophysiological Basis," *Neuroscience Letters* 185 (1995): 44–47.
F. H. Rauscher, K. D. Robinson, and J. J. Jens, "Improved Maze Learning Through Early Music Exposure in Rats," *Neurological Research* 20 (1998): 427– 432.

6 C. Stough, B. Kerkin, T. Bates, and G. Mangan, "Music and Spatial IQ," *Personality and Individual Differences* 17 (1994): 695.

7 C. F. Chabris, "Prelude or Requiem for the 'Mozart Effect'?" *Nature* 400 (1999): 826– 827.

8 K. M. Steele, K. E. Bass, and M. D. Crook, "The Mystery of the Mozart Effect: Failure to Replicate," *Psychological Science* 10 (1999): 366–369.

9 K. M. Steele, "The 'Mozart Effect': An Example of the Scientific Method in Operation," *Psychology Teacher Network*, November–December 2001, pp. 2–3, 5.

10 A. Bangerter and C. Heath, "The Mozart Effect: Tracking the Evolution of a Scientifi c Legend," *British Journal of Social Psychology* 43 (2004): 605–623.

11 S. J. Gould, *The Mismeasure of Man* (New York: Norton, 1981).

12 F. Galton, "Vox Populi," *Nature* 75 (1907): 450–451.
J. Surowiecki, The Wisdom of Crowds (New York: Doubleday, 2004).
C. *Sunstein, Infotopia: How Many Minds Produce Knowledge* (New York: Oxford University Press, 2006).

13 E. G. Schellenberg and S. Hallam, "Music Listening and Cognitive Abilities in 10 and 11 Year Olds: The Blur Effect," *Annals of the New York Academy of Sciences* 1060 (2005): 202–209.

14 K. M. Nantais and E. G. Schellenberg, "The Mozart Effect: An Artifact of Preference," *Psychological Science* 10 (1999): 370–373.

15 V. C. Strasburger, "First Do No Harm: Why Have Parents and Pediatricians Missed the Boat on Children and the Media?" *Journal of Pediatrics* 151 (2007): 334–336.

16 F. J. Zimmerman, D. A. Christakis, and A. N. Meltzoff, "Associations Between Media Viewing and Language Development in Children Under Age 2 years," *Journal of Pediatrics* 151 (2007): 364–368.

D. L. Linebarger and D. Walker, "Infants' and Toddlers' Television Viewing and Language Outcomes," *American Behavioral Scientist* 48 (2005): 624–645.

17 R. Monastersky, "Disney Throws Tantrum Over University Study Debunking Baby DVDs and Videos," Chronicle of Higher Education News Blog, August 14, 2007 (chronicle.com/news/article/2854/disney-throws-tantrum-over-university-study-debunking-baby-dvds-and-videos).

18 J. F. Kihlstrom, "Hypnosis, Memory and Amnesia," *Philosophical Transactions of the Royal Society of London* B 352 (1997): 1727–1732.

19 B. L. Beyerstein, "Whence Cometh the Myth That We Only Use 10% of Our Brains?" *Mind Myths: Exploring Popular Assumptions About the Mind and Brain*, ed. S. Della Salla, 3–24 (Chichester, UK: Wiley, 1999).

20 E. B. Titchener, "The 'Feeling of Being Stared At,' " *Science* 8 (1898): 895–897.

21 J. E. Coover, "The Feeling of Being Stared At," *The American Journal of Psychology* 24 (1913): 570–575.

22 D. Radin, Entangled Minds (New York: Paraview Press, 2006), 125–130.

23 W. B. Key, *Subliminal Seduction* (New York: Prentice Hall, 1973).

24 D. Hannula, D. J. Simons, and N. Cohen, "Imaging Implicit Perception: Promise and Pitfalls," *Nature Reviews Neuroscience* 6 (2005): 247–255.

25 A. R. Pratkanis, "Myths of Subliminal Persuasion: The Cargo-Cult Science of Subliminal Persuasion," *Skeptical Inquirer* 16 (1992): 260–72.

26 Hannula et al., "Imaging Implicit Perception".

27 A. G. Greenwald, E. R. Spangenberg, A. R. Pratkanis, and J. Eskenazi, "Double-Blind Tests of Subliminal Self- Help Audiotapes," *Psychological Science* 2 (1991): 119–122.

28 B. Mullen et al., "Newscasters' Facial Expressions and Voting Behavior: Can a Smile Elect a President?" *Journal of Personality and Social Psychology* 51 (1986): 291–295.

29 M. Gladwell, *The Tipping Point* (New York: Little, Brown, 2000), 74–80.

30 T. A. Salthouse, "The Processing-Speed Theory of Adult Age Differences in Cognition," *Psychological Review* 103 (1996): 403–428.

31 C. Hertzog, A. F. Kramer, R. S. Wilson, and U. Lindenberger, "Enrichment Effects on Adult Cognitive Development: Can the Functional Capacity of Older Adults Be Preserved and Enhanced?" *Psychological Science in the Public Interest* 9 (2009): 1–65.

32 K. Ball et al., "Effects of Cognitive Training Interventions with Older Adults: A Randomized Controlled Trial," *JAMA* 288 (2002): 2271–2281.

S. L. Willis et al., "Long-Term Effects of Cognitive Training on Everyday Functional Outcomes in Older Adults," *JAMA* 296 (2006): 2805–2814.

F. D. Wolinsky, F. W. Unverzagt, D. M. Smith, R. Jones, A. Stoddard, and S. L. Tennstedt, "The

ACTIVE Cognitive Training Trial and Health- Related Quality of Life: Protection That Lasts for 5 Years," *Journal of Gerontology* 61A (2006): 1324–1329.

33 Hertzog et al., "Enrichment Effects on Adult Cognitive Development."
A. F. Kramer, J. Larish, T. Weber, and L. Bardell, "Training for Executive Control: Task Coordination Strategies and Aging," *Attention and Performance* XVII, ed. D. Gopher and A. Koriet, 617–652 (Cambridge, MA: MIT Press, 1999).

34 T. A. Salthouse, "Mental Exercise and Mental Aging: Evaluating the Validity of the 'Use It or Lose It' Hypothesis," *Perspectives on Psychological Science* 1 (2006): 68–87.

35 K. A. Ericsson, W. G. Chase, and S. Faloon, "Acquisition of a Memory Skill," *Science* 208 (1980): 1181– 1182.

36 A. D. de Groot, *Thought and Choice in Chess* (The Hague: Mouton, 1965).
W. G. Chase and H. A. Simon, "Perception in Chess," *Cognitive Psychology* 4 (1973): 55–81.
W. G. Chase and H. A. Simon, "The Mind's Eye in Chess," *Visual Information Processing*, ed. W. G. Chase, 215–281 (New York: Academic Press, 1973).

37 C. F. Chabris and E. S. Hearst, "Visualization, Pattern Recognition, and Forward Search: Effects of Playing Speed and Sight of the Position on Grandmaster Chess Errors," *Cognitive Science* 27 (2003): 637–648.
E. Hearst and J. Knott, *Blindfold Chess: History, Psychology, Techniques, Champions, World Records, and Important Games* (Jefferson, NC: McFarland, 2009).

38 C. S. Green and D. Bavelier, "Action Video Game Modifies Visual Selective Attention," *Nature* 423 (2003): 534–537.

39 R. Li, U. Polat, W. Makous, and D. Bavelier, "Enhancing the Contrast Sensitivity Function Through Action Video Game Training," *Nature Neuroscience* 12 (2009): 549–551.

40 C. S. Green and D. Bavelier, "Action-Video-Game Experience Alters the Spatial Resolution of Attention," *Psychological Science* 18 (2007): 88–94.

41 J. Feng, I. Spence, and J. Pratt, "Playing an Action Video Game Reduces Gender Differences in Spatial Cognition," Psychological Science 18 (2007): 850–855.

42 C. Basak, W. R. Boot, M. W. Voss, and A. F. Kramer, "Can Training in a Real-Time Strategy Video Game Attenuate Cognitive Decline in Older Adults?" *Psychology and Aging* 23 (2008): 765–777.

43 W. R. Boot, A. F. Kramer, D. J. Simons, M. Fabiani, and G. Gratton, "The Effects of Video Game Playing on Attention, Memory, and Executive Control," Acta Psychologica 129 (2008): 387–398.

44 K. Murphy and A. Spencer, "Playing Video Games Does Not Make for Better Visual Attention Skills," *Journal of Articles in Support of the Null Hypothesis* 6, no. 1 (2009).

45 S. Johnson, *Everything Bad Is Good for You* (New York: Riverhead, 2005).

46 Hertzog et al., "Enrichment Effects on Adult Cognitive Development."

47 A. F. Kramer et al., "Ageing, Fitness and Neurocognitive Function," Nature 400 (1999): 418–

419.

48 S. Colcombe and A. F. Kramer, "Fitness Effects on the Cognitive Function of Older Adults: A Meta- Analytic Study," *Psychological Science* 14 (2003): 125–130.

A. F. Kramer and K. I. Erickson, "Capitalizing on Cortical Plasticity: Influence of Physical Activity on Cognition and Brain Function," *Trends in Cognitive Sciences* 11 (2007): 342–348.

49 S. J. Colcombe, K. I. Erickson, P. E. Scalf, J. S. Kim, R. Prakash, E. McAuley, S. Elavsky, D. X. Marquez, L. Hu, and A. F. Kramer, "Aerobic Exercise Training Increases Brain Volume in Aging Humans," *Journal of Gerontology: Medical Sciences* 61 (2006): 1166– 1170.

## 結語

1 D. M. Oppenheimer, "The Secret Life of Fluency," *Trends in Cognitive Sciences* 12 (2008): 237–241.

N. Schwartz, "Metacognitive Experiences in Consumer Judgment and Decision Making," *Journal of Consumer Psychology* 14 (2004): 332–348.

D. Kahneman and S. Frederick, "Representativeness Revisited: Attribute Substitution in Intuitive Judgment," *Heuristics and Biases*, ed. T. Gilovich, D. Griffin, and D. Kahneman, 49–81 (Cambridge: Cambridge University Press, 2002).

2 延伸閱讀：

Gilovich, Griffin, and Kahneman, *Heuristics and Biases.*

S. Pinker, *How the Mind Works* (New York: Norton, 1997).

G. Marcus, *Kluge: The Haphazard Construction of the Human Mind* (New York: Houghton Mifflin, 2008).

G. Gigerenzer, *Gut Feelings: The Intelligence of the Unconscious* (New York: Viking, 2007).

M. Piattelli- Palmarini, *Inevitable Illusions: How Mistakes of Reason Rule Our Minds* (New York: Wiley, 1994).

3 C. Kennedy, "ABB: Model Merger for the New Europe," *Long Range Planning 23*, no. 5 (1992): 10–17 (as cited by Rosenzweig, The Halo Effect).

4 P. B. Carroll and C. Mui, *Billion Dollar Lessons: What You Can Learn from the Most Inexcusable Business Failures of the Last 25 Years* (New York: Portfolio, 2008), Chapter 6.

5 M. Gladwell, *Blink: The Power of Thinking Without Thinking* (New York: Little, Brown, 2005), 3–8.

6 T. D. Wilson and J. W. Schooler, "Thinking Too Much: Introspection Can Reduce the Quality of Preferences and Decisions," *Journal of Personality and Social Psychology* 60 (1991): 181–192.

7 E. Belbin, "The Influence of Interpolated Recall Upon Recognition," Quarterly *Journal of*

*Experimental Psychology* 2 (1950): 163–169.

8 J. W. Schooler and T. Y. Engstler-Schooler, "Verbal Overshadowing of Visual Memories: Some Things Are Better Left Unsaid," *Cognitive Psychology* 22 (1990): 36–71.

9 Chabris and Hearst, "Visualization, Pattern Recognition, and Forward Search."

## 後記

1 "New windshield displays may unleash an invisible gorilla," Association for Psychological Science *Minds on the Road* blog, July 8, 2015, www.psychologicalscience.org/index.php/news/motr/new-windshield-displays-may-unleash-an-invisible-gorilla.html.

2 www.synnovatia.com/business-coaching-blog/bid/72525/Strategic-Coach-Sees-the-Invisible-Gorilla-in-Your-Business.

3 music.bababrinkman.com/track/you-cant-see-me.

4 E.J. Ward and B.J. Scholl, "Inattentional blindness reflects limitations on perception, not memory: Evidence from repeated failures of awareness," *Psychonomic Bulletin & Review* 22 (2015): 722–727.

5 D.J. Simons, "Monkeying around with the gorillas in our midst: Familiarity with an inattentional-blindness task does not improve the detection of unexpected events," *i-Perception* 1 (2010): 3–6.

6 "How You Really Make Decisions," *Horizon*, BBC, 2013–14 season, episode 9 (www.bbc.co.uk/programmes/b03wyr3c).

7 C.F. Chabris, A. Weinberger, M. Fontaine, and D.J. Simons, "You do not talk about fight club if you do not notice fight club: Inattentional blindness for a simulated real-world assault," *i-Perception* 2 (2011): 150–153.

8 L. Eaton, "Woman posts about 'Happy' song on Facebook seconds before fatal Business 85 crash," Fox8 News, myfox8.com/2014/04/25/woman-posted-to-facebook-seconds-before-fatal-business-85-crash/.

9 C. Stothard, A. Mitchum, and C. Yehnert, "The attentional cost of receiving a cell phone notification," *Journal of Experimental Psychology: Human Perception and Performance* (2015).

10 R.A. Rensink, J.K. O'Regan, and J.J. Clark, "To see or not to see: The need for attention to perceive changes in scenes," *Psychological Science* 8 (1997): 368–373.

11 M. Lewis, *The big short: Inside the doomsday machine* (New York: Norton, 2010).

12 D. Shariatmadari, "Daniel Kahneman: 'What would I eliminate if I had a magic wand? Overconfidence,'" *The Guardian*, July 18, 2015, www.theguardian.com/books/2015/jul/18/daniel-kahneman-books-interview.

13 S. Atir, E. Rosenzweig, and D. Dunning, "When knowledge knows no bounds: Self-perceived expertise predicts claims of impossible knowledge," Psychological Science (2015).

14 M.J. Farah and C.J. Hook, "The seductive allure of 'seductive allure,'" *Perspectives on Psychological Science* 8 (2013): 88–90.

15 林斯壯的文章 You love your iPhone. Literally 刊登在二〇一一年九月三十日的《紐約時報》(http：//www.nytimes.com/2011/10/01/opinion/you-love-your-iphone-literally.html) 波爾德瑞克的回應信函發表在二〇一一年十月四日的《紐約時報》(http：//www.nytimes.com/2011/10/05/opinion/the-iphone-and-the-brain.html)。簽署人名單可參考他的網站 http：//www.russpoldrack.org/2011/10/nyt-letter-to-editor-uncut-version.html。關於神經行銷學以及神經學亂入問題的精采總結與分析，可參考 S. Satel 與 S.O. Lilienfeld 合著的書，*Brainwashed: The Seductive appeal of mindless neuroscience* (New York : Basic Books, 2013)。

16 我們的全美電話調查以及其中與注意力和記憶相關之六道問題，請參考：D.J. Simons and C.F. Chabris, "What people believe about how memory work: A representative survey of the U.S. population," *PLoS One* 6(2011)：e22757。關於利用線上採樣方式所得到的相同結果，請參考：D.J. Simons and C.F. Chabris, "Common(mis)beliefs about memory : A replication and comparison of telephone and Mechanical Turk survey methods," *PLoS One* 7(2012): e51876。

17 D. Ford, "Washington reports first U.S. measles death in 12 years," CNN.com, July 2, 2015, www.cnn.com/2015/07/02/health/us-measles-death/.

18 A. Nagourney, "California mandates vaccinations for schoolchildren," *The New York Times*, June 30, 2015, p. A19.

國家圖書館出版品預行編目（CIP）資料

為什麼你沒看見大猩猩？：教你擺脫六大錯覺的操縱／克里斯・查布利斯（Christopher Chabris），丹尼爾・西蒙斯（Daniel Simons）著；楊玉齡譯，2017.12
面；　公分. --（心理勵志；BBP429）
譯自：The invisible gorilla: how our intuitions deceive us
ISBN 978-986-479-348-8（平裝）

1. 知覺　2. 錯覺　3. 記憶　4. 思考

176.2　　106022224

心理勵志 BBP429B

# 為什麼你沒看見大猩猩？

## 教你擺脫六大錯覺的操縱

The Invisible Gorilla: How Our Intuitions Deceive Us

作者 — 克里斯・查布利斯（Christopher Chabris）、
丹尼爾・西蒙斯（Daniel Simons）
譯者 — 楊玉齡

總編輯 — 吳佩穎
責任編輯 — 高凱琳、陳怡琳
封面設計 — BIANCO TSAI
封面圖片 — Arkela（書衣）、New-Lyfe-Photography（內封）/ iStock
左書眉圖 — Gorilla animation © Oliver Weiss, www.oweiss.com

出版者 — 遠見天下文化出版股份有限公司
創辦人 — 高希均、王力行
遠見・天下文化 事業群榮譽董事長 — 高希均
遠見・天下文化 事業群董事長 — 王力行
天下文化社長 — 林天來
國際事務開發部兼版權中心總監 — 潘欣
法律顧問 — 理律法律事務所陳長文律師
著作權顧問 — 魏啟翔律師
地址 — 台北市 104 松江路 93 巷 1 號 2 樓

讀者服務專線 — (02) 2662-0012 ｜傳真 — (02) 2662-0007；(02) 2662-0009
電子郵件信箱 — cwpc@cwgv.com.tw
直接郵撥帳號 — 1326703-6 號　遠見天下文化出版股份有限公司

內頁排版 — 張靜怡
製版廠 — 東豪印刷事業有限公司
印刷廠 — 祥峰印刷事業有限公司
裝訂廠 — 聿成裝訂股份有限公司
登記證 — 局版台業字第 2517 號
總經銷 — 大和書報圖書股份有限公司 電話／(02) 8990-2588
出版日期 — 2011 年 4 月 21 日第一版
2023 年 12 月 15 日第四版第 1 次印行



定價 — NT 480 元
4713510944127
EISBN — 9786263555822 ( EPUB )；9786263555839 ( PDF )
書號 — BBP429B
天下文化官網 — bookzone.cwgv.com.tw